W0389364

Virginia Woolf liebte England, Sussex und Cornwall, die grünen Hügel, die Wälder, die Moore, St. Ives Bay mit seinem Leuchtturm ebenso wie London, wo sie 1882 geboren wurde. Insbesondere den Landschaften ihrer Kindheit blieb sie zeitlebens innig verbunden. Gleichwohl wurde Virginia Woolf von der »periodisch wiederkehrenden Sehnsucht nach einem Ort befallen, der heller und wärmer ist«. »Meine Augen sind von England grau«, schrieb sie 1922 an einen in Spanien lebenden Schriftstellerfreund, und so bereiste sie – meist mit ihrem Mann Leonard, aber auch mit Verwandten und Freunden – im Lauf ihres Lebens die Niederlande, Deutschland, Spanien, Griechenland, die Türkei und mehrmals Frankreich, dessen Küche und Lebensart sie besonders schätzte, sowie Italien, wohin sie kommen wollte, »um zu sterben«.
Wo immer sie war, machte sie sich Notizen, schrieb Briefe, in Spanien und Griechenland führte sie sogar ein regelrechtes Reisetagebuch. Ihre profunde klassische Bildung – sie hatte Altgriechisch gelernt – verführte sie jedoch nirgends zu konventionellen Reiseaufzeichnungen. Der Baedeker war ihr ebenso ein Greuel wie der »reisende Langweiler«. »Was man aufzeichnet ist in Wirklichkeit der eigene Geisteszustand«, hielt sie fest, und so finden sich Miniaturen fremder Lebenswelten, überfliegende, oft poetische Phantasien, einprägsame Bilder, Farben und Töne.
Ein Reisehandbuch, das ganz anders ist, das auffordert, sich treiben zu lassen und dabei genau zu beobachten, vergnüglich und anspruchsvoll zugleich und zudem ein überraschend heiteres Vermächtnis dieser großen Schriftstellerin.

»Wer nicht auf die praktikablen Gebrauchsanweisungen der vorzüglichen neuen Reiseführer aus ist, sollte sich jedenfalls von Virginia Woolf zu persönlicher Wahrnehmung, eigenem Urteil und Reiselust ermutigen lassen. Sie ist – vom literarischen Vergnügen zu schweigen – keine schlechte Reisebegleitung.« *Kyra Stromberg*

*Virginia Woolf* (1882–1941) war bereits mit 22 Jahren Mittelpunkt der exzentrischen »Bloomsbury Group«. Als Schriftstellerin machte sie sich zuerst mit *The Voyage Out* (1915) einen Namen. Ihr Gesamtwerk, das zahlreiche Romane, Erzählungen, Essays und Briefe umfasst, erscheint, herausgegeben von Klaus Reichert, im S. Fischer Verlag und im Fischer Taschenbuch. Virginia Woolf, immer wieder von schweren Depressionen heimgesucht, nahm sich 1941 das Leben.

# Reisen mit Virginia Woolf

Herausgegeben von
Jan Morris

Aus dem Englischen von
Sibyll und Dirk Vanderbeke und
Brigitte Walitzek

Fischer Taschenbuch Verlag

Die Briefe von Virginia Woolf wurden von Brigitte Walitzek übersetzt.

Die Tagebücher (Band 1) 1915–1919 und (Band 3) 1925–1930 wurden von Maria Bosse-Sporleder übersetzt. Band 1 erschien auf deutsch zuerst in Virginia Woolf, ›Tagebücher 1. 1915–1919‹, S. Fischer Verlag GmbH, Frankfurt am Main, 1990. Band 3 ist auf deutsch noch nicht erschienen.

Die Tagebücher (Band 2) 1920–1924 wurden von Claudia Wenner übersetzt, auf deutsch zuerst in Virginia Woolf, ›Tagebücher 2. 1920–1924‹, S. Fischer Verlag GmbH, Frankfurt am Main, 1994. Der Essay ›Haworth‹ wurde übersetzt von Hannelore Faden und erschien auf deutsch zuerst in Virginia Woolf ›Frauen und Literatur‹, S. Fischer Verlag GmbH, Frankfurt am Main, 1989.

Der übrige Text wurde von Sibyll und Dirk Vanderbeke übersetzt.

Veröffentlicht im Fischer Taschenbuch Verlag GmbH,
Frankfurt am Main, August 1999

Lizenzausgabe mit Genehmigung
des S. Fischer Verlags GmbH, Frankfurt am Main
Die Originalausgabe erschien 1993 unter dem Titel
›Travels with Virginia Woolf‹ bei The Hogarth Press,
Chatto & Windus Ltd., Random House, London.
Text von Virginia Woolf © Quentin Bell und Angelica Garnett
1975, 1976, 1978, 1979, 1980, 1982, 1984, 1986, 1987, 1988, 1990.
Diese Auswahl © Jan Morris 1993
Einleitung, Schlußbemerkungen und übriger Text by Jan Morris
© Jan Morris 1993
Für die deutsche Ausgabe:
© 1995 S. Fischer Verlag GmbH, Frankfurt am Main
Druck und Bindung: Clausen & Bosse, Leck
Printed in Germany
ISBN 3-596-14424-8

Die Herausgeberin
widmet den geringen Anteil,
den sie an diesem Buch hat,
mit Dank und Zuneigung
der Autorin

# Inhalt

# Einleitung

Der Titel dieses Buches sollte ursprünglich *Die Reisebeschreibungen von Virginia Woolf* lauten, aber dieser Titel schien mir ein Widerspruch in sich zu sein. Nie war jemand weniger Reiseschriftstellerin im üblichen Wortsinn als Virginia Woolf, geborene Adeline Virginia Stephen. Sie schrieb kein einziges Reisebuch, sie schrieb nur einige wenige Reiseessays für Zeitschriften, und in ihren Tagebüchern und Briefen war sie, was Reiseberichte betraf, bewußt zurückhaltend. Selbst in ihren jungen Jahren hütete sie sich vor dem, was sie »deskriptives Schreiben« nannte. Es war, wie sie 1909 aus Florenz schrieb, gefährlich und verführerisch:

> Es ist einfach und kostet nur wenig Geisteskraft, etwas zu produzieren. Man greift sich einen größeren Aspekt wie Wasser oder Farbe heraus & macht sich eine Notiz dazu. Diese eine Eigenschaft gibt dann den Ton des Stückes an. Tatsächlich ist der Gegenstand wahrscheinlich unendlich intrikat und für einen impressionistischen Zugriff nicht geeigneter als der menschliche Charakter. Was man aufzeichnet, ist in Wirklichkeit der eigene Geisteszustand.

Sie erkannte, daß einige der größten Könner – Sterne, Kinglake, Borrow, Henry James – die richtige Balance zwischen Schilderung und Selbstentäußerung halten konnten, aber das war offensichtlich keine Fertigkeit, die sie selbst anstrebte. Immer und immer wieder in ihrem Leben, besonders in Briefen an ihre Schwester Vanessa, unterbrach sie ihre Ortsbeschreibungen und machte sich über sich selbst lustig, wenn sie doch der Versuchung nachgab, sie zu Papier zu bringen, oder wenn sie sich beim Aufzählen von Sehenswürdigkeiten in Baedeker-Manier ertappte. Sie bewunderte Kinglakes Behauptung sehr, daß sein meisterhafter Reiseband *Eóthen* »völlig frei von allen langatmigen Schilderungen geographischer Erkenntnisse, historischen Belegen, (...) nützlichen Statistiken oder politischen Abhandlungen sei«.

Es handelte sich hierbei nicht nur um eine literarische Abneigung. Dahinter stand auch die Furcht, zu jener ewig grimmigen Galionsfigur des Tourimus zu werden, dem reisenden Langweiler. »Reisende sind die größten Langweiler«, schrieb sie 1939 aus der Bretagne, als sie sich weigerte, ihrer Freundin Molly MacCarthy »irgend etwas über die Druiden und die Carnacs« zu erzählen; für sie selbst galt das mit Sicherheit nie. Was immer sie über Reisen schrieb, sie vermied jede Belehrung, Übergenauigkeit, Bevormundung oder Besserwisserei. Nach einer Spanienreise 1923 schrieb sie trocken an Molly MacCarthy: »Ich lasse hier alles über die Abenteuer mit dem Maultier, dem Geier und dem Wolf weg.«

Tatsächlich unterließ sie oft bewußt jeden Hinweis auf gefeierte Sehenswürdigkeiten und Bezugspunkte. Sie kann Delphi mit ein paar Worten abhandeln, Rom auf ein oder zwei Seiten. Sie besucht Assisi, ohne den heiligen Franziskus zu erwähnen, und Korinth, anscheinend ohne den Kanal zu bemerken. Obwohl sie über ihre Romane in eindeutig architektonischer Begrifflichkeit nachdenkt (›jetzt quadratisch aufgebaut, jetzt in Pagodenform, jetzt werden Flügel und Arkaden angebaut‹), beschreibt sie nur selten ein Gebäude. Und sie läßt sich auch nur selten auf historische Anspielungen oder politische Auslegungen ein. Ich könnte mir vorstellen, daß ihr überaus politischer Ehemann Leonard, mit dem sie viele ihrer späteren Reisen unternahm, beständig soziologische Schlußfolgerungen zog, aber Virginia beschränkte sich im allgemeinen auf ihre direkten persönlichen Eindrücke.

Es sind also vor allem die privaten und nachdenklichen Momente, die das Wesentliche dieser Aufzeichnungen ausmachen – weit entfernt von dem konventionellen Zeug, das Virginia Woolf schon als junges Mädchen mit Schaudern als Reisevortrag bezeichnet hatte. Die meisten der Auszüge entstammen Tagebüchern oder privaten Briefen, und ihr Stil ändert sich nicht nur mit dem Alter, sondern auch mit dem jeweiligen Kontext und nicht zuletzt mit dem Empfänger. Die Briefe an manche Bekannte klingen befangen, und ihre Einstellung zu den Schauplätzen wirkt nicht sehr überzeugend. Wenn sie aber an enge Freunde schreibt, und besonders an Vanessa, dann ist alles wunderbar gelöst und spontan: Miniaturen, die an Proust erinnern, hochfliegende poetische Phantasien und Gedanken zu Orten, die sich wie unterhaltsame Fußnoten oder Haikus lesen.

Virginia Woolf sagt an einer Stelle, daß sie es erlernt, Dinge ohne Adjektive zu beschreiben, und ganz sicher greift sie mit zunehmendem Alter immer weniger auf das Sortiment von Adjektiven zurück, das einen Hauptbestandteil orthodoxer Reisebeschreibungen bildet. Auch ist sie in keiner Weise auf aufregende oder ungewöhnliche Ereignisse angewiesen, eine Bauernhochzeit brachte ebensoviel Wasser auf ihre Mühlen wie ein königliches Begräbnis, und die Schafmesse in Wilton war ebenso interessant wie die Akropolis. Nichtsdestotrotz dachte sie einmal mit Verve daran, ein Reisebuch zu schreiben. »Ich hatte letzte Nacht eine Idee für ein Buch«, schrieb sie im Juni 1931 in ihr Tagebuch – »eine Reise um die Welt, imaginär, Jagen, Bergsteigen, Abenteurer, Tigerschießen, Fliegen & so weiter. Phantastisch.«

Andererseits hätte der Titel *Die Reisebeschreibungen von Virginia Woolf* fast eine Tautologie beinhaltet, denn viele ihrer Texte sind Reisebeschreibungen ganz eigener Art. Nur wenige Autoren wurden stärker von einem Gespür für Orte inspiriert. Ich habe hier keine Auszüge aus ihren fiktionalen Texten aufgenommen, aber es scheint mir, als seien die Schauplätze ihrer Romane oft mindestens ebenso einprägsam wie ihre Charaktere. *Mrs Dalloway* ist kaum weniger ein Porträt von London, als *Ulysses* eines von Dublin ist, und wenn *To the Lighthouse* auch angeblich irgendwo auf den Hebriden spielt, so ist es doch in Wirklichkeit eine ausführliche und genaue Reminiszenz an St Ives Bay in Cornwall mit dem Leuchtturm von Godrevy auf seiner abgelegenen Insel. Orte, Aussichten, Meere, Straßen, Berge, die Naturgewalt, die Komplexität des Stadtlebens – das alles war für Virginia Woolfs Kunst wesentlich. Selbst *A Room of One's Own*, eines der berühmtesten unter den vieldiskutierten Werken der Literatur, beginnt quasi mit einer ausgedehnten deskriptiven Passage über die Stadt Cambridge.

Virginia war mit Orten innig verbunden, besonders mit denen, die sie seit ihrer Kindheit kannte, und wenn sie und ihr Ehemann auch gelegentlich mit dem Gedanken spielten, Häuser im Ausland zu kaufen, so blieb ihre Loyalität gegenüber England doch ungebrochen. Schon 1906 brachte sie während einer Tour durch Griechenland ihr Heimweh zum Ausdruck.

> Es ist fast merkwürdig, wie die Sehnsucht wächst & was sie begehrt; sie nährt sich von Namen, so daß das einfache Wort Devon ein Gedicht übertrifft; sie formt aus einer nassen Londoner Straße, wo sich das Licht der Straßenlaternen auf dem Pflaster krümmt, Bilder, die alle in Griechenland übertreffen ... Nicht die Leute sind es, die wir ersehnen, es ist der Ort. Der hält den Zauber; so stark, daß er geradezu Schockwellen über das Wasser schickt.

Viele Jahre war Cornwall, wo die Familie Stephen ein Ferienhaus gemietet hatte, nicht nur die Basis ihrer literarischen Inspiration, sondern auch das Maß, nach dem sie alle anderen Orte beurteilte – die griechische Küste wurde mit den Klippen von Penwith verglichen, Athen erinnerte sie unerklärlicherweise an St Ives. Und es war symbolhaft, daß sie, als sie ihrem Leben ein Ende setzte, dies in dem englischen Fluß tat, der in Sichtweite ihres eigenen Hauses floß, in der Landschaft von Sussex, die sie liebte: der Geist des Menschen schließlich in den Geist des Ortes versenkt.

Es bleibt also bei *Reisen mit Virginia Woolf*, und ich glaube, der einfache Titel paßt zum Buch. Virginia war keine spektakuläre Reisende und auch keine gewohnheitsmäßige Wanderin. Die Romantik von Fernreisen sprach sie sicherlich an, und gelegentlich machte sie sich auch den Spaß, in den entsprechenden Jargon zu verfallen – Kamele, Pyramiden, Stachelschweine, Bullaugen, Affen, Karawanen, Fallreeps, Kapitäne; aber wenn man von einer Stippvisite in die asiatische Türkei 1910 absieht, verließ sie Europa nie. Sie und ihr Ehemann schlugen 1932 das Angebot zu einer Tour durch Amerika aus, anscheinend ohne es zu bereuen. »Zur Hölle mit Amerika«, schrieb sie, und so stellte sie sich ihre Freundin Victoria Sackville-West vor, als diese das Land im folgenden Jahr besuchte:

> Du sitzt ... stelle ich mir vor, in einem engen gepolsterten Sitz mit Blick auf den mittleren Westen – ein unansehnliches Land, das weitläufig mit alten Blechtöpfen gesprenkelt ist ... Im Abteil eine Tür weiter spucken Neger; und nach weiteren 25 Stunden hält der Zug an einer Stadt ... du steigst aus und nach einem kleinen Imbiß aus Muscheln und glasierten Birnenstückchen mit dem Bürgermeister, der vermutlich Cyrus K. Hinks heißt ... betrittst du einen großen baptistischen Saal und hältst einen Vortrag über Rimbaud.

Sie hatte offensichtlich auch kein Bedürfnis, die britischen Territorien im Osten zu besuchen, wo einige ihrer Vorfahren gedient hatten und wo Leonard sich als Kolonialbeamter hervorgetan hatte. Ihr Leben lang war sie eine ausdauernde Spaziergängerin, und 1923 unternahm sie eine relativ anstrengende Reise durch die Alpujarras in Südspanien. Ihre übrigen Reisen führten sie im allgemeinen bequem über ausgetretene und befestigte Wege.

Zu Virginia Woolfs Zeit setzte sich das Flugzeug gerade erst durch, und da sie eine hart arbeitende Autorin und Verlegerin war, hatte sie relativ wenig Zeit für Reisen. Es ist merkwürdig, wenn man jetzt bedenkt, daß diese weltoffene, brillante, stets wißbegierige Frau nie einen Blick auf Wien geworfen hat oder auf Brüssel, Edinburgh, München, Genf, irgendeinen Teil von Skandinavien oder (außer durch Zugfenster) irgendeinen Berg der französischen oder Schweizer Alpen, die ihr Vater Sir Leslie Stephen, ein herausragender Bergsteiger und auch Philosoph, bekanntlich als den »Tummelpatz von Europa« bezeichnet hatte. Sie war sechsundfünfzig Jahre alt, als Neville Chamberlain 1938 das Münchner Abkommen unterzeichnete, und wenn man die engen Grenzen ihrer Reisen in Betracht zieht, versteht man, daß er nicht übertrieb, als er die Tschechoslowakei, kaum mehr als 500 Meilen von London entfernt, als ein fernes Land bezeichnete, von dessen Bevölkerung »wir nichts wissen«.

Wie alle Intellektuellen des Bloomsburyzirkels, dessen größte Zierde sie darstellte, war Virginia Woolf in vieler Hinsicht extrem englisch. Sie war zwar stolz auf einen mehrere Generationen zurückliegenden Vorfahren aus der französischen Aristokratie, aber tatsächlich war sie ein Kind der englischen *Haute Bourgeoisie* auf dem Höhepunkt ihrer Entwicklung. Bloomsbury hin oder her, sie war eine Bürgerin des britischen Empires – eine Viktorianerin, alt genug, sich an das königlich-kaiserliche Diamant-Jubiläum zu erinnern, und ihre Einstellung zum Ausland (wie zu den unteren Klassen) war hinlänglich konventionell. Ohne eine besonders gute Linguistin zu sein, tendierte sogar sie bei all ihrem Genie dazu, auf Ausländer herabzublicken. ›Unzivilisiert‹ war im Sprachgebrauch ihrer Reisen ein Synonym für ›unverdorben‹, und sie ließ sich sogar zu Pauschalurteilen über Rassen herab, wobei ihre Beurteilungen im Laufe der Jahre wechselten. Deutsche waren fette Scheusale, Italiener waren reizend. Die griechischen Bauern waren »viel netter« als die Leute, mit denen die Woolfs in London Umgang pflegten. Obwohl ihr Ehemann jüdisch war, waren Juden manchmal Gegenstand dieser erstaunlich spröden Äußerungen, und hier ist eine Frage, die sich Virginia Woolf stellte, als sie einen elegant gekleideten Schwarzen in Frack und Melone sah:

> Was mag ihm durch den Kopf gehen? Die Erniedrigung, die ihm aufgeprägt war, jedesmal wenn er seine Hand hob & sah, daß sie außen schwarz war, wie die eines Affen, und innen fleischfarben getönt?

Etwas herablassend, etwas unsensibel – wenn es ans Reisen ging, war auch Virginia Woolf nur eine weitere Tochter ihrer Zeit, Klasse und Nation. Nur gelegentlich kommt ihr ein Gefühl von insularer Unzulänglichkeit – wenn sie feststellt, daß ihre sprachlichen Fähigkeiten für die Konversation im Ausland nicht ausreichen, oder ihre Kleidung dem ausländischen Vergleich nicht standhält (»untadlig, elegant und harmonisch«, fand sie 1923 Französinnen in einem Zug, »und ich fühle mich wie ein Bauernbursche, der gerade in Ginsterbüschen herumgerollt ist«). Sie reiste nur zum Vergnügen, und sie reiste nur selten allein: in den früheren Jahren war sie meist mit ihrer Familie und Freunden zusammen, später dann mit ihrem Gatten. Wenn es möglich war, stieg sie in guten Hotels ab – dem Hassler in Rom, dem Prinz Albrecht in Berlin, dem Hotel de Londres in Paris – oder bei gastfreundlichen Auslandsbriten. Wenn wir sie in einer Hotelhalle angetroffen hätten (sie verbrachte eine ganze Menge Zeit in Hotelhallen), hätten wir sie wahrscheinlich für ein ungemein kluges, aber keinesfalls außergewöhnliches Exemplar der reisenden englischen Lady gehalten, die die üblichen Höflichkeiten mit Landsleuten austauscht, bevor sie sich an den Schreibtisch in der Ecke zurückzieht, um ihre Urlaubsbriefe nach Hause zu schreiben.

Sie mochte die Idee des Reisens und seine technische Seite. Sie flog, soweit ich weiß, nie mit einem Flugzeug, und auf See langweilte sie sich eher (obwohl sie ihr Leben lang gerne vorüberfahrende Schiffe beobachtete), aber jede andere Fortbewegungsart schien ihr zu gefallen, von der Kutsche bis zur Rikscha, vom Orient-Expreß bis zum Automobil – besonders das Automobil, von dem sie und ihr Ehemann in den späteren Jahren echte *aficionados* wurden. Das Auto wurde in ihrer Vorstellung zur Freiheitsmaschine *per se*, wie das Reisen selbst vielleicht.

Die Woolfs kauften 1927 ihr erstes Auto. Es war ein gebrauchter Singer für 275 Pfund. Virginia lernte niemals richtig fahren und überließ das Leonard, aber sie war von dem Auto begeistert – »ein nettes, leichtes, kleines geschlossenes Auto . . . in sehr dunklem Blau mit einer helleren Linie drumherum« – und überzeugt, daß »dieses merkwürdige Ding die Weltkarte im eigenen Kopf erweitern« würde. Alle Vorstellungen, schrieb sie, waren jetzt vom Autofahren »gefärbt«. »Was ich mag . . . am Autofahren, ist dieses Gefühl, das es einem verleiht, zufällig, wie ein Reisender, der einen anderen Planeten mit den Zehenspitzen berührt, Szenen zu beleuchten, die unbeachtet weitergegangen wären, immer weitergegangen sind und weitergehen würden, wenn es diesen kurzen zufälligen Blick nicht gegeben hätte« – genau das Gefühl, in seinem Leuchten und seiner Flüchtigkeit, auf das ihr topographisches Schreiben abzielte.

1929 waren sie schon auf einen kaffee- und schokoladenbraunen Sun Singer umgestiegen, und 1935 hatten sie einen silbergrünen Lanchester 18 mit hydraulischem Getriebe; glatt wie ein Aal, behauptete Virginia, schnell wie ein Mauersegler, kraftvoll wie ein Tiger und geschlossen wie ein Pullman-Wagen, was ihr das Gefühl gab, »reich, konservativ, patriotisch, religiös und protzig« zu sein. Wahrscheinlich waren die Autotouren, die sie gemeinsam mit Leonard durch Frankreich unternahm, die glücklichsten von all ihren Reisen. »Das ist die richtige Art zu leben«, schrieb sie im März 1928 aus Orange an Vita Sackville-West. »Den ganzen Tag fahren; eine Stunde oder zwei fürs Mittagessen; vielleicht ein paar Kirchen, die man sich ansehen kann; der Gasthof am Abend; Wein, Essen; Bett; und wieder weiter . . . «

Dennoch fand sie im allgemeinen die Hinreise weitaus vergnüglicher als die lange Rückreise, und am Ende ihrer Ferien war sie durchaus zur Heimkehr bereit. Es würde lange Zeit dauern, vertraute sie ihrem Tagebuch 1935 in Chartres an, bis sie wieder eine Tour unternehmen würde.

> Die Glasscheibe, die auf diesen Reisen fest über das Denken gestülpt ist – da bin ich in meinem Sitz eingeglast – kann nicht lesen, sprechen oder schreiben – nur raussehen auf die endlosen Alleen – Ebene Bäume Pappeln – Regen, Regen – alter Mann mit einem Karren – fragen, wie weit wir schon sind – Karte betrachten Zigarette anzünden . . . all das macht die letzten 2 Tage so unausstehlich wie die ersten beiden hinreißend sind.

Wir alle kennen das Gefühl, so wie jeder, der in Großbritannien lebt, Virginias periodisch wiederkehrende Sehnsucht nach einem Ort teilt, der heller und wärmer ist. Ihre Augen seien »von England grau«, schrieb sie am Weihnachtstag 1922 an Gerald Brenan, und sie hätte sie gern an Landschaften geweidet, die voller Farben und Felsen sind – »nicht ewig rutschig und matschig wie das Land hier«. Sie dachte oft daran, das Land zu verlassen, zumindest für einen Teil des Jahres. Als Vanessa und ihr Liebhaber Duncan Grant sich in den Weinbergen von Cassis an der Küste von Marseille einrichteten, planten auch die Woolfs, dort ein Haus zu erwerben, aber daraus wurde nichts – wie auch aus ihrer jeweils vorübergehenden Begeisterung dafür, sich in der Toskana, Avallon, Rom, Spanien oder im County Cork niederzulassen, oder aus Virginias nicht allzu ernstem Vorschlag, ihr Verlag Hogarth Press solle seine Aktivitäten nach Kreta verlagern.

Wie die meisten reisenden Briten dachte auch sie viel an Essen und Trinken. Leonard neigte manchmal zu der Ansicht, das französische Essen sei nicht besser als das im White Hart Inn in Lewes, Sussex, seiner Meßlatte für Schlemmereien, aber Virginia stimmte ihm nur selten zu und liebte ihre ausländische Kost, besonders nachdem der Verbrennungsmotor ihre Auswahl und Erfahrung so sehr erweitert hatte. »Man stelle sich vor, jeden Tag Wein, zu jedem Essen«, schrieb sie 1928 aus Frankreich – »was für eine verzauberte Welt.«

Sie war glücklich, wenn sie reiste. In ihrem Leben gab es viel Kummer, und ihr Werk ist oft von einem trauernden Ton durchzogen; aber die vordringliche Stimmung dieses Buches ist eine von *joie de vivre*. Gelegentlich spürt man in einer besonders ungeduldigen Antwort oder einer scharfen Satzwendung Spuren des wiederkehrenden Wahnsinns, der ihr Leben belastete. Es schmerzt, wenn sie von golfspielenden alten Jungfern spricht, die »keine Existenzberechtigung in dieser Welt oder der nächsten haben«, oder über die Unansehnlichkeit von armen Londonern herzieht oder den Apennin grotesk als »kahl-nackiges Geierland« beschreibt. Sie ist bei einigen häßlichen Szenen zugegen, und sie hat ihre Momente von Langeweile, Widerwillen und Bedauern. Meist aber sind ihre Reiseaufzeichnungen ein herrlicher Spaß. Nicht viele dieser Auszüge wurden mit Blick auf eine Veröffentlichung geschrieben, und vor allem anderen sind sie Aufzeichnungen über Vergnügungen. Sie sind allerdings das Werk eines Genies, und selbst in dieser leichtfüßigen literarischen Form kommt das Genie zum Vorschein.

»Was man aufzeichnet, ist in Wirklichkeit der eigene Geisteszustand.« Gerade darin liegt die Faszination dieser Texte. Sie sind nur selten Ortsbeschreibungen, sie verzeichnen die Wirkung von Orten auf eine bestimmte Empfindsamkeit, eine, die so genau eingestimmt ist, wie man es sich nur vorstellen kann. Das erste dieser Stücke wurde 1898 geschrieben, als die Autorin fünfzehn Jahre alt war, das letzte 1940, als sie achtundfünfzig war, und es besteht unweigerlich ein großer Unterschied in Stil und Herangehensweise – die frühesten Auszüge, kaum mehr als Juvenalien, können bis zur Peinlichkeit blumig sein. Was sich allerdings nicht ändert, ist die Empfindsamkeit. Leute, die in Hotelhallen sitzen – aufgeschnappte Gesprächsfetzen – das Licht auf einem Londoner Bus – Schatten in einem Obstgarten – Musik, die durch ein Fenster dringt –, fast von Anfang bis Ende sind dies die Dinge, die aufgegriffen, geschickt umgeformt, manchmal übertrieben zum Inbegriff Woolfscher Passagen werden.

Dieses Buch sollte nie in ein Regal mit Reiseliteratur eingereiht werden. Der Leser wird nur wenig über die Länder erfahren, die Virginia besuchte, und das Wenige ist oft irreführend. Was hier vorgestellt wird, gehört zu den wesentlichen Einflüssen, die den Genius einer großen Schriftstellerin geformt haben, und wenn man die Romane nicht gelesen hat, könnte man aus diesen sorglosen Auszügen kaum vermuten, wie wichtig dieser Einfluß war. Ich meine damit dieses Gespür für einen Ort, das, zu etwas weit Großartigerem als bloß Klatsch oder Unterhaltung destilliert, an anderer Stelle ihrer Kunst einen schwermütigeren Ton verleiht.

»Bin ich nicht beladen?« schrieb sie herzzerreißend in *Poyntz Hall* (später wurde daraus *Between the Acts*), das sie einen Monat vor ihrem Tod beendete:

> Der letzte kleine Esel in der langen Karawane, die durch die Wüste zieht? Beladen mit Ballen, grob mit Riemen verschnürt? meine Erinnerungen, meine Besitztümer. Was die Vergangenheit mir auf den Rücken geladen hat, mit den Worten kleiner

> Esel knie nieder, knie nieder. Füll deine Tragkörbe. Dann steh auf, Eselchen, und geh deinen Weg, beladen, mit verlottertem Zeug, Besitztümern, Staub und Juwelen, bis deine Fersen Blasen kriegen und die Hufe bersten.

In dieser Anthologie gibt es keine derart schrecklichen Reisemetaphern. Virginias latenter Wahnsinn tritt hier selten hervor, ihre Geschlechterressentiments sind beiseite gelegt. Was Reisen einem gab, schrieb sie, war eine Folge allmählich verblassender Szenen, und es waren fröhliche Szenen, an denen sie hing. »Eines Nachts«, schrieb sie 1929 in Sussex, »hatte ich das merkwürdige Gefühl, ganz jung zu sein, in der Fremde zu reisen & und die Blätter von einem Zugfenster aus zu sehen, in Italien – ich kann das Gefühl immer noch spüren. Alles war Abenteuer & Aufregung.« Virginia Woolf genoß ihre Reisen sehr, daheim oder im Ausland, und noch ein halbes Jahrhundert nach ihrem Tod bleibt uns ihr Vergnügen in ihren verstreuten Erinnerungen an Bewegung und Beobachtung erhalten, als ein überwiegend fröhliches Vermächtnis eines großartigen, aber tragischen Lebens.

# Editorische Vorbemerkung

Bei der Arbeit an diesem Buch habe ich im allgemeinen Virginia Woolf ›Virginia‹ genannt; obwohl es manchmal zu vertraulich und manchmal gönnerhaft klingt, erschien es mir immer noch besser als jede Alternative.

Ich habe die Auszüge normalerweise in chronologischer Reihenfolge wiedergegeben, bin aber manchmal aus ästhetischen Gründen oder zugunsten größerer Klarheit davon abgewichen.

Uneinheitliche Rechtschreibung, Doppelungen (& und), eigenwillige Zeichensetzungen und Syntax in den Texten Virginia Woolfs sind, soweit die Übersetzung es möglich machte, im Deutschen entsprechend beibehalten worden.

# Reisen Daheim

# Reisen
# Im Ausland

# Daheim

*Daheim, das war immer England. Virginia Woolfs Leben dauerte neunundfünfzig Jahre, und wenn man von etwa achtzig Wochen absieht, verbrachte sie es in ihrem eigenen Land. Ihre Bindung an England war, ohne daß sie zur Schau gestellt wurde, sehr tief (Patriotismus war in Bloomsbury suspekt) und kommt immer wieder in Tagebuch- oder Briefschnipseln zum Ausdruck. »Dies ist bei weitem das herrlichste Land in Europa«, rief sie 1916 (als sie gerade acht andere gesehen hatte), und 1935 behauptete sie noch immer, es sei »heute wie damals das poetischste aller Länder«. Und wurde sie nicht schließlich im letzten Jahr ihres Lebens zur Schatzmeisterin der Rodmell/Sussex-Sektion des Women's Institute gewählt? Kann man sich etwas Englischeres vorstellen?*

# London

*Virginia Woolf war immer Londonerin. Auch wenn sie schließlich ihren Hauptwohnsitz aufs Land verlegte, sie kehrte immer wieder in die Hauptstadt zurück, schrieb oft über sie und blieb ihre anhängliche Einwohnerin. Sie wurde 1882 in Hyde Park Gate 22 geboren, einer Sackgasse mit großen viktorianischen Häusern, die von der Kensington Road abzweigt, und dort verbrachte sie die ersten zweiundzwanzig Jahre ihres Lebens. Von 1904 bis zu ihrem Lebensende wohnte sie unter acht anderen Londoner Adressen: Gordon Square, Fitzroy Square, Brunswick Square, Clifford's Inn, The Green in Richmond, Hogarth House in Richmond (wo sie gemeinsam mit ihrem Ehemann Leonard Woolf den Verlag The Hogarth Press gründete), Tavistock Square und Mecklenburgh Square. Als ein Kind, das schon an ersten Zeichen übergroßer Sensibilität litt, war ihr das Großstadtleben manchmal bedrohlich und beängstigend erschienen; als sie erwachsen war, liebte sie es, allein durch die Straßen zu streifen – »allein durch London zu gehen«, schrieb sie 1930, »ist die beste Erholung«.*

*Ihre Reminiszenzen an das Londoner Leben reichen von der Jahrhundertwende bis zum Zweiten Weltkrieg.*

## *›Erinnerungen an Hyde Park Gate‹*

Vortrag vor dem Memoir Club Anfang der zwanziger Jahre

Hyde Park Gate führte nirgendwohin, sondern zweigte als eine geschlossene Schleife von der Hauptstraße ab, die von Hammersmith nach Piccadilly verlief, und hatte etwas von einer Dorfstraße an sich. Man hörte die Schritte, die den Bürgersteig entlangtappten. Die meisten Leute verbeugten sich, wenn sie einander trafen. Man erkannte sie, wenn sie näher kamen. Das war Mrs Muir-MacKenzie; schön, und vornehm. Das war die blasse Miss Redgrave; oder das war die Miss Redgrave mit der roten Nase; oder das war die uralte Mrs Redgrave in Trauerkleidung und verschleiert, wie sie in Begleitung einer Miss Redgrave das Haus in ihrem Rollstuhl verließ . . .

In Hyde Park Gate kannte jeder jeden, und wußte alles über jeden. Es war eine Prüfung, wenn man, so wie ich, die allmähliche Annäherung eines vertrauten Gesichtes nicht mochte, die MacKenzies oder Redgraves immer näher und näher kommen zu sehen, bis man schließlich stehenbleiben oder zumindest lächeln mußte. Die Häuser waren alle verschieden; einige hoch aufragend wie unseres, andere, wie das der Redgraves, flache langgestreckte Häuser, fast wie Landhäuser; manche hatten einen Streifen Vorgarten, andere schlossen direkt mit der Straße ab. Und doch war das Muster immer das gleiche, die Front zur Hauptstraße, Säulen und pompöse Aufbauten. So unglaublich es heute erscheint, aber ich kann mich daran erinnern, daß zu einem dieser protzigen Häuser ein Zweispänner gehörte, mit einem Kutscher und einem Lakaien, die gepuderte Perücken und gelbe vornehme Kniehosen und Seidenstrümpfe trugen. Dabei waren die Besitzer gar keine besonders wichtigen Leute, eine derartige Pracht kam jedoch niemandem merkwürdig vor. In Hyde Park Gate hielt etwa eines von sechs Häusern eine eigene Kutsche oder hatte eine von Hobbs gemietet, dessen Mietställe ihren großen Hof in der Mitte öffneten. Denn es gab nur den roten Bus, der die Leute »in die Stadt« brachte, wie mein Vater es nannte, oder, wenn man es sich leisten konnte, eine Droschke oder vierräderige Kutsche vom Stand. Die Untergrundbahn, ein schweflig riechender Tunnel voller Dampfschwaden mit Bahnen, die, glaube ich, eher selten fuhren, war weit entfernt . . .

Die Straßen waren voller Pferde. Die Straßen waren mit kleinen braunen Haufen von dampfendem Pferdedung übersät, den Jungen, die zwischen den Rädern hervorschossen, mit Schaufeln entfernten. Die Pferde schlugen aus, bäumten sich auf und wieherten. Oft gingen sie durch . . . Pferde stürzten; sie scheuten; sie bäumten sich auf; Räder lösten sich von den Achsen. Die Straße bebte vor Pferden und roch nach Pferden. Die Pferde waren häufig glänzende, geschniegelte und gestriegelte Pferde, mit Rosetten an den Ohren; die Lakaien trugen Kokarden an ihren Hüten; Schaum sprenkelte das glänzende silberne Geschirr; Kronen und Wappen verzierten die Türen, und zwischen den Geräuschen der Straße – dem Hufgeklapper, dem Räderrattern – hörte man ein klingelndes metallisches Geräusch, wenn das Geschirr geschüttelt wurde und rasselte. Aber durch unsere ruhige Hyde Park Sackgasse kamen nur vereinzelte Hansoms oder kleine hohe Metzgerkarren oder private Broughams heruntergeklappert.

*Wir erfahren, daß von den Bewohnern von Hyde Park Gate im 19ten Jahrhundert fast zwanzig im* Dictionary of National Biography *aufgeführt werden (dessen erster Herausgeber Virginias Vater Sir Leslie Stephen war). Später wurde die Straße sogar noch berühmter, denn in den Nummern 27 und 28, die umstandslos zu einem Haus verbunden worden waren, starb 1965 Sir Winston Churchill. Nummer 22 trägt heute eine Gedenktafel, die an Sir Leslie, aber nicht an seine Tochter erinnert. Die Straße ist verwirrend, denn sie bildet keine Schleife mehr, sondern ist in zwei getrennte Abschnitte geteilt, die beide Hyde*

*Park Gate heißen. Virginias Teil ist noch immer hauptsächlich Wohngegend, einige der Gebäude haben »Säulen und pompöse Aufbauten«, andere sind sehr kostspielige moderne Villen, aber auch die Botschaft der Fidschi-Inseln ist dort zu finden, eine Institution, die zu Virginias Zeit unvorstellbar gewesen wäre. Weitere Anwohner, an die blaue Gedenktafeln erinnern, sind Jakob Epstein, der Bildhauer, und Robert Baden-Powell, der erste Pfadfinder.*

### *Victorias Diamantenes Kronjubiläum*
Tagebuch, 22. Juni 1897

Heute war der große Tag des Diamantenen Kronjubiläums, sehr bewölkt & früh am Morgen sah es noch fast regnerisch aus, falls solch ein Wagnis möglich sein sollte ... Wir kamen um halb zehn am St Thomas Hospital an & sahen den Soldaten & der Menge eine Weile zu. Dort durfte die Menge nicht auf die [Westminster] Brücke und für uns gab es außer ein paar trägen Freiwilligen nichts zu sehen. Also schlenderten wir durch die Hospitalgärten & aßen Eis ... Um halb eins erschienen Captain Ames & die Matrosen & dann folgte Trupp auf Trupp – eine leuchtende Farbe auf die andere. Husaren & Kavallerie & Ulanen & Soldaten jeder Couleur – dann indische Prinzen & zuletzt Kutschen mit den kleinen Prinzessinnen & den großen – Zuletzt kamen die cremefarbenen Ponys in Sicht: alle standen auf & winkten; schwenkten ihre Taschentücher & stampften mit den Füßen – die Queen saß zurückgelehnt in ihrer Kutsche und die Prinzessin von Wales mußte sie dazu auffordern, hochzusehen und den Kopf zu neigen. Dann lächelte sie & nickte mit ihrem armen alten Kopf & die ganze Chose fuhr weiter.

*Es hieß, die 50 000 Mann der Jubiläumsprozession hätten die größte militärische Streitmacht gebildet, die jemals in London zusammenkam, und Captain Oswald Ames von der Leibgarde, der die Hälfte, die Virginia Woolf sah, angeführt hatte, war mit seinen sechs Fuß, acht Zoll [zwei Metern] der größte Soldat in der britischen Armee. Die arme müde Königin und Kaiserin von Indien befand sich in ihrem neunundsiebzigsten Lebensjahr.*

## *Eine künstlerische Gesellschaft*

Tagebuch, 1. Juli 1903

Wir nahmen heute abend wieder eine Droschke & fuhren durch die bevölkerten Straßen, die um diese Stunde am fröhlichsten wirken. Wir hatten vier große Einladungskarten für die Soirée der Akademie – ein in seiner Art einzigartiges Vergnügen, würde ich sagen . . .

Die Akademie ist ein düsterer Ort, sogar an ihren festlichen Abenden; man legt seinen Mantel in einer Art feuchten Katakombe mit steinernen Rundbögen ab. Der kleine höfliche Präsident sah schon eine Spur gelangweilt aus & schüttelte mechanisch unsere Hände & wir bewegten uns weiter in die großen Säle. Diese Versammlung hat einen ganz eigenen Charakter, so viel ist sicher. Man hat den Eindruck, alle anderen hätten etwas Besonderes geleistet: die Männer trugen eine erstaunliche Menge an Auszeichnungen – das Band der Ritter von Bath & Sterne & alle möglichen bescheideneren Orden – das schlossen wir aus ihrer Kleidung (ein rüder Prüfstein für Verdienste!).

Die Frauen sind, als wollten sie damit das Fehlen erkennbarer Orden wettmachen, auf das merkwürdigste gekleidet. Wir fanden einige sonderbare Exemplare. Hier war ein spießiges schwarzes Kleid, das irgendwie an ein frühes Abendbrot & Hörnerklang erinnerte; hier war das Temperament des Künstlers in das andere Extrem verfallen & hatte einen guten Teil der Person entblößt gelassen, der normalerweise bedeckt ist. Aber die am häufigsten vertretene Erscheinung war der typische Künstler bzw. die Frau des Künstlers – enganliegende Seidenstoffe von Liberty – fremdartiger Schmuck – ein merkwürdig dunkler Gesichtstypus. Natürlich gab es auch andere, wie uns, ohne besondere Kennzeichen. Aber ich wäre vollständig zufrieden gewesen, wenn meine abendliche Vergnügung nur im Beobachten bestanden hätte. Ich fuhr immer wieder zusammen, wenn sich mir plötzlich ein Gesicht, das man von Photographien oder Karikaturen kennt, leibhaftig zuwandte. Ich hatte immer wieder den Wunsch – mit ausgestrecktem Zeigefinger – auf eine exquisite Entdeckung, männlich oder weiblich, zu deuten, bis sie zu häufig waren, um erwähnt zu werden –

Es ist keine Gesellschaft, auf der man miteinander spricht. Die Umstände sind irgendwie dagegen. Die großen Säle sind tatsächlich voll, aber man kann sich des Gefühls nicht erwehren, daß man öffentlich zur Schau steht – & Beleuchtung & Räumlichkeiten sind eindeutig unvorteilhaft. Als Ganzes erscheint die Menge schlechtgekleidet & sie bewegt sich unbeholfen. Die einzelnen Einheiten scheinen sich nie aufzulösen & zusammenzufließen. Wir trieben mit dem Strom, starrten größtenteils menschliche Bilder an und machten abfällige Bemerkungen. Wir beobachteten voll Bewunderung die Damen, die bei solchen Zusammenkünften den Hochadel bilden – die den Präsidenten & all die hochrangigen Akademiemitglieder kennen. Ihr Gebaren ist bildschön. Erlesen, in alter Spitze & den vorzüglichsten Abendkleidern, wissen sie ganz genau, daß sie die Königinnen dieser Zusammenkunft sind. Was sie sind, wollen alle anderen sein – zumindest an diesem Abend. Sie tragen Namen, die in der Welt der Kunst so bekannt sind wie Russell & Cavendish in der Welt der Mode. Immer wieder bin ich von der glänzenden Überlegenheit dieser künstlerischen Männer & Frauen über ihre philisterhaften Brüder beeindruckt. Sie sind so vollständig davon überzeugt, daß sich die Menschheit in zwei Klassen teilt; die eine trägt Bernsteinperlen & tief ausgeschnittene Abendgarderobe – und die andere folgt der Mode. Jede dankt Gott, daß sie nicht so ist wie die andere – aber der Künstler ist intoleranter. Wir hatten wohl alle Räume durchlaufen & fingen an, der menschlichen Gesichter überdrüssig zu werden.

Wieder mit der Droschke nach Hause! Die helle, pulsierende Piccadilly entlang, die jetzt vollständig erwacht war, als hätte sie den ganzen Tag geschlafen. Der hölzerne Bürgersteig bekommt in der Hitze eine glänzende harte Oberfläche, die bei Nacht das Straßenlicht reflektiert, fast so, als wäre sie naß.

*Der Präsident der Royal Academy war damals Sir Edward Poynter. Russell & Cavendish waren kein vornehmes Bekleidungsgeschäft, sondern die Familiennamen der Herzöge von Bedford bzw. Devonshire. Der jährliche Empfang der Akademie hat sich bis heute, elf Präsidenten später, kaum verändert.*

## *Eine Expedition nach Hampton Court*

Tagebuch, 5. Juli 1903

Die meisten Londoner haben Italien bereist – die Türkei oder Griechenland – nach Paris oder Schottland fahren sie schon beinahe über das Wochenende – aber meiner Erfahrung nach ist die direkte Umgebung von London selbst unerforschtes Gebiet. Auf ihrer Landkarte könnte es weiß verzeichnet sein, so wie bestimmte Gebiete in Afrika. Es ist die nüchterne Wahrheit, daß ich zwar mein Leben in London verbracht, aber nur ein einziges Mal Hampton Court besichtigt habe. Kew, Richmond, Hampstead sind mir vielleicht ein klein wenig vertrauter – Aus verschiedenen

Gründen fällt es einem leichter, fast überall sonst hinzufahren als in die Vororte von London. Es muß ein Tagesausflug sein; mir ist niemand bekannt, der je in Kew oder Hampton Court übernachtet hätte. Es sind im Grunde genommen Orte, die man sich zwischen zwei Zügen ansieht. Man hat gerade einen Sommernachmittag zur freien Verfügung – überlegt sich, daß man diese Orte eigentlich ein bißchen besser kennen sollte, & so findet man sich sehr zur eigenen Überraschung etwa alle zwölf Jahre beim Spaziergang durch die Orangerie von Kew wieder oder lenkt seine Schritte durch den Irrgarten von Hampton Court. Ich bin immer wieder überrascht – angenehm überrascht, wenn ich mich hier wiederfinde. Nichtsdestotrotz lasse ich Jahre vorüberziehen & schaffe mich in alle Ecken Englands, bevor ich wieder dorthin fahre. Der Sommernachmittag kommt nie – oder man verbringt ihn in den Gärten, die vor der eigenen Tür liegen. Das fällt mir auf, weil wir es heute tatsächlich geschafft haben: wir waren in Hampton Court. Es stimmt, wir haben die Fahrt ein Jahr lang geplant – und vielleicht werden zwölfe vergehen, bevor wir uns daranmachen, wieder eine zu planen – aber was ich heute schreibe, weiß ich absolut aus erster Hand. Meine Informationen stammen nicht aus einem Reiseführer oder Reiseerzählungen. Ich habe alles, was ich beschreibe, mit eigenen Augen gesehen.

Wir fuhren also um 11 los. Die Strecke nach Hammersmith bietet eigentlich keine beschreibenswerte Szenerie; außerdem ist das ein vergleichsweise ausgetretenes Gelände. Erst wenn man Hammersmith verläßt, betritt man fremdes Gebiet. Die Straße fängt an, viel eher einer Dorfstraße zu gleichen; die Häuser machen einen viel individuelleren Eindruck, & sie haben noch Raum, sich auszubreiten. Aber es gibt auch noch Anzeichen einer Gemeinsamkeit – als entfernte wenn auch ärmliche Verbindung zu einer großen Stadt. Man bekommt den Eindruck, daß sich die respektableren Klassen von London hier zur Ruhe gesetzt haben, um ihr Alter mit mehr Würde & Ruhe zu verbringen, als sie sich in

London selbst leisten könnten. Auch die Frömmigkeit hat sich hierher zurückgezogen; ich habe im Vorbeifahren eine erstaunliche Menge von Klöstern und Schwesternschaften gezählt; ein- oder zweimal hatte ich das Vergnügen, selbst auf das Klostergelände hinabblicken & dort die Schwestern umhergehen sehen zu können – Einmal gelang mir ein Blick in den Garten eines Waisenhauses für kleine katholische Mädchen. Die Kinder waren alle zu zwei & zwei aufgereiht & folgten einer dunklen Schwester in einer Art Prozession, & aus mir unbekannten Gründen trugen sie alle Kränze aus weißen Blumen um ihre Köpfe – wahrhaftig ein unschuldiger Anblick im Vorbeifahren. Dann konnten wir durch abschüssige kleine Gassen, die sich von der Hauptstraße auftaten, kurze Blicke auf den Fluß werfen, & einmal, als wir über eine Brücke fuhren, stießen wir auf eine ganze Flotte von Kähnen, die alle zusammen für die Sonntagsruhe vertäut waren. Der malerische Bootsmann wusch sich auf Deck den Kohlenruß* der Woche ab – seinen Kopf in ein Becken getaucht & weiß von Seifenschaum. Das war, glaube ich, in Brentford, aber ganz ehrlich, ich habe keine Ahnung durch welche Dörfer wir kamen oder welche Reihenfolge sie hatten. Sie gingen ineinander über, obwohl sie ursprünglich so verschieden waren wie London und Birmingham. Trotzdem gab es nur wenige neue Gebäude. Ich schätze, die meisten müssen 60 oder 70 Jahre alt gewesen sein, & ein vorherrschender Typus war das freundliche quadratische Haus der georgianischen Zeit. Ich bin sicher, daß es ursprünglich sehr weitläufig gewesen sein muß; georgianische Häuser wurden für opulente Leute gebaut, die sich Licht und Luft leisten konnten – Auf jeden Fall bot der ganze Weg nach Hampton Court, für den wir ein & eine halbe Stunde brauchten, einen sehr lohnenswerten Anblick. Um halb eins erreichten wir schließlich unser Reiseziel. Einen Augenblick später spazierten wir schon über die breite Terrasse des Palastgartens. Mein einziger Besuch vor zehn Jahren hatte in

* Virginia Woolf schreibt hier cole – Kohl statt coal – Kohle. Anm. d. Übers.

meiner Erinnerung kein richtiges Bild von der Schönheit & dem Ausmaß dieses alten Parks hinterlassen. Auch die Pracht des alten dunkelroten Palastes selbst hatte ich vergessen. Zunächst war mir einfach danach, langsam die Terrasse auf & ab zu gehen & meine Augen erst auf dem weichen Rasen ruhen zu lassen, von dem prächtige Blumen leuchteten, und dann auf der vollkommen gelungenen Form des Palastes. Aber es war kalt & wir waren hungrig & zu unserem gelinden Erstaunen hatte halb London anscheinend die gleiche Idee gehabt, Hampton Court am selben Tag & zur selben Stunde wie wir zu besuchen. Die Terrassen und Rasenflächen, die meinem Gefühl nach eigentlich nur von Damen in Brokat & Gentlemen mit Kniehosen & Degen hätten bevölkert sein sollen, wimmelten von einer ganz anderen Sorte Menschen – die vielleicht moralischer sind als ihre Vorfahren aus der Zeit Charles II., aber als strafender Ausgleich weit weniger dekorativ. Ich konnte nicht umhin, den moralischen Fortschritt zu bedauern. Ich wünschte mir immer & immer wieder – wie unsere ganze Gesellschaft, möchte ich meinen, ich hätte diese Gärten für mich allein haben können. Sie sind für Ruhe & genußvolle Kontemplation gedacht. Wir aßen zu Mittag – mit unseren Begleitern – Wo immer wir hingingen, da fiel es auch ein paar Dutzend anderen gerade ein, hinzugehen. Ich muß zurücknehmen, was ich anfangs gesagt habe – daß Cockneys nicht nach Hampton Court fahren. Aber wir gaben uns alle Mühe bei der Vorstellung, wir wären allein, als wir nach dem Lunch durch die Innenhöfe spazierten. Sie sind, bilde ich mir ein, in ihrer Art vollkommen: Oxford & Cambridge haben nichts Besseres vorzuweisen. Diese alten Gebäude sind, soweit man sehen kann, mit absolut keiner Veränderung, mit keinerlei Restauration in Berührung gekommen, seit die sorgsame Hand des Architekten Stein auf Stein legte. Die Schwierigkeit war – nicht, sich vorzustellen, wie Charles & Nell Gwynn herumtändelten und lüsterne Hofdamen ihnen faul nachfolgten, sondern im Gedächtnis zu behalten, daß wir, die wir dort herumliefen, auf absurde & monströse Weise fehl am Platz waren. Wir gingen durch die Galerien. Dort verlor sich allerdings die Illusion fast völlig, die einen in den Höfen und Gärten so stark ergreift. Die Wände dieser wunderbaren alten zederngetäfelten Räume, die um das ganze Geviert laufen, sind so mit Gemälden tapeziert, daß ihr häuslicher Charakter verschwunden ist. Einige der Bilder sind wirklich erstklassig – andere schlecht – aber ob gut oder schlecht, sie verwandeln den Ort in eine öffentliche Galerie, die man in der Erwartung von Belehrung & Vergnügen mit dem Katalog in der Hand betritt. Dabei sind die Räume nach ihrer alten Funktion benannt – Schlafzimmer der Königin – Privatsalon der Königin – Vorzimmer des Königs &ct –, aber sie lassen sich in der Vorstellung nicht mehr so rekonstruieren, wie sie damals waren. Und doch ist Heinrich VIII. hier gegangen – & der kleine Edward VI. wurde, glaube ich, vor seinem Tod hierher gebracht, & große Geister & Schönheiten sind in endloser Reihe durch diese Räume gezogen; all das könnte man in der Vorstellung wieder auferstehen lassen, wenn nur die alten Stühle & Tische noch an ihren Plätzen ständen.

Nachdem wir hier unsere Pflicht erfüllt hatten, verbrachten wir etwa eine Stunde damit, noch einmal durch die Gärten zu spazieren, und fanden uns schließlich unten am Seeufer wieder, wo wir uns niederlegten & den beiden obligatorischen Anglern zusahen. Wie eine Sonnenuhr sind sie in einem Bild dieser Art ein absolutes Muß; der Fisch wird nie gefangen, der Angler verträumt die ganze Dauer der goldenen Stunden – wie das Verzeichnen von Sonnenstrahlen ist es eine Beschäftigung, die zu einem weniger maschinengetriebenen & sonnigeren Zeitalter als dem unsrigen gehört.

Aber wir hatten unsere Zeit bereits überschritten. Es schien absurd, an Verpflichtungen aus so großer Entfernung gebunden zu sein – fast aus einer anderen Zeit, aber wir hatten lange zuvor in London versprochen, zum Tee zurück zu sein. Das war unmöglich. Wenn wir in aller Ruhe zurückgingen, konnten wir rechtzeitig zum Dinner ankommen. Das Interesse an Hampton Court war bei den meisten unserer Mitreisenden erschöpft. Sie hatten einen Ausflug hinter sich, den sie vehement genossen hatten, & waren jetzt bestrebt, wieder nach Hause zu kommen. Wir hatten den dunkler werdenden Garten fast für uns allein, als wir ihn jetzt durchquerten, aber in der Dunkelheit konnten wir ein oder zwei würdevolle Figuren sehen, die sich auf der Terrasse hin & her bewegten, als wir vorübergingen. Es war unmöglich, sie zu verkennen. Das waren keine Cockney-Ausflügler, die den ganzen Ort mit ihrem Lärm & den Cockney-Grimassen verschandelten; nein, diese Damen sind ein Teil des Schlosses. Sie gehören zu ihm. Es ist bewundernswert angemessen, meine ich, daß sich unsere hochbetagte Aristokratie, die in der hektischen Stadt keine Heimstatt findet, hierher zurückzieht, um ihre letzten Tage in diesem alten Schloß voller Tradition & uraltem Glanz zu verbringen – einem Glanz, der, wie ich meine, in reifem Alter sogar noch schöner ist als in seiner Blüte. Diese alten Damen mit ihren großen Namen & gekrümmten Rücken blieben mir im Gedächtnis als der wahre Geist dieses Ortes, den wir dabei überraschten, wie er im Dunklen durch die alten Gänge wandelte. Hier lassen sie die Zeit ihres Alters entschwinden wie in einem königlichen Altenheim. Man kann sich unmöglich sanfter oder würdevoller zur Ruhe setzen als in diesem Schloß an der Themse.

*Schon 1903 hätte Virginia Woolf mit der South Western Railway von Waterloo aus Hampton Court in 45 Minuten erreichen können (die Fahrpreise betrugen, wie der damalige Baedeker angibt, 2 Schilling, 1 Schilling 6 Pence, 1 Schilling 2½ Pence, und die Fahrt bot »einen reizenden und ganz und gar englischen Anblick«). Ihre Wegstrecke, offensichtlich über Chiswick, Brentford, Richmond und Kingston upon Thames, wäre für sie heute kaum noch wiederzuerkennen – keine Kohlenkähne, wenige Klöster, unzählige neue Gebäude und darüber die Ein-*

*flugschneise des Flughafens Heathrow. Ein Teil von Hampton Court wurde 1986 durch einen Brand zerstört, es wurde aber vollständig restauriert und sieht inzwischen wieder mehr oder weniger so aus wie damals, als »die Hand des Architekten Stein auf Stein legte«.*

### *Im Vergnügungspark*
Tagebuch, 22. Juli 1903

Einmal im Jahr fahren wir zum Earl's Court (Ausstellung und Vergnügungspark). Ich glaube nicht, daß ich öfter dorthin möchte – aber der eine Besuch macht mir Spaß. Heute abend ... war die Rutschbahn unser erstes Ziel. ... Die Rutschbahn ist unfehlbar: Mich schaudert bei dem Gedanken, in welcher Gemütsverfassung ich sein muß, wenn ich einmal keinen Spaß mehr an der Rutschbahn haben sollte. Und doch habe ich im vorigen Jahr ohne Zögern sechs Talfahrten hintereinander gemacht & dieses Jahr konnte ich schon bereitwillig nach der dritten aufhören. ... Wir bekamen jedesmal einen Sitz ganz vorne – rauschten mit dem üblichen Kreischen & fliegenden Hüten runter, stürzten ins Wasser, richteten uns auf & wackelten dann zurück ans Ufer – Es war etwas schwierig zu entscheiden, was wir danach machen wollten – aber der Schriftzug »Der Fluß aus Lava« in blinkenden Lämpchen zog Adrian [ihr jüngerer Bruder] und mich so an, daß wir unsere Sixpence zahlten & unsere Sitze im Boot einnahmen. Es war ein furchtbarer Schwindel ... Der Witz dabei ist, daß man auf einer Art Fluß treibt, der elektrisch betrieben wird, so daß man ohne Ruder mit der Strömung gleitet. Die Strecke ist mit Grotten & Sonnenuntergängen & Lichtspielen auf dem Wasser ausgestattet – aber wir waren uns alle einig, daß es eine ziemlich miserable Darbietung war ...

Wir bewegten uns durch eine überaus verwirrende Anzahl von

offenen Plätzen, alle mit einer Kapelle in der Mitte & elektrisch beleuchteten Umrissen & gingen über Brücken & sahen uns jede Menge kleinerer Darbietungen oder ihre Ankündigungen an, was vielleicht noch unterhaltsamer ist. Die Schausteller priesen im Geiste reinster Menschenfreundlichkeit die Vorzüge ihrer Wunder & Geheimnisse an ... Wir wurden vom Spinnennetz – das in Amerika die Sensation ist – in Versuchung geführt, vom verkehrten Haus, von verschiedenen Magiern & Handlesern. Adrian war allerdings nicht mehr zu halten, als wir zu einem Zelt kamen, in dem man für lumpige Sixpence in den Genuß eines musikalischen Ritts auf absolut echten lebendigen Pferden kam ... Er stieg auf: sein Schecke begann, beim Ton einer Pfeife & zum Klang eines Musikkastens um die Arena zu gehen – die nicht größer war als dieses Zimmer. Ein halbes Dutzend andere sediert aussehende Ponies fielen ein, sie wurden von einem mürrischen Kaufmann & Friseur geritten, die sich zwar nur mit einiger Mühe im Sattel halten konnten, aber trotzdem andauernd auf ihre Tiere einschlugen, um sie anzutreiben.

Eine Frau in einem roten Gewand – wenn man es so exakt benennen kann – zog ebenfalls ihre Kreise. Eine Dame in einem kurzen schwarzen Hemd & einer Bluse schuckerte an der Spitze der melancholischen Prozession, aber nachdem sie mehrmals mit dem Reiter hinter ihr kollidiert war, meinte sie, sie hätte genug davon, und stieg ab. Inzwischen trottete Adrian stur im Kreis herum – der komischste Anblick auf der Welt. Ich dachte, die Ponies würden, wenn sie erst einmal angefangen hatten, nie mehr die Kraft aufbringen, wieder anzuhalten – aber eine Pfeife ertönte & sie endeten, mehr als alles andere, mitten im Schritt. Wenn es nicht so unbeschreiblich schäbig & für jedes lebendige Wesen erniedrigend gewesen wäre, hätte ich über den Anblick lachen können; ich habe tatsächlich gelacht – aber es war nichtsdestotrotz alles in allem eine deprimierende Darbietung. Als wir gerade gehen wollten, kam ein Mann heran & bat uns flehentlich, für Sixpence hundertmal zu lachen – Wir mußten nur die Sixpence bezahlen und hineingehen. Es war ein so großzügiges Angebot, daß wir annahmen. Drinnen fanden wir uns in einem Zelt, das reihenweise Spiegel mit allen erdenklichen Krümmungen & Wölbungen enthielt: wir wurden lang – & schief & riesig & zwergenhaft. Unsere Körper verdrehten sich auf alle möglichen Arten, bis wir schließlich nur noch aus einem Paar Beinen bestanden. Als wir das Gefühl hatten, daß wir von unseren hundert Lachern alle verfügbaren eingeheimst hätten, gingen wir. Der Rummelplatz schließt erst nach 11 & und bis dahin saßen wir in der Nähe einer Kapelle und lauschten bekannten Melodien. Vor dem nächsten Jahr werden wir nicht wieder zum Earl's Court gehen.

*Die jährliche Ausstellung am Earl's Court, die es seit 1887 gab, fand auf einem Jahrmarktsplatz statt, auf dem sich jetzt das 1937 eröffnete Ausstellungsgebäude befindet. Bei dem »Spinnennetz« scheint es sich um das Ferris-Rad gehandelt zu haben.* Es wurde zehn Jahre zuvor für die Kolumbus-Weltausstellung in Chicago errichtet, in Anlehnung an den Eiffelturm, der für die Weltausstellung 1889 in Paris gebaut worden war. In Amerika wurde es »eine Brücke auf einer Achse« genannt, und sein klassischer Nachfolger ist das Riesenrad im Prater von Wien (1896).*

## *Mit der Untergrundbahn nach Golders Green*

Tagebuch, Juli 1907, undatiert

Die Zwei-Penny-Bahn hat sich jetzt bis nach Golders Green durchgegraben, so daß man an dem einen Ende in eine Erde versinkt, die Pflastersteine & Häuser trägt, und am anderen zwischen

* Ein Riesenrad, benannt nach seinem Konstrukteur George Washington Gale Ferris. Anm. d. Übers.

sanften grünen Feldern emporsteigt; die aschene Dunkelheit & die Kälte & das frostige Glitzern der Elektrizität wird von der freundlicheren Helligkeit des Tageslichts abgelöst. Und tatsächlich gab es am Sonntag Himmel & Sonne; & die übermütige Urlaubsstimmung der Menge hatte einige Berechtigung. Also, wir stiegen alle in Golders Green aus; ich glaube, der Name bezieht sich auf ein düsteres Dreieck zwischen Straßenkreuzungen, es wurde jetzt von einem Haufen von Müßiggängern eingenommen, die sich vollsogen wie Bienen an einer grellen & üppigen Blume. Ihre kleine Insel war ein Zufluchtsort vor den motorisierten Wagen, die unaufhörlich vorbeischossen und dabei fast Scheibchen vom Rand abrasierten . . .

Golders Green besteht ganz aus rotem Backstein; riesige Niederlassungen von Eisenbahngebäuden stechen besonders hervor; dann gab es nach Norden hin (vielleicht) einen weiteren einzelnen Dorfflecken, so wie richtige Dörfer auf einer Anhöhe mit einem Kirchturm als Spitze. Und dazwischen lag dieses sanfte Land mit dem wogenden langen Gras & flach gewölbten Hügeln . . . Alte von Flechten überwachsene Umzäunungen & Flüßchen & Felder mit Kühen darauf, sie alle schienen den Beweis antreten zu wollen, daß sie zu der vernachlässigten Welt gehörten, & dann erhascht man aus dem Augenwinkel eine Zeile von Villen wie ein Block aufgerichteter Bauklötze. Nicht weit entfernt zeigte mir eine Reihe sich bewegender Köpfe an, daß es dort, wie erwartet, einen regulären Weg hinauf nach Hampstead gab, den man rechtmäßig benutzen konnte . . .

Noch vor kurzer Zeit war das ein Fußweg gewesen; & für mich bestand der Zauber dieses Nachmittags darin, daß dieser Weg uns an einem richtigen Landbauernhof vorbeiführte, mit einem Hof & einem Hund; ich schaute durch ein Fenster hinein & sah die Familie beim Abendbrot & es gab eine Vitrine mit einem ausgestopften Häher.

*Die Zwei-Penny-Bahn war die Central London Railway mit einem Pauschalpreis von 2 Pence, aber es handelte sich hier um die Untergrundbahn nach Hampstead, die gerade Hampstead Heath untertunnelt hatte, um die Felder nach Golders Green zu erreichen – die Strecke war einen Monat zuvor von David Lloyd George, dem Präsidenten der Handelskammer, eröffnet worden. Golders Green (in dessen ländlichem Krematorium Virginias Vater 1904 eingeäschert worden war) sollte seine Kühe nicht mehr lange behalten: es wurde bald durch die Vorstadterschließung vereinnahmt, und zwischen den Weltkriegen wurde der Distrikt ein Hauptzufluchtsort für jüdische Flüchtlinge aus Europa.*

## *Der Erste Weltkrieg*

*Während des Ersten Weltkrieges konnte Virginia Woolf aufgrund ihres Gesundheitszustandes lange Zeit nicht schreiben. Die Tagebuchnotizen, die sie hinterließ, ergeben ein merkwürdig konfuses Bild des Londoner Lebens zur Kriegszeit.*

Ging zu Days, um mehr Bücher zu holen. Days um 4 Uhr nachmittags ist das Stelldichein der eleganten Damen, die gesagt bekommen möchten, was sie lesen sollen. Ich habe nie einen verabscheuenswerteren Haufen von Kreaturen gesehen. Sie kommen herein, bepelzt wie Seehunde & parfümiert wie Zibetkatzen, lassen sich herab, ein paar Romane auf der Theke hin- und herzuschieben & fragen dann gelangweilt, ob es denn nicht *irgend etwas* Amüsantes gäbe? Das Personal von Days besteht aus den allerbescheidensten & unterwürfigsten Männern – Sie schleppen diese gealterten Gräfinnen & dreisten jungen Millionärinnen hinter sich her, immer voller Ehrerbietung & sich selbst übertreffend mit »Ladyships«. Das Londoner West End erfüllt mich mit Widerwillen; ich schaue in Automobile hinein & sehe die fetten Angeber darin sitzen wie gewichtige Juwelen in Satinschatullen.

*Tagebuch, 13. Januar 1915*

*Days war eine Leihbibliothek in der Mount Street in Mayfair.*

Dann fuhren wir mit der Straßenbahn nach Kingston & tranken Tee bei Atkinson, wo man nicht mehr als ein einziges Brötchen bekommt. Mit allem wird jetzt geknausert. Die meisten Fleischerläden sind geschlossen; der einzige offene Laden wurde belagert. Man kann keine Pralinen bekommen, oder Toffee; Blumen sind so teuer, daß ich statt dessen Blätter pflücken muß. Es gibt für die meisten Lebensmittel Karten. Die einzigen großzügig dekorierten Schaufenster sind die Textilläden. Andere Läden stellen Konservendosen aus, oder Pappkartons, sicherlich leere ... Plötzlich hat man angefangen, überall den Krieg zu sehen.

*Tagebuch, 5. Januar 1918*

Ich ... ging in die Poland Street, um meine Uhr abzuholen. Auf dem Wege dorthin kam ich durch eine enge Straße, die auf beiden Seiten von Karren gesäumt wurde, wo Strümpfe & Eisenwaren & Kerzen & Fisch verkauft wurden. Ein Leierkasten spielte in der Mitte. Ich kaufte 6 Bündel farbiger Kerzen. Das Gewimmel & die Buntheit & die Billigkeit entzückten mein Herz.

*Tagebuch, 8. April 1918*

*Sie war über den Markt der Berwick Street gegangen, immer noch einer der erfreulichsten Anblicke in Soho.*

*Bis 1917 waren Zeppelinangriffe schon häufig, besonders bei Vollmond; der Alarm und die Entwarnung wurden mit Hörnern gegeben (die manchmal von Boy Scouts geblasen wurden).*

Der Mond nimmt zu, & die Abendzüge bersten vor Leuten, die London verlassen. Wir sahen heute nachmittag das Loch in Piccadilly [es war drei Tage vorher von einer deutschen Bombe verursacht worden]. Der Verkehr ist gestoppt worden, & die Menschen stapfen langsam an der Stelle vorbei, welche Arbeiter reparieren, obwohl sie klein aussehen im Vergleich dazu. Bei Swan & Edgar ist jedes Fenster mit Sacktuch oder Brettern bedeckt; man sieht Verkäuferinnen, die dahinter hervorschauen; keine Spur von irgendwelchen Sachen, aber ›Verkauf wie gewöhnlich‹, heißt es. Fenster sind nach keinerlei Logik zerbrochen; manche heil, manche an dieser Seite, manche an der anderen.

*Tagebuch, 22. Oktober 1917*

Nichts war uns so fern wie der Gedanke an Luftangriffe; eine bittere Nacht, kein Mond aufgegangen bis 11. Um 5 jedoch wurde ich von L. aufgeweckt und spürte unmittelbar die Präsenz der Geschütze: als würden alle Sinne in vollem Dress aufspringen. Wir nahmen Kleidung, Steppdecken, eine Uhr & eine Taschenlampe, die Geschütze klangen näher, als wir die Treppe hinuntergingen, um mit den Dienstmädchen auf dem alten schwarzen Roßhaarsofa in Steppdecken eingewickelt im Kücheneingang zu sitzen ... Die Dienstmädchen offensichtlich ruhig & sogar zu Scherzen aufgelegt. In der Tat redet man durch den Lärm hindurch, fühlt sich eher gelangweilt als sonstwas, daß man um 5 Uhr früh reden soll. Die Geschütze waren zeitweise so laut, daß das Pfeifen der aufsteigenden Granate erst auf die Explosion folgte ... Dann Schweigen ... Schließlich hörte ich in der Ferne Hörner ... und mir fiel auf, was für einen sentimentalen Beigeschmack der

Klang hatte, & wie Tausende alter Damen bei diesem Klang Dankgebete emporschickten, & ihn (einen Boy Scout mit kleinen Engelsflügeln) mit irgendeiner freudigen Vision in Zusammenhang brachten...

*Tagebuch, 6. Dezember 1917*

*Eines Abends fuhr sie auf dem oberen offenen Deck eines Busses von der Oxford Street zur Victoria Station, gerade in dem Moment, als die Sonne unterging, der Mond aufging und die Suchlichter einsetzten.*

Ich ... beobachtete, wie die Fahrgäste das Schauspiel betrachteten: derselbe Eindruck von Interesse & stummer Aufmerksamkeit wie im ersten Rang vor einer Festspielaufführung. Ein Frühlingsabend; blauer Himmel mit rauchigem Dunst über den Häusern. Die Läden waren noch erleuchtet; aber nicht die Laternen, so daß das Licht in Streifen auf die Straße fiel; & in Bond Street konnte ich mir nicht erklären, was der große helle Kronleuchter am Ende der Straße sollte; aber es erwies sich, daß es mehrere in die Straße hinausragende Schaufenster waren, mit Lichtern auf verschiedenen Ebenen. Dann, an der Hyde Park Corner, strahlte der Scheinwerfer hinaus in das Blau; Teil eines Festspiels auf einer Bühne, auf der alles wunderbar gedämpft worden ist. Die Sanftheit der Szene beeindruckte mich vor allem.

*Tagebuch, 21. Januar 1918*

*Der Bloomsbury-Kreis war aus pazifistischen Gründen dem Krieg gegenüber relativ immun geblieben, wenn auch einer von Leonard Woolfs Brüdern in Frankreich getötet wurde. Allerdings fielen etwas später in diesem Monat neun Bomben auf Kew, nicht weit entfernt vom Hause der Woolfs in Richmond. »Fast hättest Du mich verloren«, schrieb Virginia an ihre Schwester Vanessa, fügte aber hinzu: »Ich weiß, Angriffe interessieren Dich nicht, wenn niemand, den Du kennst, getötet wurde.«*

## *Waffenstillstand*

*Brief an Vanessa Bell, 13. November 1918*

[. . .] daß der Jubel, soweit ich ihn mitbekommen habe, sehr unerquicklich und deprimierend war . . . In der U-Bahn [wäre] . . . ein kleiner Junge fast vor meinen Füßen zerquetscht worden; wir standen so dicht gedrängt, daß wir ihn kaum herausfischen konnten; alle schienen halb betrunken zu sein – Bierflaschen wurden herumgereicht – jeder verwundete Soldat wurde geküßt, von Frauen; niemand hatte eine Vorstellung, wohin er gehen oder was er tun sollte; es schüttete ununterbrochen; Menschenmengen wogten die Bürgersteige hinauf und hinunter, schwenkten Fahnen und sprangen auf Omnibusse, aber auf eine so unorganisierte, halbherzige, unerquickliche Weise, daß ich immer melancholischer wurde, und immer hoffnungsloser für die menschliche Rasse. Die Londoner Armen, halb betrunken und sehr sentimental oder völlig teilnahmslos mit ihren abscheulichen Stimmen und Kleidern und schlechten Zähnen, lassen einen daran zweifeln, ob ein anständiges Leben jemals möglich sein wird, oder ob es einen Unterschied macht, ob wir Krieg oder Frieden haben.

## *Nachkriegszeit*

Gestern, Dienstag, lud Clive mich zum Eisessen bei Gunter ein. Es war genau wie früher. Kleine Tischchen; langes ziemlich dunkles Lokal; zahlreiche vergoldete Stühle; diskretes Buffet; ältere Kellnerinnen in Schwarz; & überall Paare verstreut, schweigend, oder fast schweigend, damit beschäftigt, Eis & zuckerbestreute Kuchen zu verspeisen. Da war auch ein aristokratischer kleiner Junge, ausstaffiert wie ein Bild von Königin Victoria als Kind, mit einer großen Schärpe & einer Schleife & einem rosenbekränzten Hut. Seine Mutter hatte ihn hierher gebracht aus einem der großen Berkeley Square-Häuser, schien uns. Dann war da Jugend, die auf Grund irgendeines Versehens sich nicht in Ascot befand; ein kaffeefarbener junger Mann & ein halbdurchsichtiges Mädchen. Wir spazierten aus dieser ehrwürdigen Höhle hinaus & schlenderten durch ein London des reinsten 18. Jahrhunderts zum Green Park, wo wir uns auf harten grünen Stühlen niederließen & den Leuten zusahen, wie sie den kleinen Abhang hinab auf den Palast zugingen.

*Tagebuch, 18. Juni 1919*

*Gunters Teestube, 1757 eröffnet, befand sich auf der östlichen Seite von Berkeley Square nahe der Ecke zu Hay Hill und war immer für sein Eis berühmt gewesen – das in früheren Jahren im allgemeinen nicht drinnen, sondern auf dem Platz draußen gegessen wurde. Als der Platz 1936 umgebaut wurde, zog Gunter's in die Curzon Street hinter dem neuen Dorchester Hotel um. 1959, als es die »großen Berkley Square-Häuser« längst überlebt hatte, wurde es geschlossen.*

[London] ist zur Zeit abstoßender als ich mich erinnern kann. Die Menschen sind sehr viel zahlreicher und viel häßlicher geworden. Jedesmal, wenn im 1917 Club die Tür aufgeht, kommt eine neue Mißgestalt herein. Ich sitze in einer Ecke und starre in einer Art Trance, so als sei man in einem Alptraum auf den Grund einer gräßlichen Grube gestürzt. Und sie sind alle recht jung – die kommende Generation – was es noch schlimmer scheinen läßt. In meiner Jugend waren wir, wenn auch ungeschliffen, unweigerlich bezaubernd . . .

*Brief an Lady Ottoline Morrell, Mitte November 1919*

*Der 1917 Club in der Gerard Street, Soho, trug seinen Namen nach der Februar-Revolution in Rußland und wurde als Zentrum radikaler Gedanken vom Bloomsbury-Kreis häufig frequentiert.*

*Im Winter 1920 wurden die Überreste des Unbekannten Soldaten in feierlicher Prozession in die Westminster Abbey überführt als Würdigung aller Toten des Großen Krieges.*

Solch eine unheimliche Szene, wie in der Hölle. Eine lautlose Straße; kein Verkehr; nur marschierende Menschen. Klar, kalt & windstill. Ein helles Licht auf der Strand; Frauen, die rufen ›Gedenkt der glorreichen Toten‹ & Chrysanthemen vor sich hertragen. Dauernd das Geräusch der Füße auf dem Pflaster. Die Gesichter gespenstisch leuchtend ... Eine schauerliche Prozession schlafender Menschen.

*Tagebuch, 12. Dezember 1920*

## *Der fliegende Teppich*

Tagebuch, 5. Mai 1924

London ist bezaubernd. Ich trete auf einen goldbraunen Zauberteppich hinaus, so kommt es mir vor, & schwebe in die Schönheit, ohne einen Finger zu rühren. Die Nächte sind wunderbar, mit all den weißen Portikos & breiten stillen Boulevards. Und die Leute springen rein & raus, behende, unterhaltsam wie Kaninchen; & ich sehe die Southampton Row hinab, naß wie ein Seehundrücken oder rot & gelb vom Sonnenschein, & ich schaue zu, wie die Omnibusse kommen & gehen, & höre die alten verrückten Orgeln ... Die Gesichter der Passanten muntern meinen Geist auf; verhindern, daß er zur Ruhe kommt ...

*»Es ist wirklich eine Schande«, schrieb Virginia später im selben Jahr, »die Anzahl leerer Seiten in diesem Buch! London hat eine entschieden schlechte Auswirkung auf Tagebücher.«*

## *Greenwich*

... Fragte mich, wo ich den Tag verbringen sollte? Entschied mich für Greenwich, kam dort um 1 an; aß Lunch: alles fügte sich günstig; rauchte eine Zigarette auf der Promenade am Pier, sah die Schiffe auftauchen, eines, zwei, drei, aus dem Dunst; fand an allem Gefallen; ja, sogar an dem kleinen Hund der Toilettenfrau; sah die grauen Wren-Gebäude längs dem Fluß; & dann noch ein großes Schiff, grau & orangefarben; mit einer Frau, die auf Deck spazierte; & dann zum Krankenhaus; erst zum Museum, wo ich Sir John Franklins Feder und Löffel sah (ein Löffel verlangt einem viel Phantasie ab, um weihevoll zu werden) – ich spielte herum, beobachtete, was in meinem Kopf passiert, – & wahr & wahrhaftig, er brach doch fast in Tränen aus angesichts des Rocks, den Nelson in Trafalgar trug, mit den Medaillen, die er mit seiner Hand bedeckte, als sie ihn nach unten trugen, sterbend, damit die Matrosen nicht sähen, daß er es war. Da war auch sein kleiner struppiger Zopf, aus goldgrauem Haar, mit Schwarz zugebunden; & seine langen weißen Strümpfe, einer davon stark befleckt, & seine weißen Hosen mit den goldenen Schnallen & seine Halsbinde – all das werden sie vermutlich geöffnet & ausgezogen haben, während er im Sterben lag. Kiss me Hardy &c – Anchor, anchor, – ich habe es alles gelesen, als ich hereinkam & hätte schwören können, ich war beim Sieg dabei – So wirkte die Zauberformel in diesem Fall. Dann nieselte es, aber ich ging in den Park, der durchaus beeindruckend ist, mit strahlenförmigen Wegen, dann zurück oben im Bus; & somit zum Tee.

*Tagebuch, 27. März 1926*

*Seit der Schließung der Londoner Docks am gegenüberliegenden Ufer fahren nur noch wenige Schiffe nach Greenwich hinauf, und das Marine-Museum, das Virginia besuchte, wurde inzwischen geschlossen. 1926 nahm es einen Teil des Royal Navy College ein, und Nelsons Überreste befanden sich in der wunderbaren Painted Hall des Colleges, wo sein Leichnam nach Trafalgar während des Staatsbegräbnisses aufgebahrt lag. Heute hat es sich in das National Maritime Museum im Queen's House ganz in der Nähe verwandelt, und dort sind die Ausstellungsstücke von Franklin und Nelson noch zu sehen. Greenwich Park mit seinem berühmten Ausblick und den strahlenförmigen Wegen ist der Öffentlichkeit seit dem 18. Jahrhundert zugänglich. Ich bezweifle, daß man heute nach dem Lunch in Greenwich einen Bus besteigen, das Museum besichtigen, einen Gang durch den Park machen und bis zum Tee zu Hause in Bloomsbury sein könnte.*

*Fast drei Jahre später fuhr Virginia noch einmal allein nach Greenwich – oder war es eine Neu-Inszenierung des gleichen Besuches?*

Was für ein Abenteuer! Denk nur – ich habe in einer Teestube zu Mittag gegessen. Denk nur – ich habe an der Anlegestelle gesessen und gesehen, wie die Schiffe festmachten. Frauen spazierten auf Deck herum. Hunde blickten aus Bullaugen. Der Kapitän auf der Brücke. Nie war irgend etwas so romantisch und wundervoll. Und dann wanderte ich durch das Spital und sah Nelsons Mantel, den er bei Trafalgar getragen hatte, und seine weißen Strümpfe, und hätte fast geweint. Was für ein Tag! Wie ich mich bis an mein Lebensende daran erinnern werde.

*Brief an Vita Sackville-West, 8. Januar 1929*

## *Bilder aus der großen Depression, 30er Jahre*

Gestern abend waren wir in der Operngala ... Alte Frauen wie römische Matronen, füllig, eng geschnürt; Mädchen Ruten gleich; viele Halsketten, groß, mit klaren Steinen & lange Kleider. Ich spürte dieses traditionelle englische Leben; seine gartengleiche Eigenart; Blumen alle in Beeten & Reihen; & die Zeremonie, die schon so viele Jahre besteht. Zwischen den Akten standen wir alle auf der Straße; eine trockene strahlende Nacht, mit Frauen, die alle ihre Mäntel öffneten; dann kam tröpfelnd zwischen uns hindurch eine schmutzige Prozession von armen Frauen, die Kinderwagen schoben & kleine weißhaarige benommene Kinder trugen und über die Waterloo Bridge gingen. Ich beobachtete Lady A.s Gesichtsausdruck, um zu sehen, ob sie auch Kinder hat, aber ich konnte nur ein momentanes schülerhaftes schlechtes Gewissen ausmachen. Die Frauen, die in diese prunkende gefiederte Menge geraten waren, gingen stur weiter.

*Tagebuch, 24. Juni 1931*

Und letzte Nacht hielten wir mit dem Auto im Hyde Park & und ich betrachtete ein Volk am Rande des Ruins. Wie viele Rolls-Royce & andere flache, rosa, gelbe, sehr kraftvolle Autos brausten da nicht durch den Park wie riesige Mistkäfer, mit verschwenderischen Besitzern, Männern & Frauen, zurückgelehnt, unterwegs zu irgendeiner Party. Ein Rolls-Royce bedeutet 5000 Pfund im Jahr. Dann die Kinder in Kinderwagen mit Ammen. Dann die Bummler & Schlendriane. Dann die malvenfarbenen graugrünen Bäume, übergossen mit blassem Rosa & Gelb; die Weißdornblüten & der Goldregen nur ganz leicht entflammt, wie Farben unter Wasser an diesem bewölkten, regnerischen donnergelben Abend.

Dann zurück durch das West End – mehr Autostaus; und wir am Rande eines Abgrunds.

*Tagebuch, 4. Juni 1932*

*Mitte 1931 war fast ein Viertel der versicherten britischen Arbeiter erwerbslos; bis 1932 war schon eine übergreifende Nationale Regierung (eine Allparteienkoalition) an der Macht, so ernst war die Bedrohung durch einen wirtschaftlichen Zusammenbruch. Der Rolls-Royce von 1931 war der Phantom II, der nur mit maßgefertigter Karosserie erhältlich war: in der Ausführung mit dem Park Ward Sports Saloon Chassis kostete er 2425 Pfund.*

## *Londoner Poesie*

Brief an Ethel Smyth, 12. Oktober 1934

Ich bin in Bromley gewesen und durch den Park zurück nach Hause gegangen. Ich bin zu müde, um Dir zu erzählen, warum ich nach Bromley ging. Aber ich mag die Londoner Vororte im Herbst und ihre immense Poesie. Und ich mag es, wie der Hyde Park in die Nacht verblaßt, und nur die Blumen an ein paar bleichen Fassaden glühen. Ich liebe es, im Dämmerlicht an der Serpentine Gesprächsfetzen aufzuschnappen; und an meine eigene Jugend zu denken, und mich zu fragen, wie weit wir in denen anderer Leute leben, und dann ein halbes Pfund Tee zu kaufen . . .

*Sie war sicher nicht den ganzen Weg von Bromley, einem der äußeren Vororte in Kent, zu Fuß gegangen, sondern vermutlich von der Victoria Station auf einem Umweg über den Hyde Park zu ihrem Haus am Tavistock Square in Bloomsbury.*

## *Zum Tower*

Tagebuch, 27. März 1935

Gestern sind wir zum Tower gegangen, einem beeindruckenden mörderischen blutrünstigen grauen von Raben bevölkerten Militärbaracken Gefängnis Kerker Ort; wie das Gefängnis von englischer Pracht; die Besserungsanstalt hinter der Geschichte, wo wir erschossen & gefoltert & eingekerkert haben. Gefangene haben ihre Namen sehr schön in die Mauern eingekratzt. Und die Kronjuwelen strahlten, sehr kitschig, & es war eine Ordnung wie bei Spinks oder einem Regent Street-Juwelier. Und wir sahen beim Drill der Scots Guards zu; & einem Offizier, der in einer Art Tigergang auf & ab lief – ein wachsgesichtiger Perückenständer von einem Offizier, dem eine gewisse teilnahmslose Gleichmut antrainiert worden war. Der Sergeant-Major kläffte & fluchte. Alles in einem heiseren Kläffen: die Männer stampften und drehten sich wie – Maschinen: dann kläffte auch der Offizier: ganz präzise unmenschlich, angeberisch – ein erniedrigender, ein abstumpfender Anblick, aber ganz im Einklang mit der grauen Mauer den Kopfsteinen dem Hinrichtungsblock. Menschen, die am Flußufer zwischen alten Kanonen sitzen. Schiffe &ct. Sehr romantisch: ein kerkerartiges Gefühl.

## *Der Tod eines Königs, 1936*

Gestern nacht ist der König* gestorben. Wir waren zum Essen bei Alice Ritchie & fuhren auf dem Rückweg am Buckingham Palast vorbei. Es war eine klare trockene Nacht, ziemlich windig & ziemlich kalt. Als wir um die Ecke bogen und zum Palast kamen,

* Georg V.

sahen wir die ganze Mall entlang Autos hintereinandergereiht stehen. Es gab schwache Lichter. Auf dem weißen Monument standen Leute: nur schienen alle in Bewegung zu sein. Da war eine Traube wie ein Bienenschwarm um die Umzäunung. Einige Leute hingen am Zaun und hielten sich an den Gitterstäben fest. Ein unscheinbarer Rahmen war da, wie ein Text, mit einer Bekanntmachung zum Gesundheitszustand. Wir mußten weiter am Monument vorbeifahren, bevor uns ein Polizist, der mit erschöpfter Höflichkeit sprach, anhalten ließ. Dann stiegen wir aus & gingen zurück, kamen mit Schwierigkeiten hinüber, weil dauernd Autos vorbeifuhren, & versuchten uns durch die Menge zu drängen. Aber es war unmöglich. Da fragte ich einen Polizisten ›Was sagt der neueste Bericht?‹ Und er sagte, Er liegt noch nicht vor. Also sagte ich, Aber was sind die letzten Neuigkeiten. Ich habe sie nicht gehört. (Wir hatten nur ›Die Kräfte lassen nach‹ auf den Anschlägen gesehen, als wir losfuhren) worauf er antwortete ›Das Leben Seiner Majestät nähert sich einem friedlichen Ende‹. Er sagte das ohne Überzeugung, als würde er Worte nachsprechen, die ihm in den Mund gelegt worden waren, aber mit einer gewissen offiziellen Nachsicht. Es gab einige Unruhe & Aufregung; viele Ausländer sprachen Deutsch, ein Großteil vornehm erscheinende Männer halb in Abendgarderobe; tatsächlich sahen alle eher groß aus; aber keinesfalls tragisch; wenn auch nicht fröhlich; ihre Aufregung hielten sie ziemlich im Zaum; & alles war sehr hell erleuchtet. Als wir uns abwandten, begann ein Feuerwerk – eine silbrig-golden sprühende zischende Fackel hochzusprudeln, wie ein Signal, wie zu einem Fest, aber es war wahrscheinlich das Blitzlicht eines Photographen. Die Menge, die sich um den Zaun drängte, wurde ein paar Sekunden lang kreideweiß; & und dann stiegen wir ins Auto & fuhren nach Hause. Die Straßen waren sehr leer. Aber abgesehen von gelegentlichen Anschlägen – sie lauteten jetzt ›Der König liegt im Sterben‹ – gab es nichts Ungewöhnliches. Was ich für Kanonendonner hielt, war nur das Schlagen einer offenen Tür in den Stallungen. Aber heute morgen um 3 wurde L. von dem Geschrei der Zeitungsjungen auf der Straße geweckt. Der König war tatsächlich um 12.5 gestorben. Er war tot, als wir vor dem Palast waren.

*Tagebuch, 21. Januar*

*Das Ende des Königs wurde durch eine tödliche Injektion seines Arztes, Lord Dawson of Penn, beschleunigt, teils um seinem Tod mehr Würde zu verleihen, teils um sicherzustellen, daß die Nachricht noch in der Morgenpresse erscheinen würde, statt in den ›weniger angemessenen‹ Abendzeitungen.*

Wir standen auf dem Platz, um den Leichenwagen zu sehen: in einem Anfall von Loyalität und Demokratie sprang ganz London plötzlich über die Gitter des Platzes, alte, graubärtige Damen nahmen sie mit fliegenden Sätzen, und obwohl ein paar Unerschütterliche die Tore hielten, war der Mob über uns, und Leonard, der ein Demokrat ist, wurde zwischen 5 fetten Gemischtwarenhändlern zerquetscht. Dies zeigt, wie enthusiastisch der Woburn Place war: und alles war in 2 Minuten vorbei, die Krone glitzerte blau und weiß, und die langen, gelben Leoparden streckten sich über den Sarg. Tatsächlich war es auf seine Art, wie es so schön heißt, ein großartiger, vollkommen schlichter Anblick. Dann kam eine Pause: dann ein riesiger königlicher Omnibus, in dem eine alte Frau saß, die einen Papageienkäfig trug. Wie englisch!

*Brief an Ethel Smyth, 23. Januar*

*Virginia berichtete in ihrem Tagebuch, daß die letzten Worte des Königs »Wie steht es um das Empire?« gewesen seien, aber Spaßvögel behaupteten, in Wirklichkeit hätte er gesagt »Was wird im Empire gegeben?« (und es gibt auch noch andere Theorien – siehe ›Bognor‹ Seite 86).*

## *Die Abdankung eines Königs*
Tagebuch, 10. Dezember 1936

Dies ist die erste Stunde, bzw., da es 5.30 ist & die Abdankung [von Edward VIII.] um 4 bekanntgegeben wurde, die ersten eineinhalb Stunden der neuen Regentschaft. Ja, dachte ich ... gehe ich nach Westminster. Ein Bus brachte mich ganz nach Whitehall hinauf. Dort wurde der Verkehr umgeleitet & ich stieg aus. Whitehall war voll von Schlurfen und Trampeln. Leute, die in beide Richtungen gehen. Keine dichtgedrängte Menge – eine Menge in Bewegung. Ein sehr schönes gelbbraunes Licht, trockenes Pflaster, Lampen noch erleuchtet. Lichterzeilen am Parliament Square & das Parlamentsgebäude in Silhouette. Die Lampe auf dem Wachturm brennt. Gegenüber von der Gardekavallerie war Ottoline [Morrell], schwarz, weiß, mit roten Lippen kommt sie auf mich zu ... Hat er abgedankt? fragte ich. Nein, aber man sagt, er wird. Niemand wußte, ob er hatte oder nicht. Ein Anflug von Unbehagen ... die meisten Leute halb traurig, aber auch beschämt, auch aufgeregt ... Dann gingen wir weiter die gelbbraune Allee hinab. Wir sahen hinauf an einer schön verzierten Fassade von – welchem Amt? Ich weiß es nicht. Dort ist das Fenster, aus dem Charles der Erste trat, als ihm der Kopf abgeschlagen wurde, sagte Ottoline und zeigte auf die großen erleuchteten Fenster in ihrem Rahmen aus weißem Stein. ... Ich kam mir vor, als ginge ich im 17. Jahrhundert mit einer der Hofdamen; & sie bedauerte nicht die Abdankung von Edward – auch wenn noch Leute hierhin & dorthin schlurften – sondern die Hinrichtung von Charles. Es ist furchtbar, furchtbar, sagte sie immer wieder ... Armer dummer kleiner Junge – er verlor immer die Beherrschung. Von niemandem ließ er sich je etwas sagen, was ihm mißfiel. Aber es wegzuwerfen ... Bisher hatte er es jedoch, soweit wir wußten, noch nicht weggeworfen. ›Es‹ erschien dann, beim Anblick der gewundenen Straße & der roten & silbernen Wachen, die im Hof aufgezogen waren, mit dem Park & den weißen Regierungsgebäuden dahinter sehr prächtig, sehr zauberhaft, ganz wie das noble & strenge aristokratische England der Stuarts ... Wie dem auch sei, es schien nichts zu passieren. Und sie hatte eine Teegesellschaft; also winkten wir ein Taxi herbei. Wissen Sie etwas Neues? sagte der Mann. Nein. Ich weiß nicht ... Was meinen Sie? Ich denke er sollte. Wir brauchen keine Frau, die schon zwei Ehemänner hatte & eine Amerikanerin, wo es so viele prima englische Mädchen gibt ... So fuhren wir & redeten, als ein Zeitungswagen vorbeifuhr mit dem Wort Abdankung sehr groß auf einem Plakat. Er hielt in unserer Nähe; & die ersten Zeitungen von dem Packen wurden von Ottoline & mir gekauft.

*Edward VIII. hatte die Abdankungserklärung an diesem Morgen unterzeichnet, aber die erste Stunde der neuen Regentschaft begann offiziell nicht vor dem nächsten Tag, als die Abdankungsvorlage von beiden Häusern des Parlaments verabschiedet wurde und Edwards Bruder, der Herzog von York, König Georg VI. wurde.*

## *Zwei Spaziergänge durch London, 1939*

Nahm den Bus zur Southwark Bridge. Ging die Thames Street entlang; sah eine Treppe zum Fluß hinunter. Ich stieg hinab – ein Seil am unteren Ende. Kam zum Ufer der Themse, unter den Lagerhäusern – verstreute Steine, Drahtstücke, glitschig; Schiffe liegen vor der [London] Bridge. Sehr glitschig; die Lagerhausmauern überkrustet, bewachsen, beschädigt. Der Fluß muß sie bei Flut überspülen. Jetzt war Ebbe. Auf der Brücke starrten Leute. Schwieriges Gehen. Ein von Ratten heimgesuchter Flußort, dicke Ketten, hölzerne Pfähle, grüner Schleim, zerfallene Backsteine, ein Stiefelknöpfer, den die Flut heraufgeworfen hatte. Ein bitterkalter Wind . . .

*Tagebuch, 31. Januar*

Gestern bin ich in einem Pelzmantel ausgegangen, denn es war bitterkalt, um durch London zu spazieren. Bei der Savoy Church blieb ich stehen, es waren Photographen dort. Bald kam die Braut. Das Auto glitt weiter, es kamen zu viele Autos dahinter. Mutter & kleiner Page kamen an: 2 Mädchen mit unsinnig kleinen steifen Strohhüten. Sie halfen der Braut mit ihrem Schleier. ›Könnt ihr ihn über mein Bouquet bekommen?‹ fragte sie – sehr fröhlich, ziemlich rot, sehr schlank. Ehemann & Trauzeuge warteten in grauen Hosen & Cuts. In der Sonne sahen alte Herumsitzende zu. Kameramänner. Eine kleine Prozession – ziemlich knausrig & kalt & nicht sehr reich, dachte ich. Der alte Herr – in meinem Alter – hatte schäbige Schuhe. Rasiert, gebürstet, rot, dünn. Es handelt sich um Mr Sholto Douglas Barnes & Miss Marjorie Berkeley, Tochter eines verstorbenen ICS Obersten – wie ich heute erfahren habe.

*Tagebuch, 29. April*

*Im September 1940 fuhren die Woolfs von Sussex nach London und stellten fest, daß Mecklenburgh Square, wo sich ihr Londoner Haus befand, nach einem nächtlichen Angriff abgesperrt war.*

Luftschutzwarte dort, kein Zutritt. Das Haus etwa 30 Yards von unserem entfernt heute morgen um eins von einer Bombe getroffen. Vollständig zerstört. Eine weitere Bombe auf dem Platz noch nicht explodiert. Wir gingen zur Rückseite. Standen bei Jane Harrisons Haus. Das Haus schwelte noch. Besser gesagt, ein großer Haufen Backsteine. Darunter all die Leute, die nach unten in ihre Schutzräume gegangen waren. Stoffetzen hängen an den nackten Mauern der Seite, die noch steht. Ein Spiegel, so scheint es mir, schwingt hin und her. Wie ein herausgeschlagener Zahn – ein glatter Schnitt ... Wer hat da gewohnt? Ich nehme an, die ungezwungenen jungen Männer & Frauen, die ich immer von meinem Fenster aus gesehen habe; die Apartment-Bewohner, die Blumentöpfe hatten & auf dem Balkon saßen. Jetzt alles in Stücke gesprengt – Der Mann von der Garage dahinter – mit trüben Augen und einem Zucken, erzählte uns, daß er von der Explosion aus dem Bett gefegt worden war; mußte Zuflucht in einer Kirche suchen – einem harten, kalten Sitz, sagte er, & ein kleiner Junge lag in meinem Arm. ›Ich jubelte, als Entwarnung gegeben wurde. Mir tut alles weh‹ ...

Stieg aus dem Auto aus & sah Holborn. Eine riesige Lücke ganz oben auf der Chancery Lane. Immer noch rauchend. Einige große Geschäfte vollkommen zerstört; das Hotel gegenüber wie eine Schale. Eine Weinhandlung hatte keine Fenster mehr. Leute standen an den Tischen – ich glaube es wurden Getränke ausgeschenkt ... Also zurück zum Auto. Ein riesiger Verkehrsstau. Das Kino hinter Mme Tussaud aufgerissen: die Bühne sichtbar, ein paar Dekorationen schwingen hin & her. Alle R[egent] Park Häuser mit zerbrochenen Fenstern, aber unbeschädigt. Und dann Meilen um Meilen von ordentlichen gewöhnlichen Straßen – ganz Bayswater & Sussex Square wie gewohnt. Die Straßen leer. Verschlossene Gesichter & trübe Augen ...

Die Menschen, an die ich jetzt denke, sind die sehr verrußt wohnenden Haushälterinnen, sagen wir in Heathcote Street; mit einer weiteren Nacht vor sich; alte elende Frauen, die in ihren Türen stehen; schmutzig, jammervoll.

*Tagebuch, 10. September 1940*

London sah heiter und hoffnungsvoll aus, trug seine Wunden wie Sterne; wieso dramatisiere ich London unablässig? Wenn ich an der Stelle, an der ein altes Haus stand, eine große Verwüstung wie eine zerquetschte Streichholzschachtel sehe, hebe ich meine Hand und winke London zu. Was ich seltsam und angenehm und ungewohnt finde, ist die Bewunderung, die dieser Krieg bewirkt – für jede Art von Leuten: Putzfrauen, Ladenbesitzer, sogar bedeutend bemerkenswerter, für Politiker – Winston [Churchill] wenigstens, und die Tweed tragenden grundlangweiligen Frauen hier, mit ihrer grimmigen Vernunft . . .

*Brief an Ethel Smyth, 25. September 1940*

*Das Haus der Woolfs war bei dem Angriff im September 1940 nicht schwer beschädigt worden, aber wie zwei frühere Londoner Wohnungen von Virginia, in Fitzroy Square und Tavistock Square, war es unbewohnbar geworden. Sie lebten danach hauptsächlich in Sussex und fuhren gewöhnlich einmal die Woche aus beruflichen Gründen nach London. Virginia sollte London nie wieder im Frieden sehen, denn sie starb im März 1941, lange vor Kriegsende. Inzwischen war der Tonfall, den sie gegenüber Ethel Smyth (der Tochter eines Generals) angenommen hatte, auch in ihr Denken vorgedrungen, und sie konnte im Rückblick auf ihre glücklichen einsamen Spaziergänge dort über London schreiben, daß sie, wenn eine Bombe eine der kleinen Gassen der Stadt, mit den unbeweglichen Vorhängen und dem Geruch vom Fluß, zerstörte, das fühlen würde ›- na ja, was die Patrioten fühlen‹.*

## *Londoner Stolz*

. . . die Leidenschaft meines Lebens, das heißt die Londoner City – London völlig zerbombt zu sehen, . . . das zerriß mir das Herz.

*Brief an Ethel Smyth, 11. September 1940*

... Für Londoner gibt es jedenfalls in der ganzen Welt nur ein richtiges Beispiel für eine Stadt – verglichen mit ihr sind die anderen Dörfer auf dem Lande.

*Rezension, The Times Literary Supplement, 9. November 1916*

# Cornwall

*Von London abgesehen, liebte Virginia die Küste von England am meisten. ›Wie man nur landeinwärts leben kann‹, schrieb sie 1909, ›ist mir unbegreiflich; nur Tölpel und Tiere sollten das ertragen können.‹ Hügel waren ihrer Meinung nach nur dazu da, ›einen weiten Ausblick von ihnen hinab auf das Meer‹ zu bieten, auf ›den Horizont & ein oder zwei Schiffe dazwischen . . . wenn man nichts sieht außer Land, in alle Richtungen feststehend, wird einem bewußt, daß man auf einem flachen Brett in der Falle sitzt‹. Das Meer bildete eine ›geheimnisvolle Grenze, es löst die Begrenztheit der Felder auf und bringt ihre Prosa zum Schweigen‹. Diese Vorliebe erwuchs zweifellos daraus, daß sie ihr ganzes Leben lang die Grafschaft Cornwall liebte. Zum ersten Mal kam sie 1882, in ihrem Geburtsjahr, dorthin, als ihr Vater das Talland House in St Ives (das der Great Western Railway Company gehörte) als Sommerdomizil mietete. Die Familie war bis 1894 jedes Jahr dort, und danach kehrte Virginia immer wieder allein, mit anderen Mitgliedern ihrer Familie oder mit ihrem Ehemann Leonard nach Cornwall zurück. ›Meine Güte‹, schrieb sie noch 1936 an Vita Sackville-West, ›was für ein Land! Warum verbringen wir überhaupt irgendeinen Teil unseres kurzen Lebens in Sussex, Kent oder London?‹ Ihr Leben als Schriftstellerin war, wie Lyndall Gordon in ihrem Buch* Virginia Woolf: A Writer's Life *feststellt, auf zwei dauerhaften Erinnerungssträngen begründet, dem an ihre Eltern, und dem an die Nordküste von Cornwall. Ihre Aufzeichnungen über Cornwall umfassen dreißig Jahre.*

## *Fin-de-siècle St Ives*

Aus ›A Sketch of the Past‹, 1940

Der Ort war damals noch weitgehend so, wie er im sechzehnten Jahrhundert gewesen sein muß, unbekannt, unbesucht, ein Gedränge von Granithäusern, die den Abhang der kleinen Bucht vor der Insel überkrusteten ... Es war eine abschüssige kleine Stadt. Bei vielen Häusern führten einige Treppenstufen mit einem Geländer zur Eingangstür. Die Mauern waren aus dicken Granitblöcken errichtet, um den Meeresstürmen standzuhalten. Sie waren im Ton von cornischer Sahne getüncht. Es war nichts Sanftes an ihnen, keine roten Backsteine, kein weiches Strohdach. Das achtzehnte Jahrhundert hatte an St Ives keine Spuren hinterlassen ... Es hätte gestern gebaut worden sein können, oder in der Zeit des Eroberers. Es folgte keinerlei Architektur, keiner Ordnung. Der Marktplatz war ein schroffer offener Platz mit Kopfsteinpflaster; auf der einen Seite stand die Kirche, aus Granit errichtet, zeitlos wie die Häuser; daneben befand sich der Fischmarkt. Es gab kein Gras davor. Sie stand direkt am Marktplatz. Es gab keine geschnitzten Türen, keine großen Fenster, keinen Fenstersturz; kein Moos, keine hübschen Geschäftshäuser. Es war eine zugige, laute, fischige, lärmende Stadt mit engen Gassen und der Farbe einer Muschel oder Schnecke; wie ein Haufen rauher Schalentiere, die sich auf einer grauen Mauer zusammengefunden haben.

*Auch wenn St Ives heute als einer der beliebtesten sommerlichen Ferienorte Englands alles andere als unbekannt oder unbesucht ist, ist der Ortskern hinter der Halbinsel, die ›die Insel‹ genannt wird, in seiner Substanz noch weitgehend so wie in Virginias Erinnerungen. Die Gassen sind mit Kopfstein gepflastert, die Häuser weiß getüncht, und die Straßen hinter dem Hafen werden immer noch in die mittelalterlichen Viertel, Downalong und Upalong genannt, unterteilt. In Wirklichkeit war St Ives in den 80er und 90er Jahren des letzten Jahrhunderts nicht so wenig besucht wie in Virginias Erinnerungen; der Anschluß an das Eisenbahnnetz hatte es Urlaubern aus London zugänglich gemacht. Bekannte Künstler arbeiteten schon dort, und hoch über der Bahnstation, hinter dem Talland House, betrieb die Eisenbahngesellschaft das große und ziemlich luxuriöse Tregenna Castle Hotel, in dem Henry James während eines Besuchs bei den Stephens wohnte. Es steht noch dort.*

## *Rückkehr, 1905*

*Elf Jahre nachdem die Familie Stephens das Talland House als Sommerdomizil aufgegeben hatte, kehrte Virginia mit ihren Brüdern und der Schwester für einen nostalgischen Urlaub nach Cornwall zurück.*

Wir hatten ein Gefühl der Verzauberung, als wir gestern unsere Plätze im Zug der Great Western einnahmen. Hier war der Hexenmeister, der uns in eine andere Welt, fast in ein anderes Zeitalter bringen sollte. Wir hätten ohne weiteres geglaubt, daß diese kleine Ecke Englands von einem Zauberer gebannt geschlafen hatte, seit wir sie das letzte Mal vor zehn [elf] Jahren vor Augen hatten, und daß kein Lufthauch der Veränderung ihre Blätter angerührt oder ihre Gewässer gestört hatte. Auch wir würden dort unsere Vergangenheit wohlbehalten wiederfinden, als wäre sie all die Zeit hindurch bewacht & bewahrt worden, bis wir eines Tages wiederkehren sollten – ganz gleich, wie fern er auch sei. So viele Sommer hatten wir in St Ives verbracht, war es da nicht vernünftig anzunehmen, daß wir, die wir die Erinnerung an sie in der Ferne hochgehalten hatten, hier an der Stelle, wo wir sie zurückgelassen hatten, etwas Greifbares von ihrer Substanz wiederfinden könnten?

Es dämmerte, als wir ankamen, so daß noch immer ein Schleier zwischen uns & der Wirklichkeit zu sein schien. Wir konnten uns einbilden, daß wir nur nach einem langen Tagesausflug auf der Hauptstraße heimkehrten & daß wir das Tor zum Talland House, wenn wir es erreichten, nur aufzustoßen brauchten & uns wieder inmitten der gewohnten Umgebung befinden würden. Wir waren in der Dunkelheit sogar so dreist, diese Vorstellung weiter zu treiben, als es zulässig gewesen wäre; wir gingen durch das Tor, tasteten uns verstohlen, aber sicheren Fußes die Auffahrt entlang, stiegen die kleine rauhe Treppe hinauf & spähten durch eine Lücke in der Eskalonia-Hecke. Da war das Haus mit seinen beiden erleuchteten Fenstern, da auf der Terrasse standen die steinernen Urnen vor der Bank mit den hohen Blumen; soweit wir sehen konnten war alles so, als hätten wir es erst am Morgen verlassen. Und doch durften wir, wie wir ganz genau wußten, nicht weiter gehen; wenn wir näher herankämen, wäre der Bann gebrochen. Die Lichter waren nicht unsere Lichter; die Stimmen waren die Stimmen von Fremden. Wir hingen wie Gespenster im Schatten der Hecke, & bei dem Geräusch von Schritten machten wir kehrt.

Von der erhöhten Ebene der Hauptstraße blickten wir auf die Biegung, d. eine weite Fläche der Bucht zu umfassen schien, voll von fließendem Nebel heute, mit silbernen Sternen besetzt & wir konnten das Vorgebirge der Insel ausmachen & sahen das Muster der Lichter, die sich in seine warme Bucht schmiegten.

Aber dann erhob sich die Morgendämmerung über dieses matte Zwielicht & und breitete ein Land mit strahlenden Hängen vor uns aus, mit Klippen, die sich in einer Kaskade aus braunen Steinen ins Meer ergossen & leider sahen wir auch nicht wenige massive weiße Villen, wo früher die Heide hervorsproß. Auch eine breite öffentliche Straße war dort angelegt worden, wo wir mühsam einen Fußweg am Rande des Moors entlanggestolpert waren, & es gibt Anzeichen dafür, . . . daß die ganze Gegend seit unserer Zeit in einen ordentlicheren Zustand gebracht worden war. Doch es gibt Unterschiede, die nur auf den allerersten Blick auffallen & in zwei Tagen sehen wir nur noch die dauerhaften

Konturen von Moor & Insel, & die Gegend ist im großen wie im kleinen unverändert.

*Tagebuch, 11. August*

*Man kann noch immer mit der Bahn nach St Ives fahren, auf der British Rail's Western Region, der Nachfolgerin der GWR – mit dem InterCity Express von London bis nach St Erith und dann auf einer einspurigen Strecke die Küste entlang nach St Ives. Talland House, das östlich von der Stadtmitte auf einem Hügel über der St Ives Bay steht, ist jetzt in Ferienwohnungen unterteilt, aber ein Teil des Gartens, in den Virginia spähte, gehört noch dazu. Auf der anderen Seite der Straße steht das Porthminster Hotel, das den Woolfs, als es 1893 gebaut wurde, die Aussicht so verschandelte, daß sie beschlossen, ihr Haus aufzugeben. Der Ausblick selbst wurde in* To the Lighthouse, *1927, literarisch verewigt: »... der großartige Tellervoll blauen Wassers ... der altersgraue Leuchtturm, fern, streng, mittendrin; und rechts, soweit das Auge reichte, verloren sich und sanken in sanften flachen Flechten die grünen Sanddünen mit dem wild wehenden Gras, die immerfort davonzulaufen schienen, in irgendein ... Mondland.«*

Heute unternahmen wir das, was wir uns seit langem für die erste Gelegenheit vorgenommen hatten, das heißt, wir mieteten ein Fischerboot & gingen in der Bucht segeln. Aber das Meer war so ruhig, daß die Oberfläche über weite Strecken ganz glatt war, & unser Segel machte keinerlei Anstrengungen, das Boot hochzubringen. Unser Bootsmann mußte zu den Rudern greifen & zum Spaß legten wir uns zurück & betrachteten das schlaff herunterhängende gelbbraune Segel gegen den Himmel & versuchten, den Mann dazu zu bewegen, sich über das Meer auszulassen. Er wurde dazu gebracht, zu erzählen, wie er im letzten Winter mit seinem Heringsboot gekentert war, wie er fast wie durch ein Wunder gerettet wurde, als er sich am Kiel festklammerte, daß er nächsten Monat wieder bei der gleichen Schufterei sei & daß er zur Besatzung eines Schlagnetzbootes gehören würde, das in der Bucht lag und auf Sardinen wartete. In diesem Moment wurde die Eintönigkeit unserer langsamen Fortbewegung plötzlich durch einen lauten Hinweis auf Tümmler unterbrochen & nicht weit entfernt beobachteten wir, wie eine glänzende schwarze Flosse etwas vorführte, was so aussah, als würde sie eine Reihe maritimer Räder schlagen.

Wir segelten mitten in eine ganze Schule dieser Turner, die so nahe herankamen, daß wir hören konnten, wie sie nach Luft schnappten, bevor sie wieder tauchten.

*Tagebuch, 14. August*

*Tümmler erscheinen noch immer gelegentlich in der St Ives Bay. Das Bild der ›glänzenden schwarzen Flosse‹ sollte Virginia verfolgen. Es kam ihr oft in Augenblicken großer Anspannung oder Angst in den Sinn und war in ihrer Vorstellung präsent, als sie mit ihrem Roman* The Waves *schwanger ging: ›In dieser Wasserwüste ist mir die Flosse ins Netz gegangen‹, schrieb sie, als sie das Buch beendete und ›in einem Zustand von Herrlichkeit & Ruhe & ein paar Tränen‹ dasaß. Ein früherer Bootsausflug lieferte das Thema für* To the Lighthouse, *denn 1892 war Virginia mit ihrem älteren Bruder Thoby zum Godrevy-Leuchtturm gesegelt, und ihr jüngerer Bruder Adrian war verärgert gewesen, weil er nicht mitfahren durfte – eine Erinnerung, die zu einem der Motive des Buches wurde.*

Ich dachte heute auf meinem einsamen Gang über die geringe Anzahl guter Straßen in Cornwall nach. Im Süden fällt es schwer, der Straße zu entkommen; breit & glattgeschlagen überziehen sie das Land in jedem beliebigen Winkel. Selbst die kleineren Wege sind ordentlich angelegt & führen direkt zu ihrem Ziel. Wir haben hier unsere Hauptstraße, die allerdings derart ländliche Züge aufweist, daß sie andernorts als Feldweg gelten würde. Sobald man sie verläßt, muß man sich unzähligen kleinen Fußwegen anvertrauen, so schmal, als wären sie von Kaninchen ausgetreten worden, Wege, die über die Hügel & durch die Felder in alle Richtungen führen. Das cornische Ersatztor ist ganz simpel; wenn eine Mauer aus Granitblöcken errichtet wird, läßt man zwei oder drei in bequemen Abständen herausragen, so daß sie Stufen bilden; man findet sie oft neben einem Tor mit schweren Vorhängeschlössern, als ob der Bauer unbefugten Eindringlingen mit einem Auge zuzwinkern wollte. Das System hat natürlich für die Einheimischen oder für diejenigen, denen die örtlichen Gegebenheiten gut bekannt sind, seine Vorteile; das Land bleibt sozusagen im Fluß, so daß die Füße beliebig neue Wege ziehen können; aber der Ortsfremde muß oft auf das vorgegebene & trockene System regulärer Hauptstraßen zurückgreifen.

Die Nebenstraßen sind darüber hinaus nicht nur häufig schlecht erhalten, sie verkümmern auch manchmal nach einem stolzen Anfang zu einem Pfad über die Heide. Der Spaziergänger sollte daher mit einer freien Hand seinen Weg skizzieren & darauf hoffen, daß er irgendeine kleine ausgetretene Spur findet, die ihn leitet, denn es ist nicht gesagt, daß er im Verlauf einer Wanderung am Nachmittag auf eine Straße trifft.

In diesem Landstrich gibt es nur wenige Dörfer & die kleinen Ansammlungen von grauen Gehöften, die sich zwischen den Hügeln finden, sind mit der Hauptstraße durch einen eigenen grob angelegten Fahrdamm verbunden, der direkt auf den Hof führt. Ein Wanderer, der diesem Weg folgt, steht nach etwa einer halben Meile einem mageren Schäferhund & einer sauer dreinblickenden Bauersfrau gegenüber, die die Melkeimer auswäscht & die Störung übelnimmt. Aber für den Wanderer, der die Abwechslung & die Gegebenheiten offener Felder der orthodoxen Gradlinigkeit der Hauptstraßen vorzieht, gibt es keine bessere Gegend zum Spazierengehen als diese.

*Tagebuch, August (undatiert)*

Wir wollten vielleicht eher einer Tradition nachkommen als uns tatsächlich vergnügen, als wir heute nachmittag, am Tag der Regatta, den Zug nach St Ives bestiegen. Ich muß gestehen, daß ich mir insgeheim von der Menge, den frohen Fahnen & den unregelmäßigen Trompetenklängen der Kapelle einen durchaus gegenwärtigen & nicht nur rückwärts gewandten Spaß erwartete. Das war die Szenerie, an die ich mich erinnerte: unbestimmt fröhlich und festlich, ohne Bezug zum Schwimmen oder Segeln, dem wir doch angeblich zuschauten. Ich erinnerte mich an die Menge kleiner Boote, an die flatternden Fahnen entlang der Wettkampfstrecke & an das Boot des Komitees, das mit Flaggenschnüren geschmückt war, von dem aus sich nackte Figuren ins Wasser stürzten & Kanonen abgefeuert wurden. Ein bestimmtes entferntes Trommelwirbeln & Trompetenschmettern, so gestanden wir uns, ruft unweigerlich, wo immer wir es hören, die Erinnerung an den Regattatag von St Ives an einem schönen Nachmittag wie diesem hervor ... Die Kapelle spielte auf dem Malakoff, heute wie damals; bei genauerem Hinsehen stellten wir fest, daß ein ehrwürdiger Geistlicher den Taktstock schwang, wenn auch die Musik, die seinem Rhythmus folgte, in ihrer Art durchaus weltlich war. Zwei oder drei kleine Stände mit Süßigkeiten & Kuchen säumten die Terrasse & die ganze Bevölkerung von St Ives zog in ihrem Rot & Grün auf & ab.

Dort war das Komitee-Boot & die kleinen Ruderboote, die Flaggen auf dem Wasser & die Schwimmer in dem Moment geduckt, bevor die Pistole sie ins Meer schießen läßt & das allgemeine Wogen von Gerede & Bewegung. Man reduziere das alles zu einem französischen impressionistischen Bild & die Regatta von St Ives ist ein Anblick, der nicht zu verachten ist.

*Tagebuch, August (undatiert)*

*Das Malakoff ist eine frühere Befestigungsanlage, benannt nach einer Festung, die während der Belagerung von Sewastopol im Krimkrieg Berühmtheit erlangte. Es überblickt die St Ives Bay und wird schon lange als öffentliche Promenade genutzt. Inzwischen wurde es von der Stadtverwaltung ausgiebig verschönert, und es befindet sich dort eine Statue von Barbara Hepworth (1903–1975), die in St Ives lebte und arbeitete.*

Es kommt mir vor, als ob wir unsere Ausflüge mehr aus Spaß am Kommen & Gehen & der köstlichen Mahlzeit an der frischen Luft unternehmen, und weniger, weil sich an der Stelle, wo wir uns zur Rast niederlassen, irgendein spezieller schöner Anblick finden läßt. Ich habe, glaube ich, hier bei meinen Wanderungen ein Dutzend Orte gefunden, zu denen man durchaus hinpilgern könnte, aber sie sind überraschend, unerwartet, verborgen; es kann sein, daß dort wochenlang niemand vorbeikommt und monate- wenn nicht sogar jahrelang niemand genau das sieht, was ich gesehen habe. Das sind die Schönheiten, die den einsamen Wanderer überraschen & im Gedächtnis verharren. Da diese kleinen Visionen also durch keine Verbindung von Dampf & Pferd willentlich heraufbeschworen werden können, ist es sicherer, bestimmte akkreditierte Orte festzulegen & sie zum Ziel aller Ausflüge zu machen, die man unternimmt.

Ein solches Ziel ist Lands End, wo die Einbildungkraft auf jeden Fall unweigerlich beeindruckt wird & man leidlich sicher sein kann, daß sich dem Auge recht substanzielle Schönheiten bieten. Bedauerlicherweise sind der grüne Abhang mit den schroffen Felsen darauf, die Klippen & die romantische Küstenlinie heutzutage das Eigentum von hundert Augen; ungefähr alle zehn Minuten entlädt ein rumpelnder Kremser oder ein staubiges Automobil seine Ladung von Ausflüglern auf diesen schmalen Flecken Land.

Aber auch wenn der Ort selbst dadurch verschandelt wird, das

Land, das ihn umgibt, ist immer noch verlassen & sehr schön. Am Rande des Horizonts kann das Auge einen felsförmigen Schatten ausmachen, dem wir, als die Sonne unterging & und ihn vergoldete, den Namen der Inseln der Glückseligen verliehen. Als Cornwall kalt im Schatten lag, war dort drüben helles Tageslicht – vielleicht immerwährender Nachmittag.

*Tagebuch, August (undatiert)*

*Ich fürchte, Virginia wäre von dem Themenpark nicht sehr begeistert, der jetzt die Spitze der Halbinsel einnimmt. Er lockt mehr Autos an, als sie es sich je hätte vorstellen können, und er bietet als seine Hauptattraktion The Legendary Last Labyrinth, ein ›multisensorisches Erlebnis, das die alltäglichen Grenzen von Zeit und Raum überwindet‹.*

Es ist eine großartige Sache an dieser kleinen Pension, daß wir von all den großen Fenstern einen Ausblick auf das Meer haben. Wenn ich morgens aufwache, stelle ich als erstes fest, welche neuen Schiffe in die Bucht eingelaufen sind, den ganzen Tag lang kommen & gehen diese stillen Seefahrer, lassen sich wie Zugvögel für einen Moment nieder & breiten dann wieder ihre Segel aus & ziehen weiter in andere Gewässer. Woher kommen sie & wohin führt ihr Weg? Ein Schiff bewegt sich auf geheimnisvolle Weise. Morgens sehen wir die Logger, die sich in die Fischgründe aufmachen, spät am Nachmittag kehren sie vor dem Wind dahinjagend zurück wie ein Schwarm von Vögeln, die auf ihre Beute herabstoßen. Am schönsten sind die großen Segelschiffe, die den Kanal hinauf & hinunter befahren.

*Tagebuch, August (undatiert)*

*Die ›kleine Pension‹ befand sich in Carbis Bay an der Straße von St Ives, das damals ein Fischerdorf war, sich aber jetzt als Vorort am Meer ausbreitet. Nur noch wenige Fischerboote fahren heutzutage von*

*St Ives aus aufs Meer, aber bei schlechtem Wetter suchen kleine Schiffe oft Schutz in der Bucht, und draußen zieht immer noch der Kanalverkehr vorbei. Die eindrucksvollsten Wasserfahrzeuge, die man heutzutage sehen kann, sind turmhohe Bohrinseln, die zu oder von den Werften von Falmouth geschleppt werden.*

Es ist ein Fehler, sich strikt an der Küste zu halten; wendet man sich landeinwärts & überquert die Hügel, dann sieht man das Meer als breites Band unter sich & Schiffe fahren wie Spielzeug darüber. Das Land ist an seinem Rand in alle Arten von merkwürdigen Falten gelegt, so daß man statt einer schroffen Klippe reizende kleine Täler findet, mit dreieckigen Stränden am unteren Ende. Hier breiten wir unseren Nachmittagstee aus & wenn er beendet ist, kehren wir im Dunkeln wieder nach Hause zurück. Gestern abend dämmerte es schon, als wir losgingen, aber wir mußten einfach einen langen Blick auf Gurnard's Head werfen & auf die nebligen Umrisse dahinter, durch die plötzlich der wechselhafte Schein des Leuchtturms von St. Just aufblitzte. Es war schon spät, als wir umkehrten, & wir nahmen uns vor, auf der sicheren Straße zu bleiben. Bevor wir sie erreichten, mußten wir uns einen Weg durch einen Wald von Farnen erkämpfen, die einem die Beine zusammenfesselten & einen auf die Knie zwangen. Die Straße war, als wir sie erreichten, aus diffusem weißen Nebel, auf den unsere Füße so hart auftraten, daß wir selbst überrascht waren. A[drian]s Gestalt, die voranstakte, war verschwommen & ohne Konturen, & und als er hundert Yards entfernt war, mußten wir ihm unsere Stimmen nachsenden, um uns zu vergewissern, daß wir ihn nicht verloren hatten. In dieser Verwirrung verließen wir die Straße & betraten ein weites wegloses Land ohne Markierung oder Begrenzung. Vor uns waren Dutzende von Lichtern verstreut, die in der weichen dunklen Tiefe schwammen, ohne auf dem festen Boden verankert zu sein. A. stapfte unbeirrt weiter &

bahnte sich den Weg durch den Nebel, als läge die Straße deutlich vor ihm. Einmal auf dieser seltsamen Pilgerfahrt tasteten wir unseren Weg durch einen Bauernhof, wo die Umrisse von verschwommenem Vieh hoch aufragten & eine große Laterne einen schwankenden Lichtkreis über unsere Gesichter warf. Die Stimme des Bauern, der uns eine gute Nacht wünschte, brachte uns für einen Moment wieder in das heitere Reich der Materie, aber unser Weg führte weiter in die Dunkelheit zurück. Wir stolperten über Felder, die in düsteren Dunstschwaden schwammen; wir trafen auf die Straße, & plötzlich schien vor uns ein großes Licht, & ein Wagenrad zerknirschte genau uns gegenüber den Boden, so als wären in der Nacht die Geräusche seiner Annäherung gedämpft worden. Jetzt hatten wir die Lichter im Tal erreicht, & wir gingen an erleuchteten Fenstern vorbei, die kaum imstande waren, ein Yard der Schwärze, die auf sie eindrückte, zu erhellen, & konnten undeutlich lange schwarze Gestalten ausmachen, die reglos an den Mauern lehnten. Die Nacht lag schwer auf diesem kleinen Dorf; alles war still, wenn auch nicht schlafend. Dann gingen wir weiter, auf einen Hügel hinauf, & wieder sahen wir unter uns diese großen Lichterschwärme, die plötzlich in der Dunkelheit entstehen, wo am Tage nichts ist. Und so fanden wir noch einmal die Straße & die vertrauten Lichter der Häuser. Aber wie eng waren diese Mauern, & wie intensiv dieses Licht nach der vagen Unermeßlichkeit der Luft; wir fühlten uns wie Wesen, die eben noch Flügel hatten, jetzt aber gefangen & eingesperrt sind.

*Tagebuch, August (undatiert)*

Plötzlich riß T. [Thoby, ihr älterer Bruder] das Fenster auf & und rief ›Sardinen in der Bucht‹.

Wir sprangen auf, als säßen wir selbst in den Schlagnetzbooten, & noch vor halb zehn waren wir draußen beim *Hewers*-Haus auf der Spitze. Es war sofort klar, daß die Nachricht mehr als zutreffend war. Es waren nicht nur Sardinen da, auch zwei Netze waren schon ausgeworfen worden & lagen wie dunkle Narben im Wasser der Bucht. Die Versammlung von Ausrufern [*Hewers* genannt] war noch nicht groß, aber ausgesprochen professionell. Den ganzen Weg entlang stand eine Reihe von Beobachtern auf der Mauer: einige mit Megaphonen, andere mit Kugeln, die in weiße Beutel gebunden waren. Die Aufregung war immens, denn die Fischschwärme zogen immer noch durch die Bucht & alle Sardinenboote waren in Bewegung, wie große schwarze Insekten, die mit den Beinen ruderten. Unser Freund Mr. Hain rief uns zu sich & zeigte uns einen bestimmten undeutlichen violetten Schatten, der langsam außen an den Felsen vorbeizog. Das war der Schwarm, sagte er – die Boote kamen herum, um ihre Schlagnetze darüber zu schießen. Als sie sich der Stelle näherten, röhrten die Megaphone unverständlich & die weißen Kugeln wurden heftig geschwenkt. Von den Booten kamen Antwortrufe. Schließlich sahen wir, daß zwei Boote angehalten hatten & die Ruderer mit vollen Händen Netze aufhoben & sie über Bord fallen ließen; dabei entfernten sie sich langsam voneinander, & ließen die gepunktete Linie des Netzes zu einem Kreis zwischen sich wachsen; die ganze Zeit ging das Geschrei weiter, denn die Männer am Ausruf-Posten gaben Anweisungen für jede Bewegung; nur sie konnten die genaue Position der Fische angeben. Die Netzenden wurden dann miteinander verbunden, & das Boot führte mehrere Manöver mit den unteren Leinen aus. Wir konnten den undeutlichen Wirbel von dunklerem Violett jetzt, als er eingefaßt war, gerade so im Kreis erkennen; er sah aus wie eines dieser unerwarteten dunklen Kräuseln, die wie ein Erröten über das Meer ziehen.

Die Menge sammelte sich jetzt, & wir gingen von einem Punkt zum nächsten & versuchten erfolglos, die heiseren Kommandos der Megaphone zu verstehen, die nach allem, was wir davon mitbekamen, ohne weiteres Cornish gewesen sein könnten. Mr. Hain kam nach einer Weile wieder heruntergerannt und berichtete, daß um die Landspitze herum ein weiterer Schwarm gesichtet worden sei; die Boote waren noch nicht an der Stelle angekommen. Am *Hewers*-Haus herrschte ungeheuere Aufregung. Der Schwarm, der um die Spitze herumgekommen war, gehörte offensichtlich den Booten von Carbis Bay, die bisher noch vor Anker gelegen hatten. Sie waren jetzt auf dem Weg, & die Ausrufer, die ihnen die Richtung angaben, waren auf das Dach des *Hewers*-Hauses geklettert, um den Anweisungen mehr Nachdruck zu verleihen. Die Boote bewegten sich langsam auf den gleitenden Schatten zu, den wir hinter den Carrack-Felsen zu erkennen glaubten. Als sie näherkamen, heulten die Megaphone wie Nebelhörner. Insbesondere war ein gewisser Zwerg aufs Dach gesprungen & schwang die weißen Kugeln, als ob es Hanteln wären. Die Boote begannen das Schlagnetz auszulegen; sie hatten den Kreis zur Hälfte vollendet, als ein Sturm von Beschimpfungen beim *Hewers*-Haus losbrach. Eine Sprache, die wiederzugeben ich nicht versuchen werde, verfluchte sie als eine Bootsladung unfähiger Affen; der Schwarm war weiter westlich & nicht ein Fisch würde ins Netz gehen. ›Nach Westen, Westen, Westen‹, röhrten die Megaphone, & in der qualvollen Aufregung griffen die bloßen Stimmen den Ruf auf. Aber Sardinenboote sind schwer manövrierbare Dinger, & ihre Bewegung war langsam. Die Ausrufer konnten direkt sehen, wie die Fische an der Spitze vorbeiglitten & das Netz in leeres Wasser fiel. Eintausend Pfund, so erfuhren wir später, trieben außerhalb ihrer Reichweite davon. Kein Wunder, daß die Aufregung qualvoll war. Das Netz fing schließlich einen kleinen Teil des Schwarms ein, & der Rest fiel den rivalisierenden Booten zur Beute. Vier Netze waren nun ausgeworfen & wir dachten, es wäre an der Zeit, ein Boot zum ersten davon zu nehmen, das langsam zum Ufer hin eingeholt wurde. Wir gingen also um den Hafen herum & wurden zu der Stelle gerudert. Als wir nah herankamen, sahen wir, daß der eingeschlossene Schwarm eine tiefe & unverkennbar violette Farbe hatte; kleine Wasserspritzer zuckten über die Oberfläche, & ein silberner Blitz sprang für eine Sekunde in die Luft. Wir bezogen neben der Reihe von Korken Stellung & warteten; nach einer Weile kamen die leeren Sardinenboote mit ihren Körben heran & ließen ein kleineres Netz, das Landungsnetz genannt wird, in der Mitte des großen hinab, so daß die Fische alle in einem kleinen Kreis zusammengedrängt waren. Jetzt bildeten alle Boote einen Ring um das innere Netz, & die beiden Boote, die das Netz hielten, zogen es Stück für Stück herauf. Das Wasser darin brodelte vor Fischen. Es war mit schillernden Fischen vollgepackt, die silbern & violett schimmerten, in die Luft sprangen, mit ihren Schwänzen um sich schlugen und Schauer von Schuppen emporschleuderten.

Dann wurden die Körbe herabgelassen & das Silber wurde eingeschaufelt & in die Boote geschleudert; es war ein Anblick, wie man ihn anderswo nie gesehen hat, kaum zu beschreiben oder zu glauben. Die Fischer schrien & die Fische spritzten. Die Körbe wurden gefüllt, geleert & in die sprudelnde Masse hinabgeworfen, wieder, wieder & wieder. Nichts schien die Menge zu verringern. Die kleinen Boote füllten sich nach Belieben mit Fischen; die Fischer hielten inne, um die Zuschauer mit Fischen zu bewerfen; der Reichtum war unerschöpflich.

*Tagebuch, August (undatiert)*

*St Ives näherte sich damals schon dem Ende seiner Geschichte als einer der wichtigsten britischen Sardinenhäfen. 1868 waren 16 Millionen Fische in einem einzigen Schlagnetz vor der Stadt gefangen worden, aber bis 1905 war die Ausbeute weit gesunken, und innerhalb von ein paar Jahren sollte dieser Gewerbezweig zusammenbrechen. Das Hewers-Haus, nicht allzuweit vom Talland House am Steinufer entlang, war der Beobachtungsposten der Fischer und steht immer noch. Man nimmt an, daß es seinen Namen von dem cornischen Ruf der Posten erhalten hat, ›Heva!‹, was vielleicht eine Jagd bedeutet (vgl.* Hemolc'h *auf bretonisch) oder auch, wie mir ein bretonischer Skeptiker vorschlug,* *einfach ›Hurra!‹*. Cornisch, das eng mit dem Bretonischen verwandt war, führte seit Beginn des neunzehnten Jahrhunderts ein geisterhaftes Leben, seine gegenwärtige Auferstehung stand noch aus – nur wenige Enthusiasten konnten es 1905 sprechen.*

## *Weihnachten in Cornwall*

Brief an Clive Bell, 26. Dezember 1909

Es ist neun Uhr vorbei, und die Leute singen immer noch Weihnachtslieder unter meinem Fenster [im Lelant Hotel, in Lelant], das dank der Milde der Nacht offen steht. Ich bin an der Kreuzung, und im Zentrum des Dorfklatsches. Die jungen Männer verbringen den größten Teil des Tages damit, an der Mauer zu lehnen und manchmal zu spucken. Unzählige Kirchen- und Weihnachtslieder dringen aus Scheunen und Türen. Mehrere Fenster, hinter denen Matronen sitzen, sind rot und gelb, und Paare schlendern die Straßen, die schwach glänzen, hinauf und hinunter. Dann gibt es den [Godrevy] Leuchtturm, zu sehen wie durch beschlagenes Glas, und eine graue Ebene, wo das Meer ist. Es gibt keinen Mond, oder Sterne, aber die Luft ist weich wie Daunen, und man kann Bäume auf dem Kamm der Straße sehen, und die Umrisse von allem ohne jedes Detail. Niemand scheint den Wunsch zu haben, zu Bett zu gehen. Sie drehen ziellos ihre Runden. Spielt sich das jetzt in allen Dörfern Englands ab?

*Das Leland Hotel, inzwischen in The Badger umbenannt, überblickt heutzutage eine geschäftige Straße. Gegenüber steht ein Denkmal für die Männer des Ortes, die in den beiden Weltkriegen getötet wurden, einige von ihnen gehörten zweifellos zu denjenigen, die an der Kreu-*

* In Wörterbüchern wird ›hew‹ auch als Variante zu ›hue‹ – ›Geschrei‹ in einigen Dialekten aufgeführt. Anm. d. Übers.

*zung herumlungerten und ausspuckten. Man sagte mir, daß man von keinem Schlafzimmer des Hotels aus das Licht von Godrevy sehen kann.*

## *Erneute Rückkehr, 1921*

*Im Frühjahr 1921 verbrachten Virginia und Leonard einen Urlaub in Ponion in der Nähe von Zennor an der Küste unterhalb von St Ives. Es war kaum mehr als ein Dorfflecken am Meer, und ihre Zimmerwirtin, Mrs Hosking, gehörte zu einer Familie, die in der Gegend bis heute bekannt ist.*

Wir sind jetzt kurz vor der Abreise nach Cornwall. Morgen um diese Zeit – es ist jetzt 17.20 – werden wir den Bahnsteig von Penzance betreten, die Luft schnuppern, nach unserem Pferdewagen Ausschau halten & dann – guter Gott! – quer durch die Heide nach Zennor fahren – Warum bin ich so unglaublich romantisch, was Cornwall betrifft? Die eigene Vergangenheit wahrscheinlich: ich sehe Kinder im Garten herumspringen. Ein Frühlingstag. Das Leben so neu. Die Menschen so bezaubernd: Das Geräusch des Meeres bei Nacht. Und jetzt kehre ich zurück und »bringe meine Gaben mit« – nun, Leonard & fast 40 Lebensjahre, alles darauf aufgebaut, davon durchdrungen; wie sehr, könnte ich nie erklären. Und es ist wirklich sehr schön. Ich werde nach Treveal hinunterfahren & das Meer betrachten – die alten Wellen, die sich seit tausend Jahren auf die gleiche Weise brechen.

*Tagebuch, 22. März 1921*

Es ist mitleiderregend zu denken, daß Du Dich mit Bildern plagst und zweifellos Deinen Schirm auf dem Haverstock Hill verlierst, während ich im Meer bei Gurnards Head zwei bellende Seehunde beobachte. Das ist keine dichterische Freiheit. Sie waren da, mit ihren wunderschön geschlitzten Schwänzen, und hundeförmigen Köpfen, tollten und tauchten wie zwei nackte dunkelbraune alte Herren. Zwei Minuten vorher sprang plötzlich eine Viper unter meinen Füßen hoch. Der Duft des Stechginsters, der ganz in Blüte steht und genau wie ein kornisches Gemälde vor einer purpurnen See ist, ist wie – ich weiß wirklich nicht was. Dann gibt es tiefe Bäche, die herabfließen, mit all den Pflanzen, die einst im Moor von Halsetown wuchsen.

Wir sind auf der Steilwand, ganz für uns allein, nichts als Stechginster zwischen uns und dem Meer, und wenn ich diesen Brief fertig habe, werden wir unsere Bücher nehmen und uns in einer Mulde über dem Meer einrollen und von dort die Gischt und die Schiffe und die Bienen beobachten ...

*Brief an Vanessa Bell, 27. März 1921*

*Das Haus, das sie gemietet hatten, steht noch, und noch immer gibt es nichts als Stechginster zwischen ihm und dem Meer. Ein kleiner Bach fließt daneben durch eine Rinne. Zwei weitere Häuser längsseits machen den Rest von Ponion aus, und dahinter, jenseits der Straße nach St Ives, liegt das offene Moor.*

In den nächsten Ferien mußt Du hierher kommen. Mrs Hosking ist durchaus hinlänglich, obwohl sie unter dem Tod ihres Mannes leidet, was ihre Augen in Mitleidenschaft gezogen hat, und von daher ein wenig unempfänglich ist für meine Liebenswürdigkeiten, spricht jedoch – wie sie alle es tun – ein fehlerloses und farbloses Englisch. Aber das Land – mein lieber Saxon. Wir sind zwischen Gurnards Head und Zennor: ich sehe die Nase des Gurnard von meinem Fenster aus. Wir treten in den Juni-Sonnenschein hinaus, vorbei an Büscheln aus neu sprießendem Stechginster, leuchtend gelb und nach Nüssen riechend, über eine graue Steinmauer, und weiter über einen von Granit übersäten Fuhrweg zu einer Steilwand, unter der das Meer liegt, von der Konsistenz zahlloser Regenpfeifereier an der Stelle, wo sie grau grün halb durchsichtig werden. Aber wenn die Wellen sich überschlagen, sind sie mehr wie Smaragde, und die Gischt auf der Krone wird nach hinten geweht wie eine Mähne – zweifellos ein alter Vergleich, aber ein ziemlich guter. Hier liegen wir und braten, obwohl L. vorgibt, für die Enzyklopädie einen Artikel über Kooperation zu schreiben. Die Wahrheit ist jedoch, daß wir nichts anderes tun können als das Meer beobachten – vor allem, wo die Seehunde plötzlich auftauchen könnten, erst wie Holzstämme aussehend, dann wie nackte alte Männer, mit einem Dreizack als Schwanz. Ich bin mir jedoch nicht sicher, ob die Schönheit des Landes nicht in seinen Granithügeln liegt, und Mauern, und Häusern, statt in seinem Meer. Was meinst Du? Natürlich ist es sehr angenehm, auf das Meer zu stoßen, das am Fuß ausgebreitet ist, blau, mit purpurnen Flecken, und hier ein Segelschiff, dort ein roter Dampfer. Aber als wir gestern abend durch Zennor spazierten, war der Granit – erstaunlich ist wahrscheinlich das einzige, was man sagen kann, halb durchscheinend, mit dem grünen Hügel dahinter, und die Granitstraße kurvte hinauf und hinauf. Alle Dorfhunde warteten draußen vor der Kirche, und die seltsamen kornischen Gesänge im Inneren, so anders als die englischen.

Ich denke viel über die Phönizier und die Druiden nach . . .

*Brief an Saxon Sydney-Turner, 28. März 1921*

Wenn ich über meine linke Schulter schaue, sehe ich Stechginstergelb vor dem Ozeanblau, das nach oben läuft und sich zum Himmel leicht kräuselt, der heute von einem dunstigen Blau ist. Und wir lagen auf dem Gurnard's Head, auf Meerfenchelpolstern zwischen den grauen Felsen, die mit gelben Flechtenblüten überwachsen waren. Wie kann ich die Landschaft treffend beschreiben? Man schaut auf das halbdurchsichtige Wasser hinunter – die Wellen rings um die Felsen weiß gequirlt – Möwen, die auf Tangstückchen schaukeln – Felsen, die bald trocken sind, bald naß von den weißen Wasserfällen, die in die Spalten hinunterströmen. Kein Mensch weit und breit, bis auf die Küstenwache, die draußen vor dem Haus sitzt.

Wir nahmen einen Kaninchenpfad, der um die Klippen führt, & ich war etwas wackeliger als früher, wie ich finde. Behaupte jedoch immer noch mit dem besten Gewissen, daß dies der allerschönste Fleck auf Erden ist. Es ist so einsam. Gelegentlich wird ein winziges Feld gepfügt, wobei die Männer den Pflug um die grauen Granitbrocken führen. Aber man hat die Hügel & Klippen als nicht zu bearbeiten aufgegeben. Dort liegen sie nun voller Anmut trotz all ihrer Steine & ihrer Rauhheit, langgliedrig, zum Meer ausgestreckt; & so fein getönt; schimmernde Graus aller Art, die in der Abenddämmerung durchsichtig werden, & sanfte Grasgrüns; & dann eines Nachts wurde die Heide bei Tregerthen in Brand gesteckt, der Rauch quoll über den Hügelkamm, & die Flammen leuchteten . . . Eagle's Nest erhebt sich zu sehr nach Art eines Burghotels & ist daher nicht besonders angenehm; aber bei den Windstärken sind feste Wurzeln auch nötig. Man sah dort die verschiedensten Arten netter älterer Männer, die zum Klettern gekommen waren.

*Tagebuch*, *30. März 1921*

*Eagle's Nest lag ein paar Meilen weiter an der Straße von Ponion und gehörte Freunden von Virginia, der Familie Arnold-Forster. Es ist immer noch das wichtigste Wahrzeichen der Gegend und schon seit langem der Wohnsitz des Künstlers Patrick Heron. Die Klippen in der Nachbarschaft bieten die besten Klettermöglichkeiten in der Umgebung.*

## *Der letzte Besuch*

Brief an Vita Sackville-West, 14. Mai 1936

Was für ein Land! ... Wir tröpfeln von Bucht zu Bucht, und haben eine vollkommen einsame Landschaft entdeckt – nicht ein einziger Bungalow – nur Fußspuren von Möwen im Sand. Hier und da ein Schloß, und ein alter Mann, der in seinem Bach fischt, während das Meer hinter Stechpalmenhainen brandet, und ein Kranz grüner Hügel.

*Virginia Woolf kam nie wieder nach Cornwall. Vielleicht würde sie die ›vollkommen einsame Landschaft‹ heute nicht wiedererkennen.*

# Sussex

*Virginia Woolf war lange Zeit mit Sussex verbunden, und von 1910 an, als sie ein Haus in Firle bei Lewes mietete, bis zu ihrem Tode dauerte die Verbindung zum östlichen Teil des Landes ununterbrochen an. Von 1912 bis 1919 mietete sie nicht weit entfernt Asham (oder Asheham) House in Beddingham, und ihre Schwester Vanessa lebte in der Nähe in Charleston. Schließlich kauften Virginia und Leonard Woolf 1919 für 700 Pfund das Monk's House in Rodmell, das für den Rest ihres Lebens ihr Landsitz sein sollte. Wie sie schrieb, schwärmte sie für die ›Leere, Kargheit, Luft und Farbe‹ des Landes – ›ein Überbleibsel der Gefühle meines Vaters für die Alpen, nehme ich an‹.*

## *Bognor, 1897*

*Virginia Woolfs erster Kontakt mit Sussex fand im Winter 1897 statt, als sie ihre Schwester Vanessa, ihre Halbschwester Stella und Stellas zukünftigen Mann Jack Hills, der sich von einer Operation erholte, bei einem einwöchigen Urlaub nach Bognor (jetzt Bognor Regis) begleitete. Sie wohnten direkt am Meer. Leslie Stephen kam aus London, um sie zu besuchen, und Virginia haßte jeden Augenblick.*

Wir sind im letzten Haus des [Cottesmore] Crescent, der nie fertiggestellt wurde ... sehr trostlos und kalt – mit einem Blick auf das Meer, das ein schwarzes und ziemlich mäßiges Meer ist. Bin auf dem Fahrrad mit Nessa einmal die ›Esplanade‹ rauf und runtergefahren; aber es war zu windig und zu kalt für mehr.

*Tagebuch, 8. Februar*

*Cottesmore Crescent, 1897 noch unvollendet, ist inzwischen verschwunden.*

Ging heute morgen durch den Sand – Sehr trübe und grau und windig und kalt ... Es war zum Fahrradfahren zu windig und allgemein sehr trostlos – Wir sind hier anscheinend die einzigen Leute, außer 3 oder 4 Mädchenschulen, die draußen im Regen auf und ab marschieren – Auch zwei Rollstühle wurden gesichtet.

*Tagebuch, 9. Februar*

Nach dem Mittagessen gingen wir gemeinsam den Pier entlang, der sehr lang und sehr sehr langweilig ist. Zwei Frauen waren draußen und angelten, sonst aber absolut niemand dort ... Kamen über die Felder nach Hause, sie sind vollkommen platt und mit dickem Lehm bedeckt, in den man bei jedem Schritt einsinkt. Das Nieseln wurde, noch bevor wir den halben Heimweg geschafft hatten, zu Regen, und wir patschten durch den Matsch und die Nässe, schirmlos, total trostlos – ›Noch nie im Leben eine so häßliche Landschaft und derart schlechtes Wetter gesehen‹ ist Vaters Kommentar – mit dem ich übereinstimme.

*Tagebuch, 10. Februar*

Wir beschlossen, am Nachmittag mit dem 2.25 nach Arundel zu fahren, um das Schloß anzusehen. Wir verpaßten den Zug knapp und mußten eine Droschke mieten – die Droschke wurde von einem völlig ausgemergelten alten Gaul gezogen, nur noch Rippen und X-Beine. Bis Arundel sind es neun Meilen durch eine platte uninteressante Gegend – große braune umgepflügte Felder, Gräben und elende windzerzauste Bäume – durch die wir anfangs in einem Trab gezogen wurden, der langsamer und langsamer wurde, bis dieses Geschöpf nur noch im Schritt ging. Nach einer heftigen Anstrengung von zwei Minuten blieb das Pferd stehen und verweigerte jede Bewegung – Wir stiegen aus und gingen zu Fuß – Das Schloß war geschlossen und wird restauriert.

*Tagebuch, 12. Februar*

*Ein Vorschlag, noch eine weitere Woche in Bognor zu verbringen, wurde glücklicherweise abgelehnt, denn Virginia ›weigerte sich strikt‹ zu bleiben, und trotz der Beteuerungen der Zimmerwirtin, so scheußliches Wetter hätte es in Bognor noch nie gegeben, ›marschierten [sie] zum Bahnhof‹ und kehrten nach London zurück.*

Gott sei Dank! Noch eine Woche Nieselwetter in diesem matschigen, platten komplett blöden Bognor (der Name paßt genau*) hätte mich ans Ende des Piers und in das dreckige gelbe Meer darunter getrieben.

*Tagebuch, 13. Februar*

*Virginia konnte die angeblich letzten Worte von Georg V., dem der Ort später sein ›Regis‹ verdankte, nicht vorausahnen. Dem König wurde versichert, es würde ihm bald wieder so gutgehen, daß er in sein geliebtes Bognor zurückkehren könnte, wo er sich 1929 von einer Krankheit erholt hatte. »Scheiß auf Bognor« (»Bugger Bognor«) soll er geantwortet haben.*

* ›bog‹ = engl. Sumpf. Anm. d. Übers.

## *Ein Aufenthalt in Rye, 1907*

*1907 mieteten Virginia und ihr Bruder Adrian The Steps, ein Haus in Playden, außerhalb von Rye, für die Sommerferien.*

Da die letzte Nacht sanft wie ein Schleier war, unterhielten wir uns ein Weilchen auf unserer Terrasse & hörten den undeutlichen Klang von Trommeln & Trompeten. Ein Jahrmarkt? fragten wir uns & machten uns auf, den Tönen zu folgen, um noch etwas spazierenzugehen & eventuell auch das glückliche Zusammentreffen von Lichtern und ländlicher Komödie zu erleben. Wir gingen auf der Straße hinunter nach Rye & trafen eine Anzahl stiller Passanten, zu Fuß oder in Fahrzeugen, obwohl es schon fast elf war, was einem eine seltsame Vorstellung von der Bevölkerungsdichte des Landes gibt & den seltsamen Geschäften, denen diese Leute nachgehen müssen. In Rye selbst gab es eine Menge fahles Licht von den Straßenlaternen, ein paar herumlungernde Gestalten, aber keinen Jahrmarkt zu sehen, keine Kapelle zu hören. Wir gingen dann zurück, über die Straße, die am Sumpf entlangführt bis unter unsere Klippen. Die Niederungen glänzten unter dem Mond, & es gab seltsame sanft erscheinende Scheunen am Wegrand, ganz dunkel, wie die Farbkonturen eines Aquarells aus dem 18. Jahrhundert. Bei Tageslicht könnten Jäger hier Schnepfen schießen, in langen Mänteln; in der Nacht wäre da der Wilderer oder der Straßenräuber, oder die große Kutsche aus London, die ihre Pferde durch die Kehre hetzt oder Straßenzoll bezahlt. Als wir so still dastanden, drang eine kleine Harmonie von Geräuschen an unsere Ohren. Die Hunde bellten natürlich, dann das Husten bestimmter Schafe draußen auf dem Feld, dann der Ruf einiger Vögel. Zuletzt kam ein großer leuchtender Zug halbdurchsichtig vor uns vorbeigerattert; mit einem Körper wie eine phosphoreszierende Raupe & einer gedrehten Rauchfahne, die ganz opal & weiß vorne aufstieg. Dann gab es ein sehr dunkles Stück Land mit hellen Streifen von Mondlicht überzogen, so weiß, daß unsere Schatten in sie hineingeschnitten waren. Und schließlich unser zerbrechliches kleines Haus, das wir tatsächlich für so solide halten können, mit seinem Lichtauge, wie so viele andere; nein, die Welt schließen wir hier nicht mit ein. Wir sind über die Oberfläche verstreut & schließen eine unendliche Anzahl von Dingen aus.

*Tagebuch*, 22. *August*

Der Wunsch, eine Skizze von dem, was hier in der Grafschaft Sussex im Monat September vor sich geht, niederzuschreiben, plagt mich wirklich jedesmal, wenn ich einen Spaziergang mache. Gestern zum Beispiel zogen wir alle über die Straße nach Winchelsea, es war ein farbloser Abend, der bald einen fließenden grauen Ton annahm, als die Wolken mit dem Wind trieben & unsere Gesichter besprühten. Winchelsea wurde auf seinem düsteren Hügel fast tintenschwarz, mit diesen tiefen fließenden Schatten (als ob sie aus unterschiedlichen Schwarztönen bestünden): in Richtung auf Rye war Licht zu sehen, aber der höchste Punkt war der Rumpf der Windmühle, der grau war. Die Wolken verändern sich, ziehen auseinander & werden zu zerfetzten Tüchern, die mit ihren ausgefransten Rändern direkt über der Landschaft hängen; sie erfüllen die ganze Luft mit unterschiedlichem Licht & Dunkel, bevölkern sie und verleihen ihr Vielfältigkeit & Romantik. Unser schönster Ausblick ist der, den wir hier oben vom Hügel aus haben; man sieht Rye mit den Lichterpunkten düster zusammengeballt auf seinem Hügel; so dunkel heute, als hätte der Regen einige der feinen Punkte ertränkt, die in anderen Nächten so sternenklar erscheinen. Und das Land überall um uns war schwarz & unruhig wie das Meer; dabei konnten wir noch immer sehen, wie sich die Wolken veränderten & durch die Luft bewegten; nur schien es, als sei die Luft selbst ganz zerrissen & verworren, ein zersplittertes Medium, nicht mehr der friedliche leere Raum, durch den die Wolken segeln. Der Fluß lag recht fahl am Fuß des Hügels; das Klarste & Friedlichste in der Landschaft.

Es gibt eine bestimmte Abendstunde, ich glaube dann, wenn die Gezeiten aufeinandertreffen, in der ein Spaziergang das größte Vergnügen ist; selbst an einem kühlen Tag wie heute. Die Straße ist bloß ein undeutlicher grauer Dunst – & Leute & Dinge begegnen einem ganz verzerrt & ungewohnt; kommen auch mit seltsam schnellem Gang auf einen zu & sind vorbeigegangen, bevor man es erwartet. Das Licht, das die Lampe einer Kutsche auf eine Hecke wirft, wirkt wie eine geisterhaft verhüllte Gestalt, die sich gerade zu einem Punkt zusammenzieht & verschwindet. Glückliche Ekstasen treiben die Gedanken hinaus ins Unbestimmte, spornen sie an & versuchen nicht, sie zu bewahren.

*Tagebuch, 3. September*

Es ist wunderschön, abends am Meeresufer entlangzugehen – jetzt überall glitschiges heufarbenes Gras, mit geschwungenen Deichen, nach Camber Castle hinaus, dem grauen Kleeblatt, das auf halbem Weg zwischen Rye & Winchelsea liegt. Das Grau dieses alten Steines eint die Landschaft, wenn ich mir beim eiligen & privaten Schreiben so einen Frevel erlauben darf – hat das Sinn oder Verstand? – Der ganze Ausblick, den es gibt, ist von einer lieblichen Blässe weiße & silbern grüne Töne – die fahle Farbe von Stroh; die perlweißen Schafe sind das hellste Licht in dieser Landschaft & zu jeder Seite liegen stets die beiden Gebeine von Rye & Winchelsea im Schatten; Rye; in der Tat noch dicht mit roten Dächern & Schornsteinen besetzt, Winchelsea aber ganz eingesunken in die dunklen Lagen seines Blattwerkes. Im Hintergrund – wenn wir über die Bühne gehen, als die es erscheint, und unsere Gesichter dem Publikum des Meeres zuwenden, befinden sich die sanft fließenden Hügel, & dort hinter Winchelsea eine hohe Kulisse mit Downs und einer langgestreckten Kirche oben drauf. Es ist ein zauberhafter Blick von einer gewissen durchsichtigen Klarheit; nicht sehr tief, so als könnte man durch die Farben hindurchsehen, wenn das Licht nur ein klein wenig stärker wäre; aber bei Sonnenuntergang ist die Tiefe genau richtig & leuchtend.

*Tagebuch, 3. September*

Ich möchte den Eindruck festhalten, den die grauen Steinmauern von Camber Castle heute vor einem Himmel mit tiefroten Federwolken hervorriefen. Die Steine wirkten wie verschleiert, mit rauher Oberfläche, & ihre Farbe war gedämpfter als sonst, mit einem violetten Farbton überzogen. Der Ring der Burgmauern hält die Hitze wie eine Tasse, die randvoll mit sanften Dämpfen gefüllt ist.

Auch das Gras ist in diesem Kreis viel weicher & satter, es gleicht in seiner Art mehr einem gepflegten Rasen als dem groben meersalzigen Sumpfgrasland draußen.

Die Schornsteine der Stadt, die stufenweise aufsteigen, lassen die Silhouette der kleinen Pyramide aus der Entfernung stachlig erscheinen. Alles könnte sich noch, wie zum Schutz, in die Einfassung einer Mauer zusammendrängen; man sieht von Osten hohe Herbergen zurückgelehnt, mit flammenden Glasflächen an ihren Seiten.

*Tagebuch, 3. September*

Es gibt einen kleinen Winkel in der Stadtmauer, einen Vorsprung mit einer fortlaufenden Sitzfläche – ein Geländer als Schutz vor dem Abgrund, von wo aus die Einwohner von Rye allabendlich den Sonnenuntergang betrachten. Die Sonne geht direkt hinter Winchelsea unter, färbt den ganzen steilen Luftraum & übermalt das Sumpfland mit fließendem Gelb & weichen Schatten, bevor sie es ein nächstes Mal für eine weitere Nacht auslöscht. Die Anhöhen oder Klippen – Hügel kann man sie nicht nennen, so abrupt & unvermutet wirken sie, erstarren im Laufe des Abends & bilden große weiche Kleckse auf der Landschaft, die ansonsten so weit & einförmig ist. Und dann ist im Süden noch das Meer, es hortet das letzte Blau & ist noch eifrig zu Gange, trägt rötliche Fischerboote & all die geschäftigen Dampfschiffe. Jetzt ist das Licht von einem fahlen Gelb, öffnet & schließt sich wie ein einzelnes Auge, & eine Brise treibt die alten Geschöpfe, die die letzten Sonnenstrahlen in sich aufsaugen, dazu, Schutz zu suchen. Werden sie eine Lampe anzünden & irgendein frommes klobiges altes Buch lesen? oder den Brief einer Tochter, die in Diensten steht? Man trifft Abend für Abend dieselben Leute.

*Tagebuch, 3. September*

*The Steps in Playden ist ein reizendes Haus (Virginia fand es eher* zu *reizend) am Ende einer wohlbewaldeten Stichstraße, die von der Straße nach Rye abgeht. 1907 war es noch ziemlich neu. Während ihres Aufenthalts dort besuchte Virginia Woolf Henry James zum Tee in seinem Haus in Rye und wurde von ihm über den örtlichen Skandal unterrichtet – ›Mr Jones ist, es tut mir leid, das zu sagen, nach Tasmanien durchgebrannt ... höchst bedauerlich, höchst unselig, und doch alles in allem keine Handlung, zu der einem sozusagen der ganz eigene Schlüssel fehlen würde ...‹. Virginias Aufenthalt ist in The Steps noch gut in Erinnerung, und als ich 1992 dort vorsprach, wurde ich ermutigt, auf der Terrasse meinen Gedanken nachzuhängen, von der aus sie und Adrian vor so langer Zeit in ihrer Einbildung die Trompeten gehört hatten.*

## *Krieg und Frieden in East Sussex*

*Während beider Weltkriege und auch während der dazwischen liegenden Friedenszeit verbrachte Virginia einen großen Teil ihrer Zeit an ihren Wohnorten im Osten von Sussex. Sie liebte die Landschaften dort und war ständig wegen wirklichen oder hypothetischen Veränderungen beunruhigt. Sie verfaßte zwar keine ausgedehnten Beschreibungen der ländlichen Umgebung, aber ihre Briefe und Tagebücher waren – besonders in den 30er Jahren – mit kleinen Erinnerungsmomenten durchsetzt.*

Oh, ich bin so von Flöhen zerbissen! – nein, von Erntemilben, Resultat des göttlichsten herrlichsten Spaziergangs durch Stoppeln an diesem Nachmittag. Ich fand das einsamste aller Täler, mit silbernen Schafen, die sich an den Seiten drängten, Hasen, die vor meinem Fuß aufsprangen, und großen Pferden wie zottelige Seeungeheuer, die langsam Karren zogen – bloß daß anstelle von Seetang Getreide tropfte . . . Auf mein Wort, wenn man die Villen ausklammert, ist diese Landschaft, glaube ich, die schönste weit und breit in ganz Arabien.

*Brief an Ethel Smyth, 15. September 1932*

Oh, es ist jetzt so herrlich in den Downs – ein Tauteich wie ein silberner Teller in der Mulde; und die ganzen Hügel, nicht scharf umrissen wie im Sommer, sondern riesig, glatt, rasiert, heiter; und ich liege auf der Erde und schaue; und dann läuten die Glokken, und dann pflügen die Pferde . . .

*Brief an Ethel Smyth, 28. Dezember (›oder so ungefähr‹) 1932*

Es ist hier fast nicht zu glauben – ich gehe und gehe am Fluß entlang durch die Downs wie in einem Traum, wie eine Biene, oder ein roter Admiral, der auf Brombeersträuchern, auf Heuhaufen bebt; und klammere die Zementwerke und die Villen aus. Selbst sie haben, im gelben Licht geschmolzen, ihre Herrlichkeit.

*Brief an Lady Ottoline Morrell, 7. Oktober 1933*

Wir sind in Rodmell an dem herrlichsten Frühlingstag: sanft: ein blauer Schleier in der Luft von Vogelstimmen zerrissen. Ich freue mich meines Lebens & bedauere die Toten . . .

*Tagebuch, 24. März 1932*

*Als der Erste Weltkrieg seinen Höhepunkt erreichte, konnte Virginia, die damals in Asham lebte, von den darüber liegenden South Downs aus leicht den Geschützdonner der Gefechte in Frankreich hören.*

Es hört sich an, als würden in der Ferne riesige Teppiche von riesigen Frauen geklopft. Man kann sie fast sehen, wie sie die Teppiche mit ihren starken Armen an den vier Ecken halten, sie in die Luft schleudern und mit einem Rums herunterbringen, während der Staub in einer Wolke zu ihren Köpfen aufsteigt. In diesem Sommer werden alle Spaziergänge durch die Downs von diesem bedrohlichen Ton eines weit entfernten Klopfens begleitet, das manchmal so schwach ist wie der Geist eines Echos und manchmal fast aus der nächsten Senke in der grauen Landschaft aufsteigt. Ständig grollen seltsame Klänge und Töne über das kahle Hochland und hallen von den Mulden in der Niederung wider, die die Zuschauer eines Titanen-Dramas zu erwarten scheinen. Oft, wenn man alleine geht und weder Mensch noch Tier in Sicht ist, dreht man sich abrupt zurück, um nachzusehen, wer da hinter einem her galoppiert. Aber da ist niemand. Der Geisterreiter stürmt mit donnernden Hufen vorbei, und plötzlich ist der Ritt vorüber und das Geräusch erstirbt, und man hört nur die Grillen und die Lerchen am Himmel.

Derartige akustische Täuschungen lassen sich leicht durch die seltsam gekrümmten und glatten Flächen erklären, die diesen Downs ihre Form gaben, aber seit Hunderten von Jahren müssen sie die Dörfer und die einsamen Bauernhöfe in den Tälern mit Geschichten über geisterhafte Reiter und unglückliche Damen, die auf ewig ihre verlorenen Schätze suchen, bevölkert haben. Diese Geister sind seit so vielen Jahrhunderten umgegangen, daß sie jetzt alte Einheimische sind, denen eigene Familiengeschichten zugeschrieben werden; aber zum gegenwärtigen Zeitpunkt findet man viele Phantome, die über der Grenze zwischen Glauben und Skepsis schweben – noch nicht geglaubt, aber auch noch nicht hinlänglich geklärt. Vielleicht drückt sich vor allem anderen die menschliche Eitelkeit in ihnen aus. Der Wunsch, auf unglaubliche und daher um so mysteriösere Weise an geheimen Angelegenheiten von nationaler Bedeutung beteiligt zu sein, ist momentan sehr ausgeprägt. Es ist nicht unsere Aufgabe, Gründe dafür zu finden, sondern nur seltsame Anzeichen festzustellen, Schlußfolgerungen zu ziehen und den Kopf zu schütteln. Jedes Dorf hat seinen Neunmalklugen, der schon jetzt mehr weiß, als er zu sagen bereit ist; und wer will in ein oder zwei Jahren noch die ausführlich belegten Geschichten abgrenzen, die in der Gegend umlaufen und sich möglicherweise als ernsthafte historische Erzählungen zur Belehrung für die Zukunft maskieren!

In diesem Bezirk gibt es zum Beispiel seltsame Grate oder Felsvorsprünge in den Berghängen, die den örtlichen Altertumsforschern zufolge wahlweise durch Eisdruck oder durch die Steinäxte prähistorischer Menschen entstanden. Aber seit dem Krieg haben wir weit bessere Verwendung dafür gefunden. Noch vor gar nicht langer Zeit, sagen wir vor höchstens hundert Jahren, wurde England überfallen, und da der Feind auf den Downs hinter unserem Dorf landete, hoben wir Gräben aus, um ihm Widerstand zu leisten, etwa wie die, die gerade in Flandern in Gebrauch sind. Man kann sie mit eigenen Augen sehen. Und das ist irgendwie der Beweis, daß die Deutschen, falls sie landen, hier landen werden, was zwar furchtbar ist, aber auch unser Gefühl für die eigene Bedeutung befriedigt.

Aber diese historischen Spekulationen eignen sich für die Meditationen eines Schäfers oder des Dorfältesten, der sich noch fast bis an die Tage der großen Invasion erinnern kann. Seine Tochter kann beweisen, daß zur Zeit übernatürliche Zustände herrschen, und muß dafür nicht weiter gehen als bis zu dem Stall, in dem ihre Hennen sitzen. Als sie ihre Eier ausbrüten lassen wollte, wird sie erzählen, waren in dem ganzen Dutzend nur fünf lebende Küken, der Rest war verdorben. Und das schreibt sie ohne Zögern den Vibrationen der Erde zu, die von den Erschütterungen durch die großen Geschütze in Flandern ausgelöst werden. Wenn man Zweifel äußert, dann überhäuft sie einen mit Beweisen aus der ganzen Umgebung. Aber niemand hier beschränkt die Wirkung der Kanonen auf ein paar verdorbene Hühnereier; selbst die Sonne am Himmel, so versichern sie, ist durch unseren Donner auf der Erde in ihrem Mechanismus irgendwie aus dem Lot gebracht worden. Die düstere Schlechtwetterperiode, die den Juli verdorben hat, war eine direkte Folge dieser Tumulte, und die Dorfmeteorologen haben es als Tatsache hingestellt, daß wir die Sonne den ganzen Sommer über nicht mehr zu Gesicht bekommen werden. Niemand könnte wirklich den Grund dafür bestimmen, aber einen Grund für so erhabene Vorgänge anzugeben, hieße ja fast, sie anzuzweifeln. Die Sonne hat seitdem heftig geschienen und sie scheint noch immer, und die örtliche Weisheit hat sich mit frisch aufkeimender Hoffnung dem Verhalten der Kirchenglocke zugewandt. Die Glocke gehört zu einer Kirche, die einsam auf einem Hügel inmitten der wilden Sümpfe steht, und sie hat die Gabe, die Rückkehr des Friedens vorhersagen zu können, indem sie genau drei Monate vor der Friedenserklärung vom Glockenstuhl fällt. Zumindest hat sie auf diese Weise die Ankunft des Friedens nach dem Burenkrieg verkündet; und am letzten 3. Mai riß zur Freude aller Betrachter das Seil erneut, und die Glocke fiel zu Boden.

Der August ist schon fortgeschritten, aber man kann noch immer die Geschütze von der Höhe der Downs hören; die Sonne strahlt von einem wolkenlosen Himmel, und die Eier verderben nicht mehr; aber wir sind deshalb keineswegs niedergeschlagen, sondern wenden uns lediglich dem nächsten Rätsel zu, mehr denn je davon überzeugt, daß wir in einer Welt leben, die voller Mysterien ist.

*Artikel in* The Times, *15. August 1916*

*Im Zweiten Weltkrieg lag der Wohnsitz der Woolfs in Rodmell, Monk's House, unter dem Luftraum der Schlacht um England und der Flugroute der deutschen Bomber auf dem Weg nach London.*

Sollte ich nicht lieber den Sonnenuntergang betrachten, als dies hier zu schreiben? Ein roter Streifen im Blau; der Heuhaufen in den Sümpfen fängt die Glut ein; hinter mir hängen die Äpfel rot in den Bäumen. L. sammelt sie ein. Eben steigt eine Rauchfahne von dem Zug unter [Mount] Caburn auf. Und über uns steht feierliche Stille, bis 8.30, wenn das leichenhafte Schwirren am Himmel einsetzt; die Flieger in Richtung London. Nun, es ist noch eine Stunde bis dahin. Kühe, die grasen. Die Ulme, die mit ihren kleinen Blättern den Himmel sprenkelt. Unser Birnbaum, der mit Birnen verziert ist; & der Wetterhahn über dem dreieckigen Kirchturm darüber ... Letzte Nacht ein gewaltig schwerer Einschlag von Bomben unter dem Fenster. So nah, daß wir beide aufschreckten. Wir gingen auf die Terrasse. Sternengesprenkel & -glitzern wie Straß. Alles ruhig ... Caburn war von etwas gekrönt, das aussah wie eine sitzende Motte mit ausgebreiteten Flügeln – es war eine Messerschmitt, am Sonntag abgeschossen.

*Tagebuch, 2. Oktober 1940*

*Es gab auf dem Berg hinter Rodmell eine Batterie von Flugabwehrgeschützen, und nach den Bunkern zu urteilen, die dort immer noch stehen (und von denen einer als Geräteschuppen für den Sportplatz genutzt wird), sollte das Dorf im Falle einer deutschen Invasion als ein Widerstandsnest dienen. Monk's House stand am Rande der Ouse-Sümpfe, und die Verteidigungsanlagen waren ganz in der Nähe.*

*Anfang November zerstörte eine deutsche Bombe die Uferböschung der Ouse, und das Sumpfland wurde fast bis zum Monk's House überschwemmt.*

Der Heuhaufen in den Fluten ist von so unglaublicher Schönheit ... Wenn ich aufblicke, sehe ich das ganze Sumpfgewässer. In der Sonne tiefblau, Möwen Kümmelkörner: Schneebeeren: Atlantik-Flieger: gelbe Inseln: blattlose Bäume: rote Bauernhausdächer. Ach wenn die Flut doch ewig andauern würde ...

*Tagebuch, 5. November 1940*

*Das war Virginias letzte fröhliche Passage in einem deskriptiven Text. Fünf Monate später, als sich die Ouse wieder in ihre Ufer zurückgezogen hatte, nahm sich Virginia in ihrem Wasser das Leben.*

# Die Fenlands

*Virginia Woolf war lange Zeit mit den Fenlands im Osten Englands verbunden. Sie hatte familiäre und persönliche Beziehungen zu Cambridge und seiner Universität (diesem ›Heiligtum, in dem seltene Typen aufbewahrt werden, die bald veraltet wären, wenn man sie dem Existenzkampf auf dem Pflaster von The Strand überließe‹), und in ihrer Jugend verbrachte sie zweimal lange Ferien in den Fens und war von dem weiten Himmel und dem klaren Licht dort tief beeindruckt – ›solche Weite & Majestät & Lichtwirkungen habe ich noch nie gesehen. Meilen um Meilen & Morgen um Morgen die reine Luft . . . ‹.*

## *Ein Aufenthalt in Warboys, Cambridgeshire, 1899*

. . . Wir erreichten den Bahnhof von Warboys, fanden unseren primitiven Omnibus & fuhren die Meile zum Pfarrhaus. Es hatte den ganzen Nachmittag geregnet (der erste Regen, den ich seit Wochen erlebt habe) & der Himmel war ganz bewölkt & eingetrübt wie für Dauerregen. Aber während unserer Fahrt schoß die Sonne einen Lichtstrahl herab; & wir erblickten einen großartigen weit ausgedehnten Himmel – dieser gold-verschleierte Streifen erhellte alles in seinem Licht; & weit entfernt hinter den flachen Feldern fing ein Kirchturm den Strahl ein & glitzerte wie ein Juwel aus der Dunkelheit & Nässe der umliegenden Landschaft. Ich möchte erwähnen, daß sich das Dorf Warboys eine Meile weit an der Straße zum Pfarrhaus entlangzieht; es gibt wenige Geschäfte, aber wir kamen an 4 Windmühlen vorbei (reizvoll geformten Dingern) & *neun Wirtshäusern.*

*Tagebuch, 4. August*

*Warboys liegt etwa sechs Meilen nordöstlich von Huntingdon. Die Bahn fährt nicht mehr dorthin, und die neun Kneipen wurden auf zwei reduziert. Das Pfarrhaus, das die Stephens für ihre Sommerferien gemietet hatten, heißt heute Moat House und ist viel kleiner als zu Virginias Zeiten – die gegenwärtigen Besitzer, Mr und Mrs Derek Gladwin, haben es, nachdem es lange Zeit vernachlässigt worden war, restauriert und dabei die meisten Dienstboten-Quartiere auf der Rückseite abgerissen. Es befindet sich jetzt in einem ausgezeichneten Zustand. Virginia und ihre Geschwister verbrachten viel Zeit in einem Stakkahn, mit dem sie auf einem Teich, den es noch gibt, herumfuhrwerkten.*

Das hier ist ein melancholisches Land. Ich ging heute nachmittag mit A[drian], in die Kirche gegenüber von unserem Eingang. Es ist die Kirche der heiligen Maria Magdalena, & sie wurde im 14. Jahrhundert gebaut. Der Friedhof ist voll von dunklen Grabsteinen, mit seltsamen Verzierungen & Engelsköpfen, die sich über Datum & Namen & alles ausbreiten. Es gibt viele namenlose Gräber; & ich erschrak bei dem Gedanken, daß ich über uralten Staub ging, der vergessen & von den kleinen Hügeln auf den Feldern nicht zu unterscheiden war. Die Gräber erheben sich in aufgeworfenen Hügeln Seite an Seite den ganzen unteren Teil des Friedhofs entlang.

*Tagebuch, 7. August*

*Der Friedhof ist immer noch von anonymen Grabhöckern gewellt, und das Gras wird von zwei angebundenen Ziegen kurz gehalten. Während des Zweiten Weltkriegs war ein Landeplatz bei Warboys Stützpunkt der RAF Pathfinder Force, und in der Kirche gibt es ein Fenster aus farbigem Glas zu ihrem Gedenken.*

Das ganze Land, das früher Marschland [Fen] war, ist jetzt in unzählige Getreidefelder unterteilt. Wir haben heute nachmittag die Erntearbeiter beobachtet, als wir von Ramsey nach Hause ritten. Auf einer Seite der Straße fegte ein Mähdrescher das stehende Getreide nieder; & auf der anderen lag das fertiggeschnittene Getreide auf dem Feld; & hier & dort stapften Frauen & Jungen überall zwischendrin und häuften das Korn zu Getreidehocken auf. Sogar ein kleines Kind von nicht mehr als 4 Jahren war mit seiner Mutter bei der Ernte. Es trug ein leuchtend rotes Kleidchen & trottete mit einem kleinen Armvoll nachgelesener Halme hinterher. Eine der Frauen bei der Ernte muß schon fast 70 gewesen sein, mit weißen schütteren Locken & einem faltigen, sonnenverbrannten, windgegerbten Gesicht. Es gibt in dieser Gegend malerische Momente – Erntearbeiter, Windmühlen, goldene Getreidefelder. Alles flach mit blauem Dunstschleier in der Entfernung, & eine unermeßliche Himmelskuppel ringsumher.

*Tagebuch, 8. August*

Ich ging eines Tages durch die Felder in der Nähe von Warboys, als jemand von der anderen Seite einer Hecke zu mir herüberrief – ›Können Sie mir sagen, wie ich nach Warboys komme?‹ Nun verlief die Straße in einiger Entfernung & obwohl ich in die Richtung deuten konnte, fand ich es doch schwierig, den genauen Pfad, auf dem man sie erreichen konnte, präzise zu beschreiben.

Da ich ohne weiteres meinen Spaziergang abkürzen & der fragenden Stimme einen Gefallen tun konnte, rief ich zurück ›wenn Sie hier herüberkommen, führe ich Sie hin, denn ich gehe auch in diese Richtung zurück‹. Die Stimme schien zu zögern, & dann hörte ich ein Knacken von Dornen & Zweigen, als würde ein Körper erbarmungslos durch ein sehr schönes Exemplar von Weißdornhecke gezwängt.

*Tagebuch, August (undatiert)*

Die Leute hier sind ein merkwürdiger Menschenschlag. Sie sind so in ihre eigenen tiefschürfenden Beschäftigungen vergraben, in dem einsamen eigenständigen Leben und ein paar festen religiösen Überzeugungen, die nur dazu dienen, ihr Denken zu beschränken, daß ein Fremder in ihren Augen ein zutiefst verächtliches Wesen ist. Sie sind durch und durch konservativ, & verabscheuen jeden Fremden oder jede Neuerung in ihrem Leben. Der Lehrer, der schon seit 25 Jahren hier ist, sagt, er fühle sich immer noch ausgeschlossen; sie sehen ihn nicht als einen der Ihren an. Der Vikar ist ein humorvoller Mann, aber Humor hat in einer solchen Umgebung einen schweren Stand. Nichtsdestotrotz erzählte er seine Memoiren eines Landpfarrers mit großem Vergnügen – und dem seltsamen Wippen & Wackeln, das er an sich hat, wenn ihn etwas amüsiert.

*Tagebuch, 10. August*

Hier ist die Mitte des alten Marschlandes. Der feste Boden, auf dem wir standen, war noch vor wenigen Jahren nur Sumpf und Schilf; jetzt gibt es tatsächlich einen Weg und auf beiden Seiten wachsen Kartoffeln & Getreide, aber die Eigentümlichkeit des Marschlandes bleibt unauslöschbar. Ein breiter Graben zieht sich durch die Marsch, in dem selbst in diesem heißen Sommer kaltes braunes Wasser steht. Hohe Binsen & Wasserpflanzen wachsen darin; & als wir dort waren, flatterten massenhaft kleine weiße Falter, die Bewohner des Marschlandes, dazwischen. Ich würde gerne ein für allemal in dieser vermaledeiten Handschrift zu Papier bringen, wie sehr mich dieses Land beeindruckt – wie stark ich die steinerne unnachgiebige Flachheit & Monotonie der Ebene spüre. Jedesmal, wenn ich in dieses Buch schreibe, merke ich, wie ich in die reizvolle, aber unlösbare Aufgabe abgleite, das Marschland zu beschreiben – bis ich all der schwächlichen Wortmalerei gründlich überdrüssig bin; & mich die Sehnucht nach dem einen ausdruckvollen Wort packt, das in seiner ureigensten Bedeutung alle Herrlichkeit von Erde, Luft & Himmel umfaßt. Nichtsdestotrotz gebe ich zu, daß es eine Freude für mich ist, so ein gewaltiges, nicht enden wollendes Bild vor mir stehen zu haben, damit ich es wiedergebe – von Wiedergabe kann keine Rede sein – aber bestaune, daran knabbere & an seiner Oberfläche kratze.

*Tagebuch, 12. August*

Unsere Fahrt von Warboys nach Huntingdon ist eine der nicht seltenen Bahnfahrten in diesem Teil der Welt, die einen glänzenden Triumph für das Fahrrad darstellen. Man kann mit dem Fahrrad bequem & angenehm in weniger als einer Stunde nach Huntingdon fahren. Die Bahn braucht für die 8 Meilen die gleiche Zeit; & darüber hinaus beläuft sich der Fahrpreis für die Rückfahrkarte bei drei Personen auf 7 Schilling 6 Pence. Man muß zweimal umsteigen, in Somersham & in St Ives; & und auf dem ersten dieser Bahnhöfe hatten wir 10 Minuten Aufenthalt & auf dem zweiten 5. Den ersten Somersham-Zug erwarteten & erreichten wir bequem. In St Ives mußten wir mehrere Bahnsteige überqueren, um zu demjenigen zu gelangen, von dem uns der Bahnwärter versichert hatte, er sei der Bahnsteig nach Huntingdon. Wir hatten dafür nur 5 Minuten, daher verloren wir keine Zeit, rannten hinüber & postierten uns für unseren 3.-Klasse-Waggon. Wir warteten; kein Zug oder Anzeichen eines Zuges; also untersuchten wir die Funktionsweise eines Süßigkeiten-Automaten, und zogen uns, als sich jedes Fach als defekt erwies, zur Waage zurück. So vergingen 20 Minuten; dann wurden wir unruhig & schnappten uns einen Zeitungsjungen – ›Wann kommt der Zug nach Huntingdon?‹ ›Oh, um 2 Uhr 15‹ sagte er – Nein, nein, sagte Vanessa; ich weiß, daß ein Zug um 12 Uhr 43 fährt. Der Zeitungsjunge lächelte etwas grimmmig – ›Der 12 Uhr 43er ist schon vor 20 Minuten gefahren, Miss, sagte er – vom anderen Bahnsteig‹. Wir hatten uns also eifrig mit den exzentrischen Eigenschaften des Süßigkeiten-Automaten & der Waage beschäftigt, während der Zug auf der anderen Seite von uns einlief, seine Passagiere aufnahm & seines Weges fuhr. Es war jetzt etwa 20 Minuten nach eins. Wir hätten um 5 nach eins ankommen sollen – & ankommen würden wir – wann? Man kann sagen, daß wir in Situationen, in denen unsere Fähigkeiten durch eine Notlage auf wirksame wenn auch unfreundliche Weise geweckt werden, einen praktischen Standpunkt einnehmen. Wir redeten nicht viel, sondern entschieden augenblicklich, daß Pferd & Wagen in St Ives gefunden werden mußten, die imstande wären, uns ohne Verzögerung zu unserem Onkel & den Cousins in Godmanchester zu bringen. Wir gingen zum County Arms; aber dort hatte man schon vor langer Zeit seine Einspänner aufgegeben; dann zum Robin Hood, dessen Gig unterwegs war; dann zum Ramping Lion, der keine Gig besaß, & dann zum Fountain – der eine Gig besaß – und diese Gig konnte in 10 Minuten zu unseren Diensten stehen. Also setzten wir uns in ein kleines Gastzimmer, das nach Wein roch – der Gastwirt kam & setzte sich zu uns, um die Zeit zu vertreiben. Er war ein junger Mann, der vor Gutmütigkeit & Gerede überfloß. Schon bald erzählte er uns, was ich bereits nach dem ersten Blick geahnt hatte, daß er in dieser Gegend fremd ist & sie schrecklich langweilig findet. Montags, sagte er, haben wir einen Markt, & da ist etwas los, aber an den anderen Tagen passiert nie etwas. So einen verschlafenen Ort gab es noch nie. Er fragte, ob wir aus London kämen – &

als wir das bejahten, fragte er uns genau über das Londoner Wetter aus. Offensichtlich war eine kleine Abwechslung wie diese schon alles, was er an Aufregung erwarten durfte. (Dieser junge Mann & der Apotheker sind beides Personen, die den Charakter des Marschlandes & seiner Bewohner bestätigen. Sie werden als Fremde angesehen; & sie ihrerseits finden das Land, die Leute & das Leben schrecklich eintönig.) Wie dem auch sei, unser Pony stand bald vor der Tür, & wir brachen eilig auf. Es sind 5 Meilen bis Godmanchester & es war jetzt 25 Minuten vor 2. St Ives, das wir bei der Durchfahrt sahen, verdient noch einen Ausruf der Bewunderung. Es ist ganz an einer gewundenen Straße mit Kopfsteinpflaster entlang gebaut. Der Fluß liegt zur Linken, & St Ives überquert den Fluß auf der langen & schönen Brücke, die den Namen von St Ives in Länder und Städte fernab von Huntingdon getragen hat. Das letzte Mal habe ich ein Bild von ihr im Salon der Phillimores auf der Hochzeitsfeier gesehen, nur eine Woche bevor wir hierher kamen. Die Brücke ist eine alte Steinbrücke; ihr Anspruch auf Berühmtheit besteht darin, daß sie in der Mitte einen viereckigen Turm hat – zu welchem Zweck weiß ich nicht. (Ich werde die Geschichte von St Ives & seiner Brücke nachschlagen & auf die Seite gegenüber schreiben.)

Wir fuhren unsere fünf Meilen durch malerische alte Dörfer – wie ich sie in dieser Art noch nie gesehen habe. Alles ist alt – solch eine Altertümlichkeit wird mit der Zeit bedrückend; es gibt, wurde uns gesagt, nur ein neues Haus in Godmanchester – ein neues Haus ist eines, das nicht aus dem 17. Jahrhundert stammt, & dieses Haus mußte neu sein, weil das ursprüngliche alte abgebrannt war. Wir erreichten Godmanchester um 2.15 & trafen unsere Gesellschaft gerade noch vor dem Lunch. Um es kurz zu machen, wir aßen zu Mittag & dann machten wir uns in einem heftigen Regenguß zum Boot auf...

Man stelle sich vor, wie wir unbequem auf einem Treidelpfad saßen; die Hälfte der Gesellschaft in einem Graben, die andere

Hälfte in hohem Gras – ein kalter Wind bläst, mit gelegentlichen Regentropfen – weder in Ost noch West ein Lichtschimmer – nur ein grauer melancholischer Ausblick auf den Himmel. Sir Herbert kämpfte mit Wespen & essen Brot & Marmelade – dann packten wir langsam unseren Korb & machten uns auf den Heimweg nach Godmanchester. Ich saß in einem Boot mit Lady Stephen & Adrian & Harry zum Rudern. Wir hatten einen guten Vorsprung vor den anderen. Es regnete jetzt mit Macht. Wir schafften es allerdings zurück, bevor wir durch und durch naß waren.

Damit endete ein etwas verdrießlicher Vergnügungstag.

*Tagebuch, 18. August*
*(überschrieben ›Zerstreuungen in Warboys‹)*

*St Ives in Cambridgeshire könnte Virginia keine bewundernden Ausrufe mehr entlocken. 1992 ist es eine schmuddelige Stadt, in der bemerkenswert viel Abfall herumliegt; das Kopfsteinpflaster wurde entfernt, und eine große neue Straßenbrücke überquert die Ouse, ein Stück flußabwärts von der alten – deren ›Turm‹ eigentlich eine mittelalterliche Kapelle für Seelenmessen war, mit einem (inzwischen entfernten) zusätzlichen Stockwerk, das als Haus genutzt wurde. Im Zentrum von Godmanchester gibt es bis heute nur wenige neue Häuser (als ich in die Stadt hineinfuhr, war zufällig das einzige andere Fahrzeug auf der Hauptstraße eine Dampfwalze) und seine Anlegestelle ist noch immer ein beliebter Ausgangspunkt für Bootsausflüge.*

Wir begegneten einem Fenland-Trauerzug auf dem Weg von Warboys, wo der Leichnam beerdigt worden war. Es waren etwa 5 Bäckerkarren & ein Karren, der zum Getreidetransport benutzt wurde, beladen mit Männern & Frauen in tiefer Trauerkleidung. Sie kamen von Osten die vollkommen gerade weiße Straße entlang. Wir sahen sie im Schneckentempo auf uns zukommen, der Himmel türmte Wolken auf, & der Wind blies blaue Flächen um sie herum. Als wir an ihnen vorbeikamen, sah ein Junge düster & mit dem eigenartigen dumpfen Blick auf uns herab, den die Männer & Frauen des Fenlands an sich haben; sie waren vollkommen still; & die Prozession zog weiter ins Herz des Fengebietes. Ich habe letzte Nacht überaus lebhaft davon geträumt; wie ich in die Gesichter der Frauen blickte; & die Karren fuhren weiter & weiter in die [Nacht?] auf der Rückkehr in ein fremdes dunkles Land, & sie sagten, daß sie das Tageslicht nur dann sähen, wenn sie nach Warboys kämen, um ihre Toten zu begraben.

*Tagebuch, 4. September*

Nun denn, leb wohl, Warboys. Der Sommer zählt zu unseren glücklichsten, glaube ich; & dieses Land aus Ebene & Himmel wird als klares & liebliches Bild in meinem Gedächtnis bewahrt bleiben, selbst wenn ich es niemals wiedersehen sollte.

Lebt wohl, ihr Fens & flachen Felder & Windmühlen & Himmelskuppeln.

*Tagebuch, 21. September*

## *Ferien in Norfolk*

Tagebuch, August 1906

*Für den August 1906 mieteten Virginia und ihre Schwester Vanessa Blo' Norton Hall in der Nähe des kleinen Dorfes East Harling in Norfolk.*

Nichts aus unserer eigenen Zeit könnte die Harmonie & die herrliche Ruhe dieses kleinen alten Hauses hervorbringen, als wir es gestern abend erblickten. Es ist so bescheiden & tadellos & durch & durch solide; als ob die Jahrhunderte seine ursprünglichen Tugenden nur bestätigt hätten. Da du ehrbar geschaffen wurdest, scheinen sie zu sagen, sollen auch alle künftigen Zeiten deine Tugend nur bezeugen & bekräftigen.

Und diese häusliche Schönheit, so klein & anheimelnd & in seiner Art sogar bescheiden, spricht das Mitgefühl an. Es tut so gut, festzustellen, daß ganz alltägliche Leute so ehrbar gelebt haben; Schönheit und Glanz gab es damals nicht nur an der Oberfläche, sie sanken tiefer & tiefer ein, bis alle Schichten des Staates gut darin getränkt waren. England muß damals ein Ort von Selbstachtung und Anstand gewesen sein!... nur wenige Engländer könnten, glaube ich, eine solche Dosis [von Altertümlichkeit] verkraften, wie sie ihnen Blo' Norton Hall verabreichen würde, ohne darin unterzugehen. Zunächst einmal sind wir 7 Meilen von einer Bahnlinie entfernt, & jede Meile scheint einen dichteren Vorhang zwischen dich & die Welt zu ziehen als die letzte. So daß schließlich, wenn man sich in der Hall niedergelassen hat, keinerlei Laut mehr an das Ohr dringt, selbst das Licht scheint durch dichte Sedimentschichten gefiltert zu sein, & die Luft zirkuliert langsam, als ob sie nur den Umlauf durch die Hall schaffen müßte & ihre Pflichten wären erfüllt.

Auch haben die Erkundigungen, die wir heute vornehmen konnten, den Vorhang nicht durchdrungen. Wir scheinen uns in der Mitte dessen zu befinden, was man in der Geographie ein ›gewelltes Flachland‹ nennt, gut erschlossen aber anscheinend nahezu menschenleer. Das Getreide quillt auf den Feldern über, aber es ist niemand da, der es schneidet; die Kirchen strecken ihre breiten grauen Finger überall in der Umgebung in die Höhe: aber niemand, außer vielleicht den Toten zu ihren Füßen, folgt ihrem Ruf; die Windmühlen kreisen & kreisen, aber niemand richtet ihre Flügel; es ist bezeichnend, daß das einzige Lebenszeichen in dieser Umgebung durch den himmlischen Wind hervorgerufen wird. Wie verschlafen & altertümlich müssen Menschen sein, die immer noch auf die Geschenke des Himmels vertrauen. Aber der

Wind scheint seine Sache ziemlich gut zu machen; die Flügel drehen sich gemächlich den ganzen Tag lang. Das ist, muß ich es wirklich sagen, die Art von vorschneller Bemerkung, die ein unbedachter Reisender macht; & man macht sie nur, weil schließlich solche Bemerkungen das sind, was einem in den Sinn kommt, bevor man anfängt nachzudenken oder zu verstehen. Und wie die Bilder der Kindheit bleiben sie strahlend hell.

*Blo' Norton ist ein holzverkleidetes, von einem Graben umgebenes Haus aus der Tudor- oder elisabethanischen Zeit, das sich im Besitz des Maharadscha Duleep Singh befand, bis er 1894 starb. Duleep Singh, der bei Königin Victoria in hohem Ansehen stand, hatte Elveden House gekauft, einen weitaus großartigeren Landsitz in der Nähe, und aus seinen 17 000 Acres [ca. 68 Quadratkilometer] einen der großen Jagdsitze Englands gemacht: wahrscheinlich nutzte er Blo' Norton als Gästehaus. Es ist heute in zwei Wohnungen unterteilt und liegt noch immer wunderbar abgeschieden am Ende einer Buchenallee; Garten und Graben sind in vornehmem Maße ungenutzt. Die Bewohner, die ich bei meinem Besuch 1992 antraf, wußten nichts von Virginias Aufenthalt dort.*

Das Haus ist fast von Marsch umgeben. Und überall ist das Land sehr flach, so daß sich die Orientierungspunkte als Kirchen & Windmühlen erweisen. Der Fluß, die Little Ouse, verdient seinen Diminutiv; man kann hinüberspringen – oder, wie ich heute nachmittag, hineinfallen – aber es ist dennoch kein gewagter Sprung. Man kann sich jedenfalls auf den Schlamm verlassen. Und verschiedene kleinere Zuflüsse strahlen von dort aus, ich würde sie als Gräben bezeichnen, wenn ich nicht von ihrer Verbindung zum Fluß wüßte, & diese sind manchmal mit Stacheldraht eingezäunt. Alles in allem sollte man einen Spaziergang in der

Marsch, auch wenn er einen einzigartigen Reiz hat, nicht unternehmen, um irgendein Ziel zu erreichen. Windmühlen haben für den, der sich ihnen so nähert, eine Art, absolut stillzustehen oder zurückzuweichen.

Wie dem auch sei, wenn man gesprungen ist, & neue Routen gesucht hat, & durch das Schilf gekraucht, & unter Stacheldraht hindurchgekrochen ist, ist es angenehm, auf einer Wiese zu liegen & zu versuchen, mit Windmühlen & Türmen als Steuermarken auf der Karte festzustellen, wo genau man ist. Heute habe ich die Doppelquelle der Waveney & der Little Ouse entdeckt.

*Die Windmühlen sind fort, die Kirchtürme sind geblieben; die Marschen wurden großteils trockengelegt und sind jetzt Kornfelder, und direkt südlich von dem Dorf Gasthorpe überquert eine Straßenbrücke die schilfige, unkrautbewachsene, braune, wasservogelreiche Quelle der beiden Flüsse.*

Schon nach sehr kurzer Zeit stellt sich leider heraus, wie kurzsichtig ich in meiner Ansicht war, Norfolk hätte keine Bewohner. Es ist hier nicht nötig, Einzelheiten zu erwähnen, die unhöflich wären; ich mache also nur die unschuldige Bemerkung, daß, sobald man die Gewohnheiten von Lebewesen zu erforschen beginnt, diese erstaunlich häufig & gut geordnet auftreten. Es scheint, als müßte man hier nur sehr wenig Mühe aufbringen, um ein ganzes gesellschaftliches Geflecht aufzudecken – Gutsherren & Pfarrer & alleinstehende Damen, die in kleinen Landhäusern leben, sie alle empfangen & machen Besuche, weit pünktlicher & eifriger als in London.

Aber es ist eher angebracht festzuhalten, daß ich die echte Heide keine Meile von unserer Haustür entfernt gefunden habe. Es ist ein wildwüchsiger Ort, überall Sand & Farn, mit unzähligen Kaninchen & von herrlichen Wäldern gesäumt; in die ich eintauche; grüne Fahrwege hinab, die so schattig sind wie nur irgendwelche im New Forest. Es ist eine merkwürdige einsame Art Landschaft; ein Wagen kommt über den Hügel gerollt, & man beobachtet, wie er vorbeifährt & verschwindet & man fragt sich, woher er kommt & wohin er geht, & wer die Dame darin ist.

Soll ich bekennen, ohne irgendeine Art von Bekenntnis im Sinn zu haben, daß hier ein Tag fast dem anderen gleichen kann, ohne im mindesten langweilig zu sein?

Ich mache meinen gewohnten Spaziergang, der für mich so interessant ist wie eine Entdeckung, denn ich betrete mit Landkarten ausgerüstet ein fremdes Land. Windmühlen sind meine Orientierungspunkte; & man darf den Fluß nicht mit einem Graben verwechseln. Die Heide zieht mich am stärksten an; denn dort gibt es keine Felder. Die Marsch treibt bei jedem Schritt ein falsches Spiel mit einem – ich bin durch einen Urwald von Schilf gegangen & bis zu meiner Nasenspitze in den Schlamm gefallen. Und wenn man hier stranden sollte, würde sich das Uferrohr wiegen & der Regenpfeifer rufen & keine Eule nähme Abschied mit Geheule!*

Wenn das hier der richtige Ort oder Zeitpunkt wäre, ein Paradoxon aufzustellen, dann wäre ich fast geneigt zu behaupten, daß Norfolk eine der schönsten Gegenden ist. Nur zu, soll die Kunstfigur so stehenbleiben; denn dann besteht keine Notwendigkeit, sie auszuführen. Und wahrhaftig, es wäre ein genauer & geübter Pinsel nötig, um ein Bild dieser seltsamen, grau grünen, wogenden, träumenden philosophierenden & sich erinnernden Gegend wiederzugeben, wo man 10 Meilen gehen kann & niemanden trifft; wo weiche Wiesenpfade sanft über das Land führen, wo die

* Der Kinderreim ›... no robin redbreast would bury one‹ ist als solcher nicht übersetzbar. Anm. d. Übers.

Wege vielfältig & einsam sind, & die Kirchen unzählig & verlassen. Eine genauere Betrachtung ist im Moment nicht sinnvoll. Aber man sollte festhalten, daß man die Gegend um so mehr liebt & kennt, je mehr man hier spazierengeht & Zugang zu ihren häuslichen Angelegenheiten erhält – sie ist voll davon. Was über einen Ort so viel aussagt wie über einen Menschen.

Gestern habe ich eine Fahrradfahrt zu einem Ort namens Kenninghall gemacht . . . Also, Kenninghall ist auf der Generalstabskarte mit einer angelsächsischen Begräbnisstätte verzeichnet . . . aber . . . nur die christliche Kirche fiel ins Auge; der seltsam geformte Turm mit seiner vergoldeten Uhr hob sich in höchst anständigem Grau gegen das weiche Gefieder der Bäume ab . . .

Daher fragten wir mit der Landkarte im Rücken einen kleinen Einheimischen nach der angelsächsischen Begräbnisstätte & wurden von ihm zum christlichen Kirchhof verwiesen; soweit es ihn betraf, hätten es Sachsen sein können; &, zur Schande von Kenninghall muß es gesagt werden, niemand, nicht einmal der Photograph, wußte, wo die Sachsen begraben waren; oder hatte auch nur jemals davon gehört, daß es da Sachsen gäbe. Wir richteten uns daher nach der Karte und beschlossen, einen Hügel in einem herrschaftlichen Park zu weihen; ich konnte durchaus keinen Grund erkennen, warum dort keine Sachsen begraben sein sollten.

Da man aber über ein Tor steigen & eine halbe Meile gehen mußte, beschlossen wir, unsere Mutmaßungen aus der Entfernung vorzunehmen . . .

Ein sehr heißer Augusttag, eine kahle Straße über ein Moor, Felder mit Getreide & Stoppeln – ein Dunst wie vom Rauch eines Holzfeuers – unzählige Fasane & Rebhühner – weiße Steine – strohgedeckte Bauernhäuser – Wegweiser – winzige Dörfer –

große Wagen, auf denen sich das Getreide türmt – kluge Hunde, Bauernkarren. Das alles müßte irgendwie zu einem Bild zusammengefügt werden; ich bin dafür zu faul.

Auf jeden Fall kam ich nach einem einstündigen Ritt für einen kurzen Abstecher nach Thetford, das mir mit seinem Mauergürtel & Fluß & dem sanften Rasenhang draußen ein bißchen wie eine italienische Stadt vorkam. Vielleicht wurde meine Phantasie durch meine Kenntnisse aus der Lektüre des Reiseführers angeregt, daß es hier im Mittelalter ein Frauenkloster gegeben hat. Ich habe ganz bestimmt mit eigenen Augen einen römisch-katholischen Padre aus der Tür seines Klosters treten sehen; mit einem Birett auf dem Kopf, & er begutachtete mit einer langen geistlichen Nase die Dahlien in seines Nachbars Garten. Die Flüsse Thet & Ouse (glaube ich) schließen Thetford ein; & welchen Weg ich auch wählte, er schien mich über niedrige steinerne Brücken zu führen, auf denen Angler mit ihren Ruten über dem breiten Fluß herumsaßen. An den Flußufern beugten sich Ammen auf Ellenbogen gestützt über ein billiges Buch, während ihre Schützlinge im Wasser planschten. Niemand war jemals in der Lage, genau zu bestimmen, was denn nun in diesen mittelalterlichen Städten im Herzen Englands in diesen Stunden an einem Sommernachmittag vor sich geht. Alles ist so malerisch & zufällig, daß es dem Reisenden wie eine vergnügliche Aufführung für einen guten Zweck erscheint. Denn wenn man auf handfeste Männer trifft, die auf den Ellenbogen über einem Geländer lehnen & von dem Fluß darunter träumen, während die Sonne noch hoch am Himmel steht, dann überdenkt man, was man unter Leben versteht. Ich werde in London oft an Thetford denken & mich fragen, ob es noch am Leben ist; oder ob es nicht tatsächlich friedlich aufgehört hat, zu existieren. Es würde niemandem auffallen, wenn die ganze Stadt eines Morgens vergessen würde, aufzuwachen.

*Thetford sieht heutzutage nicht mehr besonders italienisch aus, aber für den Fremden ist es immer noch auf unerklärliche Weise in seine Gewässer eingebettet. Virginia hatte vielleicht gerade gelesen, was Dickens über Venedig schrieb: ›Ich habe seitdem viele viele Male an diesen seltsamen Traum über dem Wasser gedacht, halb zweifelnd, ob es noch dort liegt . . .‹*

# New Forest

*Virginia kannte den New Forest seit ihrer Kindheit, und im Alter zwischen zwanzig und dreißig verbrachte sie zwei Weihnachten dort. Sie war allerdings von der Gegend nicht sehr angetan.*

Der Wald ist zu gutartig & gefällig; er gibt einem alles, was man sich wünschen kann, aber er weist nicht über sich hinaus. Es gibt die langen grünen Fahrwege dort & das Geflecht der Äste vor dem Himmel; es gibt wilde offene Lichtungen, wenn man der Symmetrie überdrüssig ist, mit ihren vereinzelten Ulmen & Dornenbäumen, & ihrem Brombeergestrüpp & ihren Sümpfen. ›So wild – so frei – so imposant – so mittelalterlich‹: Dieses Lob muß man erteilen & bereitwillig erteilen, aber es gibt keinen Rest, der unausgesprochen bliebe, weil das passende Wort fehlt. Offen gesagt, ist der Wald ein bißchen gepflegt & ein bißchen zahm; er ist angelsächsisch ohne jeden keltischen Mystizismus; er ist flächsern & blumig, imposant & dekorativ. Wir haben für Wälder keinen Bedarf mehr, & doch wird dieser ehrfürchtig erhalten, auch wenn der alte Geist darin abgestorben ist. Und daher ist an dieser Gegend & ihren Bewunderern immer etwas Künstliches. Man findet hier keine richtigen Bauern oder Bäuerinnen, wie man auch keine steil abschüssigen Felder findet, die noch immer mühevoll umgegraben werden. Nein; die Landarbeiter geben sich eher als Leute, die mit dem Wald und seiner Überlieferung vertraut sind; & und es ist eine bewußt malerische Überlieferung. Viel von dieser Einstellung ist vermutlich unvermeidbar, denn der Wald unterscheidet sich von jeder anderen Gegend in England; & macht andere Gewohnheiten erforderlich. Es fällt einem zum Beispiel leicht, zumindest kommt es mir so vor, sich aus der äußeren Welt zurückgezogen & von einem dicken Ring von Bäumen eingeschlossen zu fühlen. Das wogende Land ist ausgesperrt & wohin man sich auch wendet, man wird in enge Wege zwischen den Bäumen gezwungen. Dann gibt es die ganze seltsame Sprache der Umgebung, die man, wenn man länger bleibt, lernen, & über alle anderen stellen muß. Man jagt, den Hirsch & den Fuchs: es gibt natürlich den alten Colonel, der keine Jagdgesellschaft ausläßt & seinen Weg durch den Wald besser kennt als irgendeiner der Jagdhunde; solche alten Gentlemen sind nicht ungewöhnlich, aber in anderen Gegenden finden sie sicherlich weniger Nischen, in die sie sich so reibungslos einfügen können. Der Wald ist das ideale Umfeld für die Alten & Konservativen; es gibt so viele Anstandsformen zu beachten, & sie sind so gesittet & leicht zugänglich. Und eben darum ist es so passend, Weihnachten hier zu feiern. Man könnte sich fast einbilden, der Wald wäre für die Festlichkeiten hergerichtet & mit Palmzweigen behängt & mit Schnee bestreut worden. Der Weihnachtstag & der Wald schienen sich untrennbar zu vermischen & miteinander zu verschmelzen; man stand vom Tisch auf & dem dazugehörigen Truthahn & den Knallbonbons, den Kuchen mit einem feschen Palmzweig drin – man betrat eine Welt, in der diese Gefühle ungebrochen fortdauerten. Wir gingen über eine knisternde weiße Straße & dann unter den dunkelblättrigen Immergrünen. Hier gab es Beeren, die rot glühten; & alle Zweige waren mit Schnee gezuckert. Dann war es spät geworden & der herrliche Abendhimmel leuchtete auf – flammend & klar & gesund – mit den schwarzen Bäumen, die sich scharf davon abhoben. Und doch sehnt man sich nach dem dunklen Wogen der Moore im Norden oder den schwermütigen Klippen von Cornwall. Dort hört man den Wind & das Meer.

*Tagebuch, Weihnachten 1906*

*Virginia und ihre Schwester Vanessa hatten bei ihrer Tante Sarah Duckworth gewohnt, die Quentin Bell in seiner Biographie von Virginia Woolf als »eine reiche, dicke und rundherum durchschnittliche alte Dame« beschreibt. An dem Haus Lane End in Bank am Rande von Lyndhurst weist heute eine Gedenktafel auf Virginias Aufenthalt dort hin.*

*Ein Ausflug nach Christchurch bei einem früheren Besuch in Lane End regte Virginia zu einer ihrer wenigen veröffentlichten Reisebeschreibungen an.*

Man sieht Christchurch von weitem wie ein Schiff, das aufs Meer hinausfährt. Das Land rundum ist so gleichmäßig wie eine Wasserfläche; wenn die Sonne scheint, läßt sie gelegentlich einen kleinen Schimmer auf dem Fluß oder dem Meer selbst aufglänzen, denn die Kirche ist, wie gleich deutlich wird, fast eine Insel inmitten von Wasser. Als wir unseren Ausflug unternahmen, war die Sonne nicht zu sehen, aber trotzdem war die ganze Luft von Licht erfüllt. Es war, als wäre ein weißer Vorhang über den Himmel gezogen worden, durch den die einfallenden Sonnenstrahlen zu reinem weißen Licht gefiltert wurden. Am Horizont erschien ein Himmelsstreifen wie mattes Silber, aber ansonsten gab es keine Öffnung in dem Vorhang. Die Stadt Christchurch erschöpft sich in einer langen Straße, die sehr gemächlich ansteigt und oben ihre Blüte hervortreibt, das Münster. Die Kirche ist in der Art einer kleineren Kathedrale gebaut und hat, eventuell aufgrund ihrer vergleichsweise geringen Bedeutung, nur sehr wenig unter Reformern und Restauratoren gelitten. Das Mauerwerk im Innern ist durch das Alter sehr weiß und an einigen Stellen verfallen, aber zum größten Teil sind die Kanten noch so scharf gemeißelt, als hätten sie gerade erst die Hand des Steinmetzes verlassen. Viele Schnitzereien sind von so vorzüglicher Genauigkeit, und so vollkommen, daß man die Bestätigung der eingekerbten Jahreszahl braucht, um sich klarzumachen, daß diese Arbeiten über dreihundert Jahre alt sind. Aber der größte Schatz der alten Kirche – und sie besitzt viel Schönes und Seltsames – ist der Blick von dem viereckigen Turm. Hier über dem Dach, den scharfkantigen Grat der Kirche unter sich, sieht man auf zwei Seiten das Meer; und direkt zu den Füßen winden und kreuzen und umschlingen sich die Flüsse Stour und Avon wie eine silberne Kette. Die Kirche ist eine der wenigen großen Kirchen, die sich als Standort keinen Berg ausgesucht haben; der Fluß leckt an ihren Füßen, und es scheint so, als könnte eine besonders große Welle über das Land rollen und sich an den Kirchenmauern brechen. Nur ein flacher sandfarbener Streifen mit fedrigen Binsen trennt das Land vom Wasser; wenn man nach Osten blickt, sieht man keine Hügel, und am Horizont zeigt ein wellenförmiger Schatten, wo der New Forest beginnt.

*Essay im* Guardian, *26. Juli 1905*

# Die Yorkshire-Hochmoore

*Virginia Woolf war zweimal in Giggleswick im Norden der Hochmoore von Yorkshire, wo ihr Cousin Will Vaughan die Giggleswick School leitete. Während ihres ersten Besuches, bei dem sie im Haus des Schulleiters wohnte, unternahm sie einen Ausflug über das Heidemoor nach Haworth, der Heimat der Brontës, und ihre Beschreibung davon war der erste Artikel, den sie veröffentlichte.*

## *›Haworth‹*

*Essay im* Guardian, *21. Dezember 1904*

Unsere Erregung, als wir uns Haworth näherten, hatte ein Element erwartungsvoller Spannung, das geradezu quälend war, als sollten wir nach langer Trennung einen Freund wiedertreffen, der sich in der Zwischenzeit vielleicht verändert hatte – eine so klare Vorstellung von Haworth hatten wir durch Bild und Druck. An einem bestimmten Punkt fuhren wir in das Tal ein, zu dessen beiden Seiten das Dorf ansteigt, und oben, genau auf dem Hügelrükken, sahen wir, auf sein Kirchspiel niederschauend, den berühmten rechteckigen Kirchturm. Das war das Wahrzeichen des Schreins, an dem wir huldigen sollten.

Es mag die Folge mitfühlender Einbildungskraft gewesen sein, aber ich meine, es gab gute Gründe, warum einem Haworth nicht direkt düster, sondern, was für künstlerische Zwecke schlimmer ist, verwahrlost und gewöhnlich erschien. Die aus gelbbraunem Stein gebauten Häuser stammen aus dem frühen neunzehnten Jahrhundert. Sie steigen in einzelnen, etwas voneinander entfernt liegenden kleinen Streifen Stufe um Stufe das Moor hinauf, und anstatt einen kompakten Flecken in der Landschaft zu bilden, hat es die Stadt zuwege gebracht, einen ganzen Landstrich in ihre Fänge zu bekommen. Es gibt eine lange Reihe von Häusern an den Hängen des Moors, welche sich um die Kirche und das Pfarrhaus mit seiner kleinen Baumgruppe verteilen. An der höchsten Stelle wird es für einen Brontë-Anhänger plötzlich brennend interessant. Die Kirche, das Pfarrhaus, das Brontë-Museum, die Schule, in der Charlotte unterrichtete, und der Bull Inn, wo Branwell trank, sie sind alle nur einen Steinwurf weit voneinander entfernt. Das Museum ist allerdings eine recht farblose und tote Ansammlung von Gegenständen. Man sollte sich bemühen, diese Mausoleen von derlei Dingen freizuhalten, aber oft bleibt nur die Wahl zwischen ihnen und der Zerstörung, so daß wir für die Sorgfalt dankbar sein müssen, die vieles bewahrt hat, was unter allen Umständen von großem Interesse ist. Hier sind viele Originalbriefe, Bleistiftzeichnungen und andere Dokumente. Doch am rührendsten ist die Vitrine – so rührend, daß im Schauen kaum Ehrfurcht aufkommt –, welche die kleinen persönlichen Dinge enthält, die Kleider und Schuhe der Toten. Das natürliche Schicksal solcher Dinge ist, vor dem Körper, der sie trug, dahinzugehen, und weil diese, so nichtig und vergänglich sie sind, überdauert haben, wird Charlotte Brontë als Frau lebendig, und man vergißt die wichtigste erinnerungswürdige Tatsache, daß sie eine große Schriftstellerin war. Ihre Schuhe und das dünne Musselinkleid haben sie überlebt. Noch ein anderer Gegenstand versetzt einen in erregte Spannung: der kleine Eichenschemel, den Emily auf ihren einsamen Moorgängen mit sich herumtrug und auf dem sie saß, wenn schon nicht um zu schreiben, wie es heißt, so doch um nachzudenken, was wahrscheinlich besser war als das Schreiben.

Die Kirche ist bis auf einen Teil des Turmes seit den Brontë-Tagen natürlich erneuert; aber der bemerkenswerte Kirchhof ist geblieben. Die alte Ausgabe der Biographie trug auf der Titelseite einen kleinen Stahlstich, der den Grundton des Buches anschlug; er schien voller Gräber – rundherum standen Grabsteine gereiht, man schritt über ein Pflaster mit den Lettern toter Namen; die Gräber hatten sich förmlich Einlaß in den Pfarrgarten selbst verschafft, der inmitten der Toten eine kleine Oase des Lebens bildete. Dies ist keine Übertreibung des Künstlers, wie wir fanden: die Steine scheinen sich in aufrecht hochragenden Reihen plötzlich aus der Erde gegen einen zu erheben wie eine Armee stiller Soldaten. Keine Handbreit ist unbewohnt; ja, die sparsame Raumnutzung ist etwas respektlos. In den alten Tagen führte ein Weg aus Steinplatten, die an Grabsteine erinnerten, vom Vordereingang des Pfarrhauses, ungehindert von Mauer oder Hecke, direkt zum Kirchhof; der Garten war im Grunde zugleich der Friedhof; die Nachfolger der Brontës jedoch, die ein wenig Raum wünschten zwischen Leben und Tod, pflanzten eine Hecke und mehrere hohe Bäume, die nun den Pfarrgarten völlig abtrennten. Das Haus selbst ist genau so, wie es in Charlottes Tagen war, nur ein Seitenflügel ist neu hinzugekommen. Es ist ein leichtes, davor das Auge zu verschließen, und dann hat man das viereckige, kastenartige Pfarrhaus aus dem häßlichen gelbbraunen Stein, den sie im dahinterliegenden Moor abbauen, genau so vor sich, wie es war, als Charlotte dort lebte und starb. Im Innern ist natürlich vieles verändert, doch läßt sich die ursprüngliche Form der Räume noch erkennen. Es gibt nichts Bemerkenswertes an einem mittelviktorianischen Pfarrhaus, sei es auch die Wohnstatt eines Genies, und der einzige Raum, der Neugierde weckt, ist die Küche, jetzt als Vorraum genutzt, wo die Mädchen auf- und niedergingen, während sie ihre Dichtwerke erdachten. Noch eine andere Stelle hat einen gewissen unheimlichen Reiz – die rechteckige Nische am Treppenaufgang, in die Emily in dem berühmten Kampf ihre Bulldogge trieb und eingeklemmt hielt, während sie das Tier mit den Fäusten bearbeitete. Im übrigen ist es ein kleines karges Pfarrhaus, kaum anders als viele seiner Art. Dem Entgegenkommen des derzeitigen Amtsinhabers war es zu verdanken, daß uns erlaubt wurde, es zu besichtigen; ich an seiner Stelle würde oft den Wunsch verspüren, die drei berühmten Geister auszutreiben.

Eines nur ist geblieben: die Kirche, in die Charlotte beten ging, wo sie getraut wurde und begraben liegt. Der Umkreis ihres Lebens war sehr eng. Hier, wenn auch viel verändert ist, gibt es noch ein paar Dinge, die von ihr erzählen. Die Steinplatte, auf der nacheinander die Namen der Kinder stehen und ihrer Eltern – ihre Geburt und ihr Tod –, fällt als erstes ins Auge. Name folgt auf Name; in sehr kurzen Abständen sind sie gestorben – Maria die Mutter, Maria die Tochter, Elizabeth, Branwell, Emily, Anne, Charlotte und zuletzt der alte Vater, der sie alle überlebt hat. Emily war erst dreißig Jahre alt und Charlotte nur neun Jahre älter. »The sting of death is sin, and the strength of sin is the law, but thanks be to God which giveth us the victory through our Lord Jesus Christ.«* Das ist die Inschrift, die unter die Namen gesetzt worden ist, und das nicht ohne Grund; denn wie hart der Kampf auch war – Emily und vor allem Charlotte fochten bis zum Sieg.

*Übers. von Hannelore Faden*
*in V. W. Frauen und Literatur*

*Haworth ist inzwischen eine der Hauptattraktionen für Touristen in Yorkshire, was wahrscheinlich nicht zuletzt auf den Film* Wuthering Heights *zurückzuführen ist, der* Gone with the Wind *bei der Oscarverleihung 1939 als bester Film des Jahres schlug. Im Sommer wird der Ort von den hereindrängenden Autos und Bussen fast überwältigt – nur die Hauptstraße bleibt für Fußgänger reserviert – und Phänomene*

* »Aber der Stachel des Todes ist die Sünde; die Kraft aber der Sünde ist das Gesetz. Gott aber sei Dank, daß er uns den Sieg gegeben hat durch unsern Herrn Jesum Christum.« 1. Korintherbrief 15.56–7.

*wie ein Brontë-Taxi-Dienst und die Gastwirtschaft Wuthering Heights sind häufig. Das Brontë-Museum, das sich zu Virginias Zeiten im ersten Stock über der Yorkshire Penny Bank befand (jetzt das Fremdenverkehrsamt), wurde ins Pfarrhaus selbst verlegt. Einen gewissen Atavismus scheint sich die Stadt allerdings erhalten zu haben. Als ich 1992 dort war, warf eine Gruppe von kleinen Jungen, darunter ein Araber und ein Schwarzer, im Hof der Baptistenkapelle mit Stöcken nach Kastanien, und im Innern der Kirche war der blattlose Ast eines Baumes mit gekritzelten Gebeten besteckt: ›Bitte mach, daß ich Mark Aspens Freundin werde‹ oder ›Bitte mach, daß ich mich wieder mit meiner Schwester vertrage‹.*

*Der Staatsmann R. B. Haldane bemerkte, als er nach seiner Meinung über Virginias Haworth-Essay gefragt wurde: ›Verdienstvoll – aber ich glaube, die Verfasserin hätte noch mehr aus der Sache herausholen können.‹*

## *Moorwanderungen*

Tagebuch, April 1906

*Bei ihrem zweiten Besuch in Giggleswick wohnte Virginia in einem Quartier in der Stadt und verbrachte ihre Tage mit Spaziergängen.*

Mit einer gelassenen & nüchternen Gemütsverfassung macht sich der einsame Wanderer auf seinen Weg. Wenn man einer ist, hat man an so merkwürdig wenige Dinge zu denken, die Bedürfnisse sind so leicht zu befriedigen. So reiste ich dann also heute reibungslos & ohne Anstrengung von einem Ende Englands zum anderen, erfragte nur wenige Informationen, fand Züge & Waggons, kümmerte mich um mein Gepäck & brachte alles bei Mrs Turner in Giggleswick unter, und zwar herrlich spät – weil es niemanden kümmerte.

Es ist genau die gewissenhaft saubere, prosaische Unterkunft, die ich mir gewünscht habe; & bisher war meine Einsamkeit vorzüglich & herrlich unterhaltsam. Wann soll ich zu Abend essen? Wann soll ich frühstücken? Ich richte mir alles genau nach meinem eigenen Geschmack ein & und dann ist die Tür für mich zu & ich kann, wenn ich möchte, zwei Stunden lang in Ruhe lesen. Das einzige Geräusch, das mich ablenkt, ist der Northern Express, der nach Edinburgh dahinrast.

Denn das hier ist kein schickes Vorstadtquartier, neben einem Parkeingang; das Hochmoor hebt sich in Wellen ringsumher; große Felsblöcke bilden einen Hintergrund, den man im Zwielicht des Aprils undeutlich erkennen kann, & die herben Düfte des Hochmoors dringen durch das offene Fenster.

Es ist eine verschwiegene kleine Stadt des Nordens, sauber & einfach, durch die Würde der Landschaft, in der sie liegt, von aller Kleinlichkeit & Gewöhnlichkeit befreit.

*Giggleswick hat sich nur wenig verändert – die Eilzüge nach Schottland verkehren noch immer in der Nähe, auch wenn sie wahrscheinlich weniger geräuschvoll sind als die Dampflokomotiven, die Virginia störten. Als ich mich 1992 erkundigte, konnte ich keinerlei Erinnerungen an Mrs Turner oder ihre Pension ausgraben.*

Das Hochmoor ist völlig den Schafen überlassen & von steinernen Mauern unterteilt, kein Baum oder Strauch wächst darauf. Hier und da sieht man ein karges Steinhaus an einem Berghang, in dem der Schäfer lebt. In vieler Hinsicht ist dieses Land wie Cornwall; aber ich habe nicht die Zeit, die Unterschiede zu bestimmen.

Alle Schafe hatten Lämmer & waren daher mutig & sogar herausfordernd.

Man findet seltsame Befestigungsanlagen in den Mooren; Gräben & Schutzwälle, so fließend gebaut & überwachsen, daß hier entweder die Natur Baumeister war oder irgendein Mensch der Urzeit.

Der Gegensatz macht einen Teil des Reizes aus. Man geht über sehr sanfte Hügel und Abhänge, die sich in steile Täler einfalten & am Rand mit schmalen Baumhainen bewachsen sind. Es ist ein wogendes & sanftes Land, dem die schroffe Majestät der Moore fehlt, die sie aber mit einem gewissen Reiz übertrifft; einer Art Pathos, das aus seiner engeren Verbindung mit der niederen Menschheit entspringt. Ein grauer Bauernhof mit seinem ummauerten Garten kann einem ganzen Umkreis von Feldern & Hügeln einen menschlichen Anstrich verleihen. Und damit ist hier vielleicht gar nichts Fröhliches & Häusliches, sondern eher etwas Schwermütiges & Flehendes gemeint; denn das Land bleibt hier nur halb gezähmt; wo alles & die wilden Kreaturen um die Freiheit in seinem Blick fürchten.

Zwei Stunden lang traf ich keinen einzigen Menschen; aber ich lauschte dem seltsamen Schreien & Klagen der Regenpfeifer & Brachvögel, die dicht über meinem Kopf kreisten, denn der Nachmittag war fast wolkenlos & einzigartig warm.

Alle Bäume hier sind rot & violett, aber noch nicht grün. Es ist kein Land, das dem Wechsel der Jahreszeiten gegenüber sehr feinfühlig ist, stelle ich mir vor. Im Winter sah es ziemlich ähnlich aus. Vor zweitausend Jahren sah es so aus wie heute nachmittag; in dieser Beständigkeit liegt vielleicht seine einzigartige Größe & Dauerhaftigkeit. Weitere zweitausend Jahre werden es wohl ebenso unverändert belassen.

Heute konnte man das einmalige & ziemlich angenehme Phänomen betrachten, wie große weiße Flocken von Schnee über einen tiefblauen Himmel trieben. Aber sie waren nur ein Versuch oder Verzierung & hörten bis zum Mittag auf. Am Nachmittag aber, bei einem Spaziergang nach Lawkland, gab es ein leuchtendes weißes Licht auf der Spitze von Ingleborough, das tatsächlich majestätisch genug ist, seine Krone gelegentlich in Wolken zu hüllen. Es war ein herrlicher Spaziergang das Tal entlang. Wir begegneten einem Schäfer, der traurig an einem quer über die Straße verlaufenden Entwässerungskanal grub. Eines der Lämmer war offenbar in den Trichter von diesem Ding gelaufen, das sich bis in die Felder erstreckte; & war wohl zu tief hineingeraten, als daß man es lebendig hätte ausgraben können: Ein Büschel Wolle am Dornenstrauch zeigte an, wo es verloren worden war. Die genaue & ängstliche Sorgfalt, mit der jedes einzelne Lamm in der Herde gehütet wird, ist für den Fremden überraschend; die Lämmer scheinen so zahllos zu sein & ihr Schicksal so unbedeutend. Aber jedes Feld ist, wenn man es nur kennt, voll von solchen Kleinigkeiten, die für den erfahrenen Blick Dinge von Belang sind.

Lawkland ist ein alter Herrensitz; zu klein für eine Restaurierung & daher ein schönes Exemplar eines einfachen hiesigen Wohnhauses, das gleich neben der Straße steht, wo es jeder sehen kann. All seine grazilen Giebel, & das abgenutzte Maßwerk sind dort unberührt; & an seiner Seite stehen derbe Bauernhäuser, die vielleicht aus einer noch früheren Zeit stammen. Man sieht, wie angenehm unabhängig das alte Haus war – & vielleicht immer noch, so abgeschieden wie es in den Yorkshire-Mooren liegt, auf alle seine Mittel angewiesen ist.

Die Matronen von Giggleswick saßen heute nachmittag in Konklave über dem Plan, arme Kinder in Kost zu geben. Vermögende Junkersfrauen, die ihre ausgedehnten Äcker fest im Griff haben, Pfarrersfrauen, Klatschbasen aus dem Ort &c. &c.; aber die Yorkshire-Art von Landadel ist vornehm & bestimmt. Sie waren von entfernten Gütern & Pfarreien angefahren gekommen, & klapperten wieder fort, in Hundekarren & hohen Einspännern.

*Lawkland steht noch immer für alle sichtbar und unverkennbar neben der Straße; und es hat noch immer eine seltsame Aura von Abgeschiedenheit.*

Der heutige Tag war zumindest wegen eines wirklich erfolgreichen Spazierganges zu einem Ort namens Feizor denkwürdig – ein Name wie von einem Zauberer . . .

Wir kamen in ein fremdes Tal zwischen zwei Mooren; überall Rasenflächen mit Schafen & Rindern, die dort weideten, aber weder ein Haus noch ein menschliches Wesen. Es erstreckte sich über ein langes Stück, von Wind oder jeglichem Sturm der äußeren Welt abgeschieden, ein Tal wie aus einem Traum zwischen grauen Mooren; & schließlich sahen wir auf Feizor herab, ein kleines Dorf aus Bauernhäusern, in diesem Weideland wohl das Zentrum.

Ich überlegte, was für ein sonderbares Schicksal es doch wäre, sein Lebtag in einem alten Steinhaus in dem Dorf Feizor zu leben, wenn einem die ganze Welt offen steht. Auf der Straße, die es mit der Hauptader verbindet, wächst Gras; & als wir ihr folgten, kamen wir an einer Art Kesselflickern vorbei, die sich aus dem Verdeck eines Karrens ein Obdach machen wollten; & ihren Hausrat im Graben versammelt hatten – Sie sprangen auf & fragten uns nach Streichhölzern, wenn ich allein gewesen wäre, dann wäre es ziemlich unangenehm gewesen. Man konnte im Gesicht des Mannes den elementaren fordernden Ausdruck erkennen; als ob es sein natürlicher Instinkt wäre, von anderen Leuten Versorgung einzufordern. Die großen melancholischen Moore, die uns ringsum wie ein tragisches Publikum umgaben, oder wie ein Chor, der uns schweigend begleitet, wurden schwarz & von Nebel verschleiert. Regen fiel, & dem Land schien dieser Stimmungswechsel sehr zu gefallen. Sturm & rauhes Wetter passen besser zu ihm als ein sanfter & unschuldiger Himmel. Aber Wörter! Wörter! Man findet nichts, was zu dem Bild paßt.

*Feizor ist immer noch eines der abgeschiedensten und zauberhaftesten Dörfer in den Hochmooren von Yorkshire. Es ist inzwischen ein bekannter Ausgangspunkt für Wanderer, aber von ein oder zwei neuen Häusern abgesehen ist es wohl noch weitgehend so wie zu der Zeit von Virginia Woolf – auf der Dorfstraße gibt es eine Furt über den Fluß, und auf der Nebenstraße, die dorthin führt, wächst noch immer Gras.*

# Wiltshire

## *Tagebuch, August 1903*

*Für die Sommerferien 1903 mietete die Familie Stephen das Netherhampton House in dem Dorf Netherhampton nahe bei Wilton in Wiltshire.*

Das Haus ist genau das, was ich erwartet – & erhofft hatte. Der Blick nach vorne heraus – wir sehen auf die Straße – fällt auf ein kleines graues Steinhaus, das zu bescheiden ist, um selbst verziert zu sein, aber offensichtlich aus einer Zeit reicher Verzierungen stammt – & in seiner bescheidenen Art eine Imitation eines wirklich großen Hauses darstellt. Als eine Art architektonisches Stilmittel befinden sich in Abständen Urnen an den Giebeln; in der Wand ist eine hohle Nische, die vielleicht, wenn das Ganze eine andere Größenordnung hätte, zum Aufstellen einer Statue gedacht wäre. Auch das Gartentor ist ungewöhnlich – grazil aus blaugrünem Eisen geschmiedet & mit Helm & Wappen gekrönt. Das Haus wurde übrigens zur Zeit Elizabeths gebaut, ich glaube, als Witwenhaus der Familie Pembroke; das Wappen sowie einige kleinere Prächtigkeiten innen & außen künden von seinen aristokratischen Verbindungen; verschiedene alte Gräfinnen & abhängige Angehörige haben nach der Pracht von Wilton [House] dort ihre Wohnstatt gehabt, – allerdings wird es gegenwärtig nicht mehr auf diese Weise genutzt. Die Furses, die es jetzt besitzen, haben ihre Einrichtungen &c. in völligem Einklang mit dem vorhandenen Charakter vorgenommen – Die weiten Räume sind nicht zu üppig mit den würdevollen Stühlen & massiven Tischen ausgestattet: farblich wird das ganze Haus von Karmesinrot & Weiß bestimmt mit einem Einschlag von rötlichem alten Holz. Es ist meinem Gefühl nach ein ganz typisches englisches Landhaus der bescheideneren Art, solide & anspruchslos, aber mit einer gewissen seltsamen eigenen Würde, die über die Jahre sehr viel an Reife gewonnen hat. Diese kleinen grauen alten Häuser sind überall in England anzutreffen, aber ich bezweifle, daß man sie irgendwo anders finden kann – Ich hatte noch keine Zeit, viel von dem Garten zu sehen – aber er scheint zu dem Haus zu passen – ein ummauerter Küchengarten, breite grasbewachsene Wege, eine Sonnenuhr, alles in kleiner zweckmäßiger Ausführung – der Küchengarten ist übervoll von Früchten & Gemüse – aber von einer angenehm luftigen Art.

*Netherhampton House ist ein entzückendes, aber ohne Frage merkwürdiges Haus. Es ist eine Mischung aus einem Landhaus des sechzehnten Jahrhunderts, einem bescheidenen Haus des siebzehnten Jahrhunderts und einer bemerkenswerten Fassade – Nikolaus Pevsner nannte sie ›erstaunlich‹ –, die offensichtlich im achtzehnten Jahrhundert hinzugefügt wurde und die es tatsächlich, wie Virginia sagte, wie die Imitation eines großen Hauses erscheinen läßt. Es ist noch immer im Besitz der Pembrokes von Wilton. Der Pächter Mr John Parnaby hält es bewundernswert in Schuß.*

Gestern, oder vorgestern, machten wir uns nach dem Frühstück auf, um unseren Standort in der Welt zu bestimmen. Unser Garten ist in Wirklichkeit nur ein Stück von der Wiese, das vom Rest der Felder durch einen eingesunkenen Zaun abgetrennt & -geschnitten wurde. Das Haus ist sehr lang & niedrig, aber die Ansicht von vorne gibt keine richtige Vorstellung von seiner Größe;

es zieht sich um eine Ecke & bildet außerdem einen quadratischen Hof, & nur die Front des Hauses ist grau. Der Rest – & ältere Teil – ist aus roten Backsteinen. Wir waren einigermaßen neugierig darauf, den Fluß zu finden, & das Dorf Wilton – unsere Schwierigkeit bestand darin, zu entscheiden, welcher von den vielen Wasserläufen, auf die wir trafen, der Fluß war – nach einer Weile kamen wir aber an einen so breiten & lebhaften Fluß, daß wir beschlossen, ihn die Wylye zu nennen & die kleineren Bäche, die die Wiesen zerteilten, nur als Nebenflüsse zu zählen – denen man beigebracht hatte, so zu fließen, um die Felder zu bewässern. Tatsächlich ist überall in den Wiesen ein ausgeklügeltes System von Kanälen & Wehren & kleinen Wasserfällen angelegt, aber das Wasser ist jetzt großteils umgeleitet, & die Felder sind trocken. Wir marschierten schließlich die Straße entlang, die auf einer Seite durch eine sehr hohe & gut erhaltene Backsteinmauer begrenzt ist. Sie umgibt die Parks von Wilton – Meilen um Meilen davon, würde ich schätzen, nach der Zeit, die wir dafür brauchten, uns an dieser Seite der Begrenzung entlangzuschleppen. Zu guter Letzt bogen wir um eine Ecke & erreichten ganz offensichtlich das Große Tor von Wilton. Es ist in Form eines römischen Torbogens gebaut – aber ob es von der Figur eines römischen Kaisers gekrönt wird oder ob einer der Pembroke-Grafen für diese Gelegenheit in eine Toga gehüllt wurde, kann ich nicht sagen.

Die andere Statue, direkt außerhalb des Tores, legt nahe, daß sich die moderne militärische Uniform auf keinen Fall für Bronze eignet: darüber hinaus hat der Bildhauer sein Modell aus Respekt vor dessen vornehmem Stand mindestens drei Fuß größer gemacht als den riesenhaftesten aller Normal-Sterblichen. Als Kunstwerk kann die Skulptur daher nicht überzeugen; aber wenn man die Inschrift auf ihrem Sockel liest, versteht man, daß eine sehr heroische Figur gefragt war. Danach gingen wir durch die Stadt. Es gibt Stimmungen, in denen man von einer kleinen alten südenglischen Stadt mit ihrer Ruhe & anheimelnden Art vollkommen erfrischt wird: es gibt Zeiten, in denen ihre ewige Einförmigkeit – ihre Müdigkeit, als wäre jemand nach einem Übermaß von Roastbeef & Plum Pudding in den Schlaf gesunken – deprimierend ist. Ich sehne mich, glaube ich, nach der Kargheit & Wärme & Helligkeit eines fremden Landes. Aber Wilton neigt besonders dazu, diese Art von Unzufriedenheit hervorzubringen; es ist eitler & selbstgefälliger als die meisten englischen Dörfer, so wie alle, die in kleinen Weilern im Schatten eines großen Hauses stehen. Es macht den Eindruck eines sehr getreuen alten Familiendieners – was, glaube ich, die meisten, die in seinen kleinen Häusern leben, zweifelsohne sind – der von den hohen Herrschaften in Pension geschickt wurde & ihnen unerschütterlich die Treue hält. Seine ganze Welt geht im Umkreis des ›Parks‹ auf; sein Interesse ist vollkommen auf ›Die Gnädigste‹ & die Geschehnisse im Schloß ausgerichtet. Fast in jeder Straße läßt sich der Einfluß der Familie Herbert verfolgen. Die drei Gasthäuser sind natürlich treulich nach den unterschiedlichen Titeln der Pembrokes getauft; deren Wappen, vom Wetter etwas mitgenommen, hängen von allen Schildern: sie ihrerseits haben überall um sich Springbrunnen & Altersheime verstreut, & halten ganz allgemein das Dorf so sauber & adrett, daß es den ansehnlichsten Hintergrund für Wilton selbst abgibt.

Wir – das heißt, Adrian & ich – kommentierten das alles – in einer nicht allzu freundlichen Weise. Wir beteuerten, wir fänden die ganze Gegend ›verdorben‹, & sie klammere sich an die große Persönlichkeit vor Ort. Ich nehme an, das ist übertrieben; jedenfalls hätte sich unser Standpunkt vielleicht geändert, wenn wir uns innerhalb dieser hohen Backsteinmauern befunden hätten, – mit Sicherheit aber kann man sagen, daß der Geist des Feudalismus in England noch nicht tot ist.

*Das Große Tor (über dem in der Tat Kaiser Mark Aurel regiert) ist der Hauptzugang zu Wilton House, seit dem sechzehnten Jahrhundert der Sitz der Grafen von Pembroke. Die Statue des 13. Grafen davor trägt wirklich eine heroische Inschrift, der entsprochen werden will: sie attestiert ›Seiner Lordschaft‹ Furchtlosigkeit, einzigartige Seelengröße, ein immerwährendes Streben nach Weisheit, Frömmigkeit, eine Liebe zur einsamen Gelehrsamkeit, Bescheidenheit, Aufrichtigkeit, Wahrhaftigkeit, Langmut vor dem Zorn, Gleichmut, Nächstenliebe, Zartgefühl, Geduld, Stärke, Reinheit und eine milde, bescheidene und gesetzte Haltung. Die Familie der Pembrokes ist in Wilton immer noch einflußreich, und sei es auch nur, weil ihr so viel von dem Dorf gehört, aber ich nehme an, daß der Geist des Feudalismus schon lange geschwunden ist: nur einer der sechs Pubs ist noch nach den Pembrokes benannt, und als ich 1992 einer einheimischen Passantin gegenüber bemerkte, die lange Verbindung des Dorfes mit der Familie sei faszinierend, stellte sie kühl fest: »Mag schon sein, wenn man sich für so etwas interessiert . . .«*

Adrian, der die wunderbare Fähigkeit hat, immer etwas an seinen gerade gegebenen Umständen aussetzen zu können – ganz gleich wie sie sind –, grummelte die ganze Zeit über die Langweiligkeit der Landschaft – worin er sich, wie ich denke, vollkommen irrt. So ein unverfälschtes Land kann, glaube ich, nie langweilig sein; auch wenn die Natur sich hier offenbar mit ihrem Material nicht viel Mühe gegeben hat. Sie hat allerdings einen Reiz beibehalten, der an Orten von offensichtlicherem Interesse vollkommen fehlt. Während wir Wege entlangfuhren, die tief in den Kreidefelsen eingeschnitten waren, verglich ich immer wieder die Hügellandschaft mit den weitgeschwungenen Wellen des Meeres. Es ist, als ob das Land, das früher geschmolzen war & in riesigen Wogen rollte, sich hier verfestigt hätte, als die Wellen sich noch auftürmten & gerade brechen wollten. Von einer Erhöhung sieht es aus, als würde das ganze Land fließen. Auch der Mensch hat nichts getan, um die Gestalt dieser Brecher zu verändern. Er hat sie bis zu einem gewissen Grad bepflanzt, aber meistens hat er ihr Gras unberührt seinen Herden überlassen. Man sieht auf dem Hang eine strohgedeckte Hütte, in der der Schäfer lebt, aber keine andere menschliche Behausung. Die Dörfer sind alle in die Wellentäler eingesunken; & das Ergebnis sind eigenartig glatte & kahle Konturen. Das ist das kahle Gebein der Erde . . .

Wir sind noch immer am Erkunden. Gestern nahm ich Nessa über die wäßrigen Wiesen mit zu einer romantisch erscheinenden Kirche – zumindest hatten wir das vor . . . Wir wurden zum Halten gebracht, als wir ungehobelte männliche Stimmen hörten, die für Fußgänger weiblichen Geschlechts beunruhigend waren – Männer machten im benachbarten Feld Heu & sie redeten nicht nur, sondern sie redeten über uns – vielleicht mit uns. Als sie sahen, daß wir stehenblieben, kam einer von ihnen an das Tor; wir mußten näher herangehen, um zu hören, was er sagte. Er war offensichtlich zu Scherzen aufgelegt – & wir hielten es für das beste, allen Bemerkungen, zu denen er sich bemüßigt fühlte, zuvorzukommen, indem wir unerschrocken nach dem Weg hinaus fragten? ›Sie haben sich ganz schön verlaufen, was‹, sagte er – was ihn köstlich zu amüsieren schien. ›Wohin wollen Sie denn?‹ Es schien mir blödsinnig, nirgendwohin zu antworten – also soufflierte ich Nessa – ›zur Straße‹ ›Zur Straße?‹ ›Sie wollen doch nicht sagen, daß Sie am hellichten Tag die Straße verloren haben?‹ Das war auch ein hervorragender Witz – ›Hier werden Sie keine Straße finden – gehen Sie besser so zurück, wie Sie gekommen sind.‹ Und so kehrten wir um & gingen – Es wurde uns noch nachgerufen, die glänzend braunen Kühe, die am anderen Ende des Feldes weideten, seien gefährlich – aber wir kümmerten uns nicht darum.

Kleine rote Häuser sind als Vor- & Nachhut von Salisbury wie bei jeder anderen Stadt ausgeschwärmt und verbinden, höre ich in Gedanken den Architekten sagen, die Vorteile einer Domstadt mit der reinen Landluft. Jede andere Verbindung wäre dem vorzuziehen, glaube ich. Ich hatte mir den Kirchturm zum Ziel genommen – jetzt streifte ich ihn so nah wie es nur ging – drang sogar in die heilige Stätte des Hofes vor, in den Autos oder Metzgerkarren nicht eindringen dürfen, es sei denn, sie bringen kirchliche Verpflegung. Die Einfriedung ist genau wie bei jedem anderen Dom – sehr reich, sehr friedlich – mit der Atmosphäre eines Heiligtums, das sehr angenehm von den Sünden & Mühen der äußeren Welt abgeschirmt ist. Die alten Damen, die ihre Kleider auf seinem Rasen schleifen lassen, werden von der Atmosphäre angesteckt; sie bewegen sich mit äußerster Muße & Würde – als hätten die weltlichen Dinge nicht mehr die Macht, sie anzutreiben. Aber ich kann mir sehr gut vorstellen, daß ihr Dombezirk die gleiche Menge an Skandalen einer harmloseren Sorte verbirgt wie irgendein gleichgroßes Gebiet in Mayfair oder Belgravia. Es ist ein malerischer aber entspannender kleiner Zufluchtsort, davon bin ich überzeugt, & der Bischof & das Domkapitel würden Besseres leisten, wenn man sie aus ihren weitläufigen georgianischen Häusern setzen & dazu bringen würde, das gewöhnliche Los zu teilen. Ich möchte vorschlagen, daß der Dombezirk, aus dem Metzgerkarren & Autos unter allen Umständen verbannt bleiben sollten, für Menschen mit literarischer Veranlagung zugänglich bleiben sollte – diejenigen, die zu ihrer Bequemlichkeit im Palast & Dekanat leben, würden sicherlich ihren Luxus dafür zur Verfügung stellen.

Die Nachbarschaft des Doms ist allerdings deprimierend. Eine solche Menge uralter Steine, mögen sie auch noch so nett aufgetürmt & mit den Körpern von Heiligen & berühmten Männern angefüllt sein, scheint seinen bescheidenen Nachbarn die Lebenskraft auszusaugen. Er ist wie eine große Eiche im Wald; in ihrem Schatten kann nichts gut gedeihen.

*Salisbury hat heute eine Bevölkerungszahl von 37 000, und an einem Wochenendabend kann es immer noch ziemlich lebensschwach wirken, mit seinem herumfliegenden Abfall und seinen Grüppchen von offenbar unzufriedenen Jugendlichen. Einige Menschen mit literarischer Veranlagung, unter anderem ein früherer Premierminister, sind inzwischen im Dombezirk untergebracht, aber der Bischof und der Dekan sind immer noch* in situ.

Es läßt sich – wenn man von sich behauptet, eine kultivierte Person zu sein – nicht abstreiten, daß der Dom von Salisbury schön ist – & Kultur oder nicht, ich empfinde ehrlich so. Er wächst einem zu, man merkt, wie der Blick auf der Suche nach ihm über die Landschaft streift & wenn man ihn findet, dann ruht das Auge für einen Moment zufrieden auf ihm. Wir befinden uns mit Salisbury auf einer Ebene – & zwischen uns sind keine Hügel. Ich habe sein Blickfeld auf meinen Spaziergängen bisher noch nicht verlassen. Manchmal sehe ich die Spitze seines Turms – wie einen Kerzenlöscher – auf der Seite des Hügellandes stehen. Meistens sehe ich ihn über die Wiesen – die ganze Kirche fest dort verankert – massiv, & doch gleichzeitig ungemein leicht & grazil. Er nimmt alle möglichen Farbtöne an – manchmal ist er blaß grau – dann wieder fast weiß; heute sah er aus irgendeinem Grund aus, als wäre er aus dunkelbraunen Steinen erbaut. George [ihr Halbbruder George Duckworth] & ich hatten vor, einen Teil des Sonntags angemessen bei der Andacht innerhalb seiner Mauern zu verbringen – entschieden aber, daß die Nachmittagsmesse, die sich mit der Predigt &c. hinzieht, zuviel Zeit kosten würde. Also erfanden wir (wie sich herausstellte) für unsere Zwecke eine Abendmesse um 7 & fuhren rechtzeitig dafür hinüber. Aber der erste Jugendliche, den wir im Dombezirk anhielten, wies uns auf unseren Irrtum hin – aus irgendeinem Grund bietet der Dom von Salisbury keine Abendmesse an. Unsere einzige Möglichkeit zur Andacht – &

eine durchweg erfreuliche – bestand darin, langsam um den Dombezirk zu fahren. In bestimmten Stimmungen, die ich kenne, ist so etwas unerträglich; ich möchte hier nicht lieber leben, als morgen in einem der ehrwürdigen Gräber im Kloster begraben zu werden; aber kein Ort kann einen vollkommener zufriedenstellen, wenn man eine Stunde dort verbringt – Es ist, als würde man dicke efeubewachsene Mauern zwischen sich & der Welt schließen; in ihrem Innern herrscht uralte Lieblichkeit & Frieden. Englische Kathedralen haben ganz sicher einen unschätzbaren Vorteil über die einzigen, die ich in anderen Ländern gesehen habe; sie stehen in einem vollkommenen Garten, der zu ihnen gehört, während sich die großen französischen Kirchen zur Straße hin öffnen. Hier zum Beispiel ist der Dom von einer dichten Rasenfläche umgeben – & jenseits davon stehen wie eine dienstbeflissene Leibgarde all die Häuser des Dombezirks im Umkreis. Sie sind so vollkommen im Einklang mit der vorherrschenden Stimmung des Doms, daß man sie kaum einzeln wahrnimmt, bis man eigens dafür einhält. Sie scheinen mir, soweit ich sehe, als eine Art Leibgarde zu wirken: nichts Gemeines darf die Luft des Doms vergiften; sie sammeln & absorbieren den kostbaren Weihrauch, den er abgibt. Und wie die Beefeaters oder eine andere alte Garde sind sie ausgesprochen malerisch, ohne sich mit dem Glanz ihres Monarchen messen zu können.

*1992 wurde vorgeschlagen, daß der Dom von Salisbury die kommerzielle Schirmherrschaft von McDonald's, der Hamburgerkette, übernehmen sollte.*

Wir kamen jetzt auf die Ebene von Salisbury hinauf, & die Hügel erstreckten sich ohne Unterbrechung meilenweit um uns. Ich blickte plötzlich nach vorne & sah mit dem Zusammenzucken, mit dem man im wirklichen Leben sieht, was dem Auge schon immer von Bildern her vertraut war, den berühmten Kreis von Stonehenge. Bilder vermitteln einem keinen Eindruck von Größe; & ich hatte mir etwas in einem weitaus größeren Maßstab vorgestellt. Ich hatte angenommen, die Steine wären in Abständen über eine weite Fläche auf der Ebene verstreut – so daß ich, als wir uns mit den Reitern bei ›Stonehenge‹ verabredeten, diesen Plan insgeheim für etwas zu vage gehalten hatte. Aber in Wirklichkeit ist es ein kleiner gedrängter Ort ... ansonsten hatten mich die Bilder ziemlich wahrheitsgetreu vorbereitet – das heißt, in Hinsicht auf die Form & die Stellung der Steine; mir war allerdings nicht klar gewesen, daß die Steine einen solchen Eindruck von Absicht & Anordnung machen; es ist ein erkennbarer Tempel, auch jetzt noch.

Wir setzten uns unverzüglich mit dem Rücken zu der Sehenswürdigkeit, zu deren Besichtigung wir gekommen waren, nieder & fingen an, Sandwiches zu essen: eine halbe Stunde später waren wir bereit, uns umzusehen. Der einzigartige & berauschende Reiz von Stonehenge besteht für mich, & ich glaube für die meisten, darin, daß niemand auf der Welt einem irgend etwas darüber sagen kann. Da sind diese riesigen Blöcke aus Stein; & was weiter? Wer hat sie aufgerichtet & wann & zu welchem Zweck, das kann niemand auf der Welt – ich wiederhole meine großspurige Behauptung – sagen.

Ich hatte das Gefühl, als ob ich gegen die starren Überbleibsel eines Zeitalters angerannt wäre, das ich anders nicht begreifen könnte, ein Stück Treibgut, das aus der Vergessenheit angeschwemmt wurde. Es gibt Theorien, die ich kenne – ohne Ende; & wir haben natürlich eine große Anzahl von neuen & unangreifbaren eigenen Entdeckungen gemacht. Die reizvollste, & ich nehme an wahrscheinlichste, besagt, daß ein vergessenes Volk hier einen Tempel errichtet hatte, in dem es die Sonne anbetete; es gibt eine roh behauene Säule ein Stück außerhalb des Kreises, deren Spitze genau den Punkt am Rand der Erde bezeichnet, wo die

Sonne bei der Sommersonnenwende aufgeht. Und in der Mitte gibt es einen umgestürzten Stein, länger & größer als die anderen, zwischen denen er liegt, der ein Altar gewesen sein könnte – & in dem Moment, in dem die Sonne aufging, schlachtete der Priester dieses wilden Volkes hier sein Opfer zu Ehren des Sonnengottes. Wir sahen ganz genau die Kerbe von seiner Axt im Stein. Wenn man die Säulen jedoch in einer anderen Form aufstellt, haben wir ein ganz neues Bild vor uns; was einem aber wirklich im Gedächtnis bleibt, ganz gleich was man macht, ist das gewaltige Geheimnis des Ganzen. Der Mensch hat, seit diese Steine hier aufgestellt wurden, nichts unternommen, um die Ebene von Salisbury zu verändern; sie haben die Sonne & den Mond über genau diesen immer gleichen Anhöhen & Hügelkämmen aufgehen sehen, seit – ich weiß nicht wieviel tausend Jahren. Ich denke gerne daran; stelle mir diese Heiden und ihre Mühsal vor, die genau die Sonne verehrten, die jetzt am Himmel über mir steht, & aus irgendeinem absonderlichen Grund finde ich diesen Tempel der Religion tiefer beeindruckend – Block an Block gestellt, & die Hälfte von ihnen schon so lange im Verfall umgestürzt, daß die Erde sie fast verbirgt, als den vollkommenen Kirchturm, zu dem gerade in diesem Moment Gebete & Lobpreisungen aufsteigen.

Es gibt sicherlich Anlaß zum Nachdenken, wenn nicht sogar zur Ironie, daß man, wenn man auf den Ruinen von Stonehenge steht, den Turm des Doms von Salisbury sehen kann.

*Tatsächlich ist der Dom von Salisbury von Stonehenge aus nicht zu sehen.*

... Unsere Fahrt führte uns weiter zu den Downs, & wir beobachteten eine ungewöhnliche Unruhe in den Schafherden. Sie wurden alle von Schäfern im besten Sonntagsstaat gehütet – & auch von Hunden, die wachsamer als gewöhnlich erschienen.

Einige waren zur Fütterung in ihre Hürden getrieben, andere wurden hinausgehetzt – aber der größte Teil der Herden trottete die Straße entlang, wobei ihre Nasen alle in dieselbe Richtung wiesen. Wir trafen Herde um Herde, die Straße war so gedrängt voll, daß wir uns fragten, wie in aller Welt wir vorbeikommen sollten. Der Schäfer pfiff seinem Hund, rief etwas, das für uns unverständlich war, aber vom Hund sofort verstanden wurde, worauf uns dieser in unglaublich kurzer Zeit einen Durchgang bahnte.

Hin & wieder begegneten wir auch Herden von Kälbern – & das Rätsel war gelöst, als vor uns ein schreckliches Schnaufen wie von einem im Schrittempo fahrenden Güterzug eine Zugmaschine verkündete. Es gab zwei von diesen Monstren. Wie sich herausstellte, war es irgend jemandes Dampf-Zirkus – & eine ganze Karawane von Zigeunern folgte ihnen. Am nächsten Tag war Jahrmarkt in Wilton – Diese Zigeuner ziehen durch das Land von Jahrmarkt zu Jahrmarkt, den ganzen Sommer lang. Sie sind, wurde uns gesagt, von reiner Abstammung, sprechen Roma & den ganzen Rest, & führen unter der Vorgabe, sie verdienten sich ihren Lebensunterhalt auf Jahrmärkten wie die anständige Welt, ihr eigenes Zigeunerleben, was sonst unmöglich wäre. Ich kann keinen Zigeunerwagen sehen, ohne den Wunsch zu haben, selbst darin zu sein. Ein Haus, das nicht mit einem Punkt verwachsen ist, sondern so schnell reisen kann, wie man seine Pläne ändert, & in sich vollständig ist, das ist sicherlich das wünschenswerteste aller Häuser. Unser modernes Haus mit seinen lästigen Mauern & seinem tief in der Erde verankerten Fundament ist nicht besser als ein Gefängnis; & es wird mehr & mehr wie ein Gefängnis, je länger wir dort leben & die Fesseln der Gemeinsamkeit & der Gefühle tragen, die man unter Schmerzen trägt – aber unter noch größeren Schmerzen zerbricht.

Der Jahrmarkt selbst ist der größte Schafmarkt in diesem Teil des Königreichs. Er zieht die Schäfer von ihren Downs an – die

Bauern von ihren entfernt gelegenen Höfen – & die Landbevölkerung aus allen Dörfern im Umkreis einer Tagesreise. Es ist daher ein bemerkenswerter Tag im Kalender – ein Tag für gesellige Zusammentreffen wie auch für Geschäfte. Man kann hier einen sehr seltsamen Gesichtstypus sehen – den des Schäfers, der sein Leben bei seinen Herden in den Downs verbringt. Es ist viel interessanter, ihn zu beobachten, als seine Schafe. Sein Gesicht hat sich nicht vergröbert, & doch ist es nicht das Gesicht eines Mannes, der Umgang mit seinen Mitmenschen hat; es ist das Gesicht eines Mannes im mittleren Alter, aber es hat die Frische & Einfalt eines Kindes. Die Augen sind vollkommen klar & helle; das Gesicht ist rot & braun vom Wetter & von einer Vielzahl feiner Linien durchzogen, aber man kann leicht erkennen, daß sie davon herrühren, daß die Augen zusammengekniffen werden, um das Wetter zu beobachten, oder daß die Brauen sich gegen den Wind zusammenziehen – & daß sie keinesfalls Ausdruck irgendeiner gedanklichen Verunsicherung sind. Sein bester Mantel ist ein Überbleibsel einer fröhlicheren Zeit & hat eine kräftige Kastanien- oder Pflaumenfarbe, die von den Jahren weicher gemacht wurde; er trägt Kordhosen, einen breiten Filzhut, & seine Hand hält einen Stab hoch oben unterhalb des Endes. Ich kann mir vorstellen, daß sich eine noch typischere englische Figur als dieser Schäfer der Wiltshire-Downs nur schwerlich finden ließe.

*Es gibt immer noch Schafmärkte in Wilton, aber es sind jetzt offene Auktionen, die nicht von Vergnügungen begleitet werden. Es gibt dort auch noch fahrendes Volk, besonders zur Sommersonnenwende, die eine bunte Vielfalt von Pilgern nach Stonehenge bringt (oder sie dorthin bringen würde, wenn die Behörden es zulassen würden).*

... Uns kam der Gedanke, die Teppichfabrik in Wilton zu besichtigen. Die Vorhersehung, oder wieder einmal die Macht, der unsere Erziehung am Herzen liegt, arrangierte alles auf erstaunlich bequeme Weise – Mittwoch war zufällig der einzige Tag in der Woche, an dem die Fabrik Besuchern zugänglich ist. Wilton ist der letzte Ort, von dem man annehmen würde, daß er eine Fabrik hat; die Luft schmeckt unverdorben von allem Rauch, außer dem der gemütlichen häuslichen Herdfeuer, & die Straßen sind mit Sicherheit die ältesten in ganz England. Aber nichtsdestotrotz gibt es eine Fabrik – so eine Art. Sie hat, glaube ich, wenig Ähnlichkeit mit den Fabriken von Birmingham & Manchester: Wir betraten sie durch eine Tür, die wie der Eingang zu den Ställen eines Gasthauses aussah, & fanden uns in einem Hof wieder, der seinerseits aussah wie der Hof einer altmodischen Poststation. Die Gebäude rundherum sind niedrig & baufällig; es gibt kein Maschinengebrumm, kein eiliges Hin & Her der Arbeiter; ich erwartete, daß wir zu weiteren & imposanteren Gebäuden geführt würden. Statt dessen öffnete unser Führer – ein runzliger alter Mann vom Lande – eine Tür zur Linken: wir waren in der Fabrik. Es war ein langer niedriger Raum wie einer der langen Räume in einer Textilfabrik; in der Mitte hing ein hölzerner Zylinder herab; um diesen waren die Schnüre gespannt, die die Grundlage eines Teppichs bilden. Mädchen, die auf einer Seite davon saßen, flochten mit äußerst geschickten Fingern Fäden um die Schnüre; dann schlugen sie sie mit einem Metallkamm auf den Teil der Arbeit herab, der schon fertig war. Über ihnen war das Muster des Teppichs angeheftet – aber ich kann bis jetzt nicht verstehen, wie sie es umsetzten – was sie ohne Zögern taten – oder wie das überaus komplizierte Muster zustande kam, das in die fertige Arbeit eingewebt war. Die Arbeitsbänke waren keinesfalls überfüllt; aber die Mädchen, die dort waren, arbeiteten sehr hart & schweigend. Ihre Gesichter waren nicht unglücklich, aber sie hatten alle – die Jüngste war nach meine Schätzung zwölf – den blassen geistesabwesenden Blick von Menschen, die zu viele Stunden an einer schweren Arbeit sitzen, von der die Aufmerksamkeit nie abschweifen darf, obwohl sie keinen tieferen Gedanken erfordert. Wir gingen durch zwei oder drei derartige Räume – alle waren sie niedrig & schlecht beleuchtet, ohne moderne Maschinen oder Ausstattung. Der ganze Ort machte hauptsächlich einen staubigen & baufälligen & veralteten Eindruck; unser Führer machte uns deutlich, daß dies tatsächlich der Fall ist ... Ihre ganze Arbeit wird per Hand verrichtet ...

*Die Fabrik machte bald Bankrott, erhielt aber 1905 eine neue Lebenschance, als der 14. Graf von Pembroke ein neues Unternehmen aufzog – in diesem Jahr wurde dort ein Teppich für den Carlton Club in London gewebt, der so groß war, daß siebenundzwanzig Träger nötig waren, um ihn zu bewegen. Die Fabrik war noch 1992 in Betrieb, wenn auch ein Teil zum Verkauf stand: der Arbeitsraum war durch ein Museum und ein Café ergänzt worden. Zumindest einer der Webstühle, die Virginia 1903 so altmodisch fand, war, wie mir gesagt wurde, noch bis 1959 im Einsatz.*

An einem Tag in der Woche – am Mittwoch – zwischen 2 und 5 Uhr – kann die Öffentlichkeit die großen Tore von Wilton so frei wie jeder Herbert im Land passieren. Ich war noch nie in irgendeiner Angelegenheit in einem unserer ›hohen Häuser‹ gewesen, daher wollte ich mir gestern diese Erfahrung gönnen. Ich hatte eine Menge kleine Kutschen & Fahrräder erwartet – aber tatsächlich mußte ich bescheiden nach einer einzelnen Gruppe von drei Personen eintreten – einem älteren Herrn, der vielleicht ein Bankier aus Salisbury sein könnte & seinen beiden Nichten, die junge Damen aus New York waren – & sich auch so in das Besucherbuch eintrugen. So schätzte ich jedenfalls das Verwandtschaftsverhältnis zwischen ihnen ein; der Herr war sicherlich Engländer, denn er nahm es auf sich, in Wilton die Honneurs zu machen & auf die Schönheiten der englischen Landschaft hinzuweisen, als wäre er für beides verantwortlich & an allem, was man ihnen gutschrieb, von Rechts wegen prozentual beteiligt. Ein massiger Pförtner in Livree ließ uns ein; nahm unseren Schilling zugunsten des Herbert Hospitals entgegen & leitete uns weiter über den Hof nach drinnen in die Obhut einer würdevollen Haushälterin. Ich kam mir unsäglich schändlich vor, als würde ich nur durch die Gefälligkeit dieser prächtigen Lakaien zugelassen & müßte ihnen gegenüber eine Haltung von dienstbeflissener Aufmerksamkeit einnehmen. Die gute Frau, die uns betreute, war eine typische herrschaftliche Dienerin. Sie war durchaus gewillt, unsere ehrfürchtige Neugier über die Familie Herbert & ihren Besitz zu befriedigen – & gleichzeitig fühlte sie sich uns gesellschaftlich ganz deutlich überlegen. Sie machte die Honneurs mit der herablassenden Haltung eines Menschen, für den griechische Statuen & Vandykes alltäglich sind, aber sie erwartete unseren plebejischen Respekt. Also marschierten wir gehorsam hinter ihr her & waren unterwürfig von Ehrfurcht ergriffen. Als sie, wie ich annehme, meinte, daß ich mich mit zu kritischer Miene umsah, verkündete sie für meine Ohren einen hochtrabenden Titel – wie ›Porträt Tizians – von ihm selbst‹, was mich aus meiner Impertinenz zurückbringen sollte.

Es gibt dort zweifellos eine große Anzahl sehr guter Gemälde – aber eine noch größere von wertlosen. Ich bin in Kunstangelegenheiten kein Fachmann – ich weiß nicht einmal, was ich mag – das heißt, auf den ersten Blick – & die Bedingungen, unter denen ich die Gemälde von Wilton sah, waren insgesamt ungünstig. Überhaupt war es sogar schwierig, das Haus selbst richtig zu würdigen – so wie wir von einem museumsartigen Raum in den nächsten getrieben & aufgefordert wurden, die dazu bestimmten Dinge so schnell wie möglich zu bewundern & dann zum nächsten überzugehen.

Ganz ehrlich, ich war von meiner ersten Besichtigung eines hohen Hauses enttäuscht. Ich hatte mir etwas Weitläufigeres & Harmonischeres vorgestellt. Es war, als hätten sie teilweise versucht, einen frühviktorianischen Dekorationsstil mit den Vandykes in Einklang zu bringen – & dabei versagt. Wenn sie sich entschieden hätten, das ganze Haus im Stil einer Zeit zu halten – wenn die Stühle & Tische alle gleich alt gewesen wären, anstatt aus allen Stilen & Perioden zusammengewürfelt – dann wäre der Charakter der Räume klar & schön hervorgetreten. So wie es ist, wird das Auge von einem Durcheinander aus Chintz & Ledersesseln & hübschen Schreibtischen abgelenkt, die sämtlich nicht zu dem alten Kaminsims & dem Charakter der Wände passen. – Auch nachdem ich zwischen diesem Satz & dem letzten fast eine Woche habe verstreichen lassen, kann ich nichts sehr Vorteilhaftes finden, was sich über die Schönheiten von Wilton sagen ließe. Die jungen amerikanischen Damen zeigten ein weit spontaneres Interesse an den Photographien & den Armsesseln der Familie Herbert als an den berühmten Vandykes & Tizians – obwohl sie auch diesen beiden gegenüber mannhaft ihre Pflicht taten. Der Bankieronkel erwirkte für sie das besondere Privileg, das Porträt des gegenwärtigen Grafen in Händen halten zu dürfen: & die Haushälterin strahlte herablassende Zustimmung aus.

Sie war tatsächlich so herablassend, daß ich mir, als wir in der Eingangshalle standen, ganz schrecklich unsicher war, wie ich mit einer gewissen halben Krone verfahren sollte, die in meiner Hand lag. Eine halbe Krone war ein überaus großzügiges Entgelt; fand ich, dann war es aber auch die kleinste Münze, die ich hatte; doch als ich in das Gesicht der Frau blickte, erschien mir die halbe Krone angesichts dieses hohen Anstands schäbig – um nicht zu sagen vulgär – Ich wartete wie ein Feigling auf die Entscheidung des Bankiers. Traut er sich, trau' ich mich & die halbe Krone ist verloren; aber offenbar hatte er keine Bedenken. Er entbot ihr einen herzlichen guten Tag & vielen Dank – & ging, ohne seine Hand in die Tasche zu stecken.

Ich habe immer noch meine Zweifel, ob der Blick, den sie uns nachschickte, als wir gingen, nicht spürbar an Zorn zugenommen hatte – aber ich war bald außer Reichweite.

*Heutzutage ist Wilton an den meisten Tagen für die Öffentlichkeit zugänglich, und niemand ist mehr gezwungen, eine Führung zu durchleiden. Die Bezeichnung ›Hohe Häuser‹ (›stately homes‹), die Virginia Woolf hier in Apostrophe setzt, wurde 1938 schließlich von Noel Coward in die allgemeine Umgangssprache eingeführt, aber sie wurde in diesem Sinne zuerst 1827 von Felicia Hemans benutzt, der Autorin des Gedichts »The boy stood on the burning deck«.*

# Stratford-upon-Avon

*Tagebuch, 9. Mai 1934*

... Zum Teufel mit all den Miesmachern – es ist eine nette unbefangene Stadt, bunt gemischt, in der das 18. Jahrhundert & der Rest auf Tuchfühlung beieinanderstehen. Alle Blumen in Sh[akespeares] Garten waren erblüht. ›Dort ging das Fenster von seinem Arbeitszimmer hinaus, als er den Tempest schrieb‹ sagte der Mann. Und vielleicht stimmte es. Wie dem auch sei, es war ein herrliches großes Haus, das direkt auf die großen Fenster & das schwere Gestein der Schulkapelle blickte, & wenn die Uhr schlug, war das der Ton, den Shre hörte. Ich kann ohne größere Anstrengungen, als mein umherirrender Kopf leisten kann, den merkwürdigen Eindruck von sonniger Unpersönlichkeit nicht ausdrücken. Ja, schien alles zu sagen, das war Shakespeares, wo er saß & ging; aber du wirst mich hier nicht finden, nicht wirklich leibhaftig. Er ist gelassen abwesend-anwesend; beides auf einmal, seine Ausstrahlung umgibt einen; ja, in den Blumen; in der alten Eingangshalle, im Garten; aber er ist nicht festzumachen. Und wir gingen in die Kirche, & da war die verzierte dumme Büste, aber womit ich nicht gerechnet hatte, das war die mitgenommene einfache Steinplatte, verkehrt herum, Kind Friend for Jesus' sake forbear* –

* Es heißt eigentlich »Good Friend for Jesus sake forbeare« [Anm. d. Übers.]. Die ganze Inschrift lautet übersetzt:
»Um Jesu willen, Freund, laß ab
Den Staub zu stören hier im Grab.
Gesegnet der, so schont die Stein'!
Verflucht, wer rührt an mein Gebein!« (Übers.: G. Landauer)

wieder schien er gelassen lächelnd ganz Luft & Sonne; & doch lagen dort unten einen Fuß von mir entfernt die kleinen Knochen, die dieses ungeheuere Licht über die ganze Welt ausgegossen haben. Ja, & dann gingen wir um die Kirche, & alles ist einfach & ein bißchen verfallen; der Fluß gleitet an der Steinmauer vorbei, mit einem roten Streifen darin von einem blühenden Baum, & der Rand des Rasens unverletzt, weich & grün & schlammig & zwei gleichgültige nonchalante Schwäne. Die Kirche & die Schule & das Haus sind alles weite geräumige Orte, widerhallend, sonnig heute, & ein & aus ... – ja, ein beeindruckender Ort; noch lebendig, & dann die kleinen Knochen, die dort liegen, die etwas erschufen: die Vorstellung, *The Tempest* zu schreiben, während man auf diesen Garten blickt; daß solch ein Toben & Sturm von Gedanken irgendeinen Verstand überkommen kann; zweifellos war die Einsamkeit des Ortes angenehm. Zweifellos sah er die Keller mit Gelassenheit. Und ein paar parfümierte amerikanische Mädchen, & ziemlich viel Papageiengeschwätz von alten Grammophonplatten am Geburtsort, wobei eine die Geschichte der anderen aufgreift. Aber ist es nicht merkwürdig, auch der Hausmeister von New Place stimmte da zu, daß nur eine echte Unterschrift von S. bekannt ist; & der ganze Rest, Bücher, Möbel, Bilder &c. vollständig verschwunden ist? Also ich denke, daß Shre sich sehr glücklich schätzen konnte, daß es keine Behinderung durch Ruhm gab, nur sein Genie strömte aus ihm, & ist noch dort, in Stratford. Im Theater wurde, glaube ich, *As You Like It* gespielt.

# Wells

## *1908*

*Im Sommer 1908 verbrachten Virginia und ihre beiden Hunde, Gurth und Hans, einen zweiwöchigen Urlaub in der kleinen Domstadt Wells in Somerset. Sie wohnte zuerst in Vicars Close, einer Straße mit Häuserreihen aus dem vierzehnten Jahrhundert, die für die unteren Ränge des Domkapitels gebaut worden waren.*

Ich lebe in dieser Wohnung so nah an der geheiligten Stätte wie nur möglich. Glocken läuten, & Leute schlurfen zum Gebet den Dombezirk hinab. Es ist genau der Ort, an dem ein grauer Aberglauben fortleben sollte; welcher Atem kann je diese krummen Gassen hinunterblasen, ganz verkrustet mit mittelalterlichen Steinen; ein Druck von Wells im 17. Jahrhundert gleicht genau einer Photographie von Wells im 19ten. Aber wenn das Christentum überhaupt jemals erträglich ist, dann ist es in diesen alten Heiligtümern erträglich, zum Teil, weil das Alter es seiner Kraft beraubt hat, & man ein seniles altes Geschöpf hätscheln kann, während man auf einen jungen & schwungvollen Pastor mit all seiner Kraft einschlagen muß. Doch vom jungen Priester zum alten; überall sind Theologiestudenten, junge Männer, die kürzlich aus dem Kolleg gekommen sind, die ihre Tage dafür hingeben, seine Gesetze zu lernen, & ihr Leben, um sie auszulegen. Tatsächlich werden sie jagen & fischen & so ziemlich das gleiche Leben führen wie der niedere Landadel. Der Dom beherrscht natürlich den ganzen Ort & ohne ihn ist Wells nicht mehr als eine angenehme ländliche Stadt mit der üblichen Menge an Altertümlichkeiten: ich glaube aber, ich tue ihr unrecht. Gewisse Nachtwanderungen haben mir Festungsanlagen & einen Graben gezeigt; & es gibt einen prächtigen Platz, der, als ich ihn das erste Mal sah, voller Bauern war, die in einem Kreis dem Geschrei eines kleinen alten Mannes mit Barett & Talar lauschten; er schritt wieder & wieder um seinen Platz, in dessen Mitte ein Junge seine Standarte hielt – einen flammenden Gasbrenner. Er forderte die Landleute auf, die Reichen nicht zu beneiden – Er hatte flinke Lippen & eine unendliche Abfolge von Phrasen, aber warum er sie gebrauchte, konnte ich nicht sagen. Vielleicht sollte der Redefluß irgendwelche Pillen feiern, denn wie ein uneigennütziger Diener der Wahrheit sah er nicht aus.

*Tagebuch, August (undatiert)*

*1908 wurde Vicars Close hauptsächlich als Unterkunft für das Theologische Kolleg von Wells genutzt. Heute wird es von der Domschule von Wells beherrscht, aber es ist physisch noch weitgehend so wie in Virginias Tagen. Ich nehme an, mit dem ›prächtigen Platz‹ ist der bescheidene Marktplatz vor Penniless Porch, dem südlichen Tor zum Dombezirk, gemeint, auf dem jetzt großteils Autos parken.*

Der Dombezirk hat sich mit Theologiestudenten gefüllt & ich bin nicht traurig darüber, ihn zu verlassen. Denn sie führen ein gesundes Leben, den ganzen Tag rein & raus, viele Gespräche, Treffen auf den Treppen, Begrüßungen am Eingang – bis jede fröhliche männliche Stimme wie das Brummen von Schmeißfliegen in meinen Ohren dröhnt.

Ich bin in ein dunkles altes Haus in den Grünanlagen gezogen, eines dieser weiträumigen Häuser, die jetzt ziemlich schäbig &

abgenutzt sind, aber für Wohlstand gebaut wurden. In einer Ecke muß ständig eine Kerze brennen, um die steilen Treppen zu beleuchten, die Geländer aus geschnitzter Eiche haben & am Absatz große Kugeln aus Eichenholz. Ein Baum steht vollkommen von Laubwerk eingehüllt direkt vor den Fenstern & verstärkt die schummrige Atmosphäre drinnen. Die Grünanlagen des Doms haben sich, wenn sie diesen entfernten Winkel erreichen, ziemlich verbraucht & das Gras, das man überall sonst nicht betreten darf, scheint hier seinen heiligen Charakter zu verlieren & zum Spielplatz für die Kinder aus den Nachbarhäusern zu werden. Zu meinem Haus gehören zwei Kinder, & somit habe ich Anlaß, über das Wesen von Kindern nachzudenken. Sie spielen den ganzen Tag vor mir. Habe ich jemals den ganzen Tag gespielt, als ich ein Kind war? Ich kann mich nicht daran erinnern. Sie haben keine festgelegten Spiele oder Zeiten; sondern purzeln nur herum, treten nach Bällen, werfen Stühle um, rennen ins Haus & wieder raus, fallen hin & tun sich weh, bekommen Wutanfälle & reden unablässig. Um eine bestimmte Uhrzeit wird das kleinste Kind, ein Mädchen im Alter von 3, müde & läuft zu seiner Mutter, die es ins Bett bringt; es wacht auf & kommt raus, um wieder bei dem Toben mitzumachen.

*Tagebuch, August (undatiert)*

*Bis zum heutigen Tag spielen Jungen manchmal auf den Grünanlagen Fußball, auf der großen Rasenfläche vor dem westlichen Eingang des Doms – vielleicht dem einzigen Dombezirk in England, wo das erlaubt ist. Virginia wohnte in der zweiten Woche ihres Aufenthalts in Wells bei Mr und Mrs Oram, Cathedral Green 5, auf der Nordseite; aber die Hausnummern um die Grünflächen sind so verwirrend, so oft wurden sie seit 1908 geändert, und so widersprüchlich sind die hilfreichen Vorschläge der heutigen Anwohner, daß ich um nichts in der Welt in der Lage gewesen wäre, das Haus zu identifizieren.*

Als ich nach Hause kam, wurde ich feierlich von Mr Oram erwartet, der mich bat, mich nicht zu echauffieren ... Das Mädchen hatte die Hunde ausgeführt, sie waren geflüchtet; sie waren ›durch den Ort gestromert‹, bis ein Polizist sie fand, und ins Gefängnis steckte, da er feststellte, daß Gurth keine Adresse am Halsband hatte. Mr Oram hatte sie zurückgeholt; aber der Polizist wünschte mich zu sehen. All das wiederholte er immer und immer wieder, unter Hinzufügung seiner Theorie: daß ›Miss Hans weggelaufen ist, und seine Lordschaft (Gurth) ihr folgte. O sie ist eine temperamentvolle kleine Lady. Aber echauffieren Sie sich nicht, Ma'am: mein Rat an Sie wäre, sagen Sie, daß die Adresse jetzt eingraviert wird. Für gewöhnlich würde ich niemandem raten, leichtfertig mit seinem Gewissen zu tändeln, aber eine alleinreisende junge Dame – es ist sehr mißlich. Denken Sie bloß nicht, Ma'am, daß Sie, im Auge des Gesetzes, eine Kriminelle sind ...‹ Heute morgen, als ich Gurth zum Bahnhof brachte, habe ich den Polizisten getroffen, und er schlug nur vor, daß ich irgendwann besser ein neues Halsband besorgen solle ... Hans hat sich gerade ganz furchtbar übergeben.

*Brief an Vanessa Bell, 14. August*

# Ortsverzeichnis

## *Bath*

Wir ... schlenderten über den Circus, wo eine Kapelle weißhaariger Gentlemen Auszüge aus Gluck und Händel spielte. Einmal klatschte ich, und alle Augengläser hoben sich vor Erstaunen. Die modische Welt paradierte an uns vorbei, im langsamen Schritt.

*Brief an Saxon Sydney-Turner, 10. August 1908*

Bath: wirklich großartig. Jede Straße wie Pope oder Dryden: und überall hat Burke gewohnt, oder Sir Walter Scott, Wordsworth und Fanny Burney. Ich verstehe nicht, wieso es nicht berühmter ist als Cambridge und Oxford zusammengenommen.

*Brief an Vita Sackville-West, 5. Mai 1930*

*1992 kamen etwa zwei Millionen Besucher nach Bath, und die römischen Bäder dort standen an dritter Stelle auf der Liste der beliebtesten eintrittspflichtigen Touristenattraktionen in England, nach dem Tower von London und Westminster Abbey.*

## *Brighton*

Wir gönnten uns einen Ausflug nach Brighton; und hatten eine herrliche Zeit – wanderten durch Seitenstraßen voll der ungehörigsten kleinen Läden, und vorbei an den großen Erkerfenstern, in denen die alten Damen und ihre Schoßtiere sich sonnten.

*Brief an Lady Robert Cecil, 25. Oktober 1915*

In Fuller's [Teesalon]. Eine dicke, elegante Frau mit einer roten Jagdkappe, Perlen, kariertem Rock, die wuchtige Kuchen verspeiste. Ihr schäbiger Anhang stopfte sich auch voll ... Die dicke Frau hatte ein nichtssagendes großes weißes Pfannkuchengesicht. Das andre war leicht wafflig. Sie aßen & aßen ... Sie hatten etwas Parfümiertes, Talmiartiges, Parasitäres an sich ... Woher kommt das Geld, diese fetten weißen Maden zu füttern? Brighton ein Liebesnest für Maden. Die Gepuderten die Gehätschelten die etwas Anrüchigen.

*Tagebuch, 26. Februar 1941*

## *Bristol*

Ich kann das Grauen von Bristol am Freitag nicht beschreiben – 200 gestandene Bürger, zusammengepfercht und tropfend, und über Kunst sprechen zu müssen, nachdem ich mich in der abscheulichsten aller Städte verlaufen hatte.

*Brief an Lady Ottoline Morrell, 14. Juli 1935*

*Innerhalb von fünf Jahren wurde Bristols Zentrum weitgehend von Bomben zerstört, nur um größtenteils durch Gebäude ersetzt zu werden, die noch um einiges schlimmer waren.*

## *Cheddar*

Ein fürchterlicher Ort, wie die Szenerie neben einer Achterbahn, überfüllt, und voller Grotten und Höhlen, in die einen Blick zu werfen ich mir nicht die Mühe machte.

*Brief an Vanessa Bell, 14. August 1908*

## *Die Cotswolds*

Wir haben den ganzen heutigen Tag damit verbracht, in den Cotswolds herumzufahren, die etwa so schön waren, oder liegt es daran, daß meine Augen nachlassen? – wie die Campagna. Die Landschaft war wirklich erstaunlich, und alle Dörfer aus gelbem Stein gemacht, und nirgendwo ein neues Haus. Wir fuhren 40 Meilen, um einen Geisterbeschwörer zu sehen – das heißt, einen ostindischen Pflanzer im Ruhestand, der auf einer mittelalterlichen Farm lebt, die er mit alten Kleidern, Fahrrädern, Mumien, Alligatoren, italienischen Altären gefüllt hat – nicht sehr interessant, fand ich.

*Brief an Vanessa Bell, 3. Juli 1935*

*Der ›Geisterbeschwörer‹ Charles Wade (1883–1956), dessen Geld eher aus West- als aus Ostindien stammte, lebte in Snowshill Manor, in der Nähe von Broadway, wo seine Elsternsammlung heute vom National Trust betreut wird.*

## *Derbyshire*

Kahle Moore, eine sehr seltsam anmutende Gegend. In ihrer Abgeschiedenheit wirkt sie wie England im 18. Jahrhundert, mit Tälern, durch die sich dünne Wasserläufe graben, die hart aus der Höhe herunterstürzen; mit großartigen weiten ganz sonnigen Landstrichen & kahlen Felsen, die sich düster vom Himmel abheben; dann erblickt man eine Häuserreihe aus den East-End-Slums, mit einem Streifen Trottoir & zwei Fabrikschornsteinen in der Mitte. Die Häuser sind ganz aus Stein, düster, rußbefleckt ... Von Zeit zu Zeit keine Häuser mehr, nur wildes Moorland, eine schmale Straße & Bauernhöfe, die auf eine unerbittliche

Weise in die Erde eingelassen sind, da nichts ringsum wächst, weder Blumen noch Gräser noch Hecken. »Ja, sagte ich zu Mrs Unwin, Derbyshire ist eine wunderschöne Gegend.«

*Tagebuch, 18. März 1921*

## *Dorset*

Cranbourne Chase: die verkrüppelten Urwaldbäume, verstreut, nicht in Pflanzungen angeordnet; Anemonen, Sternhyazinthen, Veilchen, ganz blaß, vereinzelt, farblos, fahl, denn die Sonne schien kaum. Dann Blackmore Vale; ein riesiges Luftgewölbe & die Felder tief in den Boden gesunken; die Sonnenstrahlen treffen, dort, dort; ein Regenschauer fällt, wie ein Schleier, der vom Himmel strömt, da & dort; & die Downs, wie sie ansteigen, sehr steil ... so daß es Furchen & Vorsprünge gab ... & dann Tee & Sahne ... & die Fahrt nach Bournemouth, & der Hund & die Dame hinter dem Felsen, & der Anblick von Swanage, & die Heimkehr.

*Tagebuch, 18. April 1926*

## *Glastonbury*

[Die Ruinen] sind zu sauber, und zu verfallen; außerdem sind sie voll von neuen Gerüsten, und es gibt Bänke an den einschlägigen Aussichtspunkten, Merktafeln über das heilige Gebäude; und mittelschichtlerische Fahrradfahrer, die ihre häßlichen Körper überall ausruhen.

*Brief an Vanessa Bell, 4. August 1908*

## *Hadrians Wall*

Wir waren 2 Tage an der Mauer: lagen den einen heißen Tag auf ihr; und sahen die Landschaft, die für mich die schönste der Welt ist; Meilen und Meilen lavendelfarbener Einsamkeit, mit einem Faden von weißem Pfad; ach, wäre ich Schriftstellerin, wie ich das alles beschreiben könnte: die Unermeßlichkeit und Tragik und das Spürbarwerden der Römer, und die Zeit, und die Ewigkeit; und dann der wilde Weißdorn, und die grasenden Schafe, und 3 kleine, weißköpfige Jungen, die in einem römischen Lager spielten.

*Brief an Ethel Smyth, 26. Juni 1938*

## *Manchester*

Die Straßen in Manchester sind alle gleich & allesamt mit Straßenbahnschienen versehen ... Die ganze Zeit hört man Klingelgeräusche. Dann gibt es keine Tearooms, nur große Cafés; & keine kleinen Läden, sondern nur große Textilgeschäfte ... Nichts davon richtig englisch, oder zumindest so wie in London. Die Leute gehörten zur unteren Mittelschicht, keine Spur von Oberschicht.

*Tagebuch, 18. März 1921*

[Der] Zoo von Manchester ... Du mußt zugeben, daß es aufregend war, ein Dromedar und einen indischen Büffel mit eingewachsenen Zehennägeln, armes Tier, in einer Grotte aus blaßgrauem Stein zu finden, völlig vergessen, waren doch nur zwei Reinemachfrauen auf dem Gelände, das die Größe des Regents Park hat, und fast vollständig aus der Einrüstung eines Panoramas besteht, und eines Sees. Aber wie ich diese Orte liebe! Die ganze Expedition ist eine lange romantische Verzückung.

*Brief an Vanessa Bell, 17. März 1921*

*1921 war der Zoo von Manchester (Belle Vue) ein Familienunternehmen, das von den Nachfahren des Gründers John Jennison aus dem neunzehnten Jahrhundert geführt wurde, neben einer eigenen Bahnstation hatte er eine daran angeschlossene Brauerei und ein Gaswerk.*

## *Oxfordshire*

In dieser Gegend ist alles aus silbrig grauem blätterigem Stein gebaut, & die Häuser stehen eng zusammen, mit ihren kleinen Giebeln, alle gedrängt voll, uralt, mit Rosen, mit Heuhaufen, & der Fluß [die Themse] fließt durch die großen Graswiesen, alles unberührt jenseits des bebauten Rings, der bei Abingdon beginnt & bis London wird dann alles rot backsteinern Georgianisch; & zum Fluß gehörige, das heißt grammophontische [sic], Mädchen in Hosen, junge Männer in Shorts, und lärmend & grell.

*Tagebuch, 15. Juli 1935*

## *Die Ebene von Salisbury*

Das Schönste, was es in England gibt, ist die Ebene von Salisbury, oder war es, bis Deine verfluchte Armee sie mit Hütten und Hornstößen überzog. Wie die Druiden die Colonels hassen müssen!

*Brief an Ethel Smyth, 27. April 1934*

## *Somerset*

Es ist ein weites Land, unruhig wie das Meer, voller Hügel & hoher Kammlinien bis zum Horizont. Als die Sonne glänzte, zeigten sich große Knochen grüner & brauner Erde inmitten dieser Szenerie, die von der Farbe mancher Zeichnungen in brauner Tinte war. Die Königreiche dieser Welt lagen vor mir, ein reicher Besitz, dessen Niederungen vor Äpfeln überquollen & Wiesen, mit grauen Dörfern, die sich in Täler einschmiegen & kleinen Kirchtürmen. In der Ferne das Meer, in das das Land seine Schätze ergießen kann.

*Tagebuch, August 1908 (undatiert)*

## *Weymouth*

[... da] ich fast denke, daß Weymouth der schönste Küstenort Europas ist und die Anmut Neapels mit der Besonnenheit George des Dritten verbindet.

*Brief an Vanessa Bell, 11. Mai 1936*

# Anglizismen

## *Der Anblick Englands*

Als wir anlegten, wirkte die englische Küste lang flach ausgedehnt leer. Ich jubelte über das außergewöhnliche englische Grün – mit seinem Einschlag von Silber; & L. sagte, die Erde mache einen ungebackenen Eindruck – ohne ein Rot darin; & mit den ansteigenden Hügelketten. Jetzt wirkt unsere Straße wie ein Gartenweg.

*Tagebuch, Mai 1932, bei der Rückkehr aus Griechenland*

## *Das Alter Englands*

Das Alter Englands ist unfaßbar. Was läßt sich diesbezüglich tun? ... Hast du Dir je Gedanken über das Alter Englands in tausend Jahren gemacht? – Jedes Gasthaus, in dem wir absteigen, war ein Gasthaus seit den Zeiten Arthurs oder Alfreds.

*Brief an Vita Sackville-West, Mai 1930*

## *Englische Hotels*

Ein riesiger Raum aus grünem Plüsch – Säulen – Kandelaber – Silbertabletts – Teemaschinen – Kaffeekannen – große britische Familiengruppen, die Zeitungen lesen – trinken – die Geistlichkeit – Mütter und Töchter – alle grau adrett schäbig unglaublich ehrbar – bis auf ein oder zwei weibliche Nilpferde, die sich, überall mit Diamanten besteckt, in Ecken suhlen – und alte Herren, die aus ihren Westen platzen – sie hören in der Tat nie auf, gebratenen Fisch, Tee und Baisers zu essen.

*Brief an Vanessa Bell,*
*über das Queen's Hotel, Manchester, 17. März 1921*

Wie ich gähne! Die Abende sind am schlimmsten – nirgends, wo man sitzen kann; oder ein Zimmer voller alter, mißtrauischer Witwen, die miteinander flüstern. Kein Gasthaus von London hier ist ohne seine sechs oder sieben. Und einst waren sie verheiratet, und einst hatten sie Kinder. Und mein Kopf dreht sich, weil ich mich frage, was sie heute abend in Truro machen.

*Brief an Ethel Smyth,*
*über ein Hotel in Truro, 6. Mai 1930*

Klingeln klingeln nicht; heißes Wasser kalt; aber trotzdem eine großartige Aura von 18tem Jahrhundert im Speisesaal, wo wir vor einem riesigen Feuer sitzen, mit der Geistlichkeit und den Reisenden in Keksen.

*Brief an Vita Sackville-West,*
*über das King's Arms Hotel Launceston, 8. Mai 1930*

Wohnten im besten Hotel von Lyme [Regis], in dem selbst die Nachttöpfe mit Kampfer gewürzt waren ... Ich verstehe nicht, wie die Zivilisation zugrunde gehen kann, wenn es keinen Sessel ohne sein altes Ehepaar gibt und alle so liebenswürdig und freundlich.

*Brief an Vanessa Bell, 11. Mai 1936*

Die einzigen Leute im Hotel waren rotgesichtige Majore aus Hongkong, und reichlich aufgelöste, leicht weinselige Damen, die die Geschichten ihres Privatlebens mit lauter Stimme zum besten gaben, zu meinem Entzücken. Einer ihrer Ehemänner hatte Selbstmord begangen.

*Brief an Katherine Arnold-Foster, über ein Hotel in Coverack, Cornwall, 21. Mai 1936*

Ich könnte mindestens 16 Ries über das Leben im Hotel hier schreiben. Heute morgen war eine Otter-Jagdgesellschaft beim Frühstück ... Alte Damen von 70 erschienen in Tweedkostümen mit in Gold gefaßten Pfoten von Ottern oder Füchsen an die Brust geheftet. Gestern abend war ich allein mit zwei alten Jungfern zusammengesperrt; die, nachdem sie sich sehr freundlich begrüßt hatten, mit derartiger Wildheit übereinander herfielen, daß das Zimmer bebte. Alle Zurückhaltung war vergessen. Ihre Röcke hoben sich über ihre langen braunen Beine. Und jetzt sitzen sie sich gegenüber und lesen.

*Brief an Vanessa Bell, 18. Juni 1938, über das George Inn, Chollerford, Northumberland*

Ist das Mermaid [Inn, in Rye] nicht entsetzlich – wie ein Schlachtschiff zu Nelsons Zeiten – ich weiß noch, daß ich mich eines Tages hineinschlich, und eine alte Frau jagte mich fort.

*Brief an Lytton Strachey, 4. Januar 1909*

## *Sommertag*

Was für ein Tag das war – das Meer, das sich in die Buchten ergoß & aus ihnen zurückzog, restlos, wie das adriatische, oder pazifische; & der gelbe Sand; & die vorbeiziehenden Dampfer; & dahinter die Downs wie lange Wellen, sich sanft ausstreckend, um sich ganz schnell zu brechen; sanft & niedersinkend wie die Wellen. Selbst die Bungalows lodern geradezu & sind

Teil dieser Schönheit geworden; die aus Dunst besteht, nicht aus Zink.

*Tagebuch, 31. Mai 1929,*
*nach einem Besuch in Worthing, Sussex*

## *Jagd*

Geheimnisvolle Geräusche dringen durch die Bäume, die entfernte Musik von rennenden Hunden. Der Klang des Jagdhorns, & in der Ferne die Stimme von laut rufenden Männern, alle Geräusche als wäre man in einem entfernten romantischen Traum, als fiele man durch einen Ozean von Wasser.

*Tagebuch, Hampshire, Weihnachten 1904*

## *Eine englische Sonnenfinsternis*

Wir krochen zur Kuppe von Bardon Fell hinauf [Bardon Fell, Yorkshire, um eine totale Sonnenfinsternis zu beobachten]. Hier zelteten die Leute neben ihren Autos. Wir stiegen aus & waren ganz hoch, auf einem Moor, sumpfig, heidebewachsen, mit Schießständen für die Moorhuhnjagd . . . Ein Licht brannte dort unten. Täler & Moore erstreckten sich, Hang hinter Hang . . . Vier große rote Setter kamen über das Moor gesprungen. Hinter uns weideten Schafe . . . Mir kam die Vorstellung, wir wären wie sehr alte Völker, in der Geburtsstunde der Welt – Druiden auf Stonehenge . . . Rasch, sehr sehr schnell, verblaßten alle Farben; es wurde dunkler & dunkler, wie wenn ein heftiger Sturm einsetzt; das Licht versank immer mehr . . . als das Licht plötzlich ausging. Wir waren abgestürzt. Es war verlöscht. Da war keine Farbe. Die Erde war tot.

*Tagebuch, 30. Juni 1927*

## *Zwei Wochen in Kent*

Der Regen fällt, und die Vögel geben das Singen niemals auf, und heiße Schwefeldämpfe steigen aus den Tälern; und die rote Kuh auf der Wiese brüllt nach ihrem Kalb . . . Wir sitzen bei Tag dem Wind und der Nässe ausgesetzt; und bei Nacht werden wir von Scharen weißer Motten heimgesucht. Sie brutzeln in den Kerzen, und kriechen unter meinen Rock, um in der Höhlung meines Knies zu sterben.

*Brief an Saxon Sydney-Turner, 13. Juni 1910*

## *Ein Besuch in Gloucestershire*

Fast den ganzen Tag Regen. Am Nachmittag gingen wir hinaus zu einem überaus greulichen Spaziergang.

*Tagebuch, 26. August 1897*

Es regnete. Wir gingen, glaube ich, irgendwohin raus, aber ich habe es völlig vergessen.

*Tagebuch, 27. August 1897*

## *Januar in London*

Bei Gott – ich beabsichtige, Februar, März, April nie wieder in London zu verbringen. Rom, München, Moskau – überall, überall, nur nicht in dieser feuchten, dumpfen, tropfenden Kehrichtschaufel.

*Brief an Clive Bell, 31. Januar 1928*

## *Engländer*

Gestern abend war der Vikar (von Warboys, Cambridgeshire) zum Abendessen bei uns ... Dieser junge Mann scheint ausgesprochen intelligent zu sein, mit der ziemlich seltsamen Gabe von witzigem Sarkasmus ... in den ersten fünf Minuten des Gesprächs mit uns erklärte er, das einzige, was das Leben auf dem Land erträglich machte, sei die Hasenjagd.

*Tagebuch, 10. August 1899*

Gestern traf ich auf dem Dorfanger [von Lyndhurst, Hampshire] einen alten Mann, der mir erzählte, er hätte zum Abendessen Gans gehabt und ›hielte sich wirklich für den glücklichsten alten Mann der Welt‹. Er sah so davon überzeugt aus, und so verstohlen, als sei Glück etwas nicht so ganz Ehrbares, daß ich ihm sagte, er gereiche der ganzen Rasse zur Ehre, worauf er ins Gasthaus schlurfte, und ich ihm fast gefolgt wäre.

*Brief an Violet Dickinson, 28. (?) Dezember 1906*

Heute morgen [in Playden, Sussex] verkündete das Geräusch, mit dem eine Sense geschärft wird, daß es der Tag des Gärtners war. Er ... ist sechs Fuß groß, aber sein unglaublich gebeugter Rükken vergibt mindestens zehn Zoll. Den ganzen Tag hat er seine Sense über den Rasen geschwungen, so gleichmäßig, daß man ihn für eine Figur halten könnte, die von einem Uhrwerk bewegt wird ... Als ich hinausging, um Rosen zu pflücken, & ihm wegen der Schönheit des Ertrages mein Lob aussprach, verbeugte er sich bereitwillig, ganz zitterig & benetzt von seiner Arbeit. Seine Augen hatten blasse Ringe um die Pupillen, wie man sie schon im Auge eines geistesabwesenden alten Hundes gesehen hat.

*Tagebuch, September 1907 (undatiert)*

Wir sind in einem Gasthaus voller Nordländer, die sehr grimmig anzuschauen sind, aber so auf dem neuesten Stand, daß man vor Scham errötet. Sie diskutieren über Thomsons Gedichte, und den Post-Impressionismus, und haben alles gelesen, und kontrollieren gleichzeitig die ganze Häute-Branche, und können komische Lieder singen und Varieté-Nummern vorführen – tatsächlich ist die Bloomsbury-Gruppe verglichen mit ihnen im Puppenstadium verkümmert.

*Brief an Katherine Cox, aus dem Cottage Hotel, Wooler (jetzt das Tankerville Arms, Heim des Tankyburgers), 12. August 1914*

Am Ostermontag fuhren wir nach . . . Hampstead Heath. Wir kamen zu dem Schluß, daß die Menschenmenge aus der Nähe verabscheuenswert ist; sie stinkt; sie klebt; sie hat weder Lebendigkeit noch Farbe; ist eine laue Masse Fleisch, die kaum die Form menschlichen Lebens hat. Wie langsam sie gehen! Wie passiv & animalisch sie auf dem Gras liegen! Wie wenig Vergnügen oder Schmerz in ihnen wohnt.

*Tagebuch, 24. April 1919*

»Im Paläolithikum müssen hier Menschen gelebt haben. Sie haben ein außergewöhnliches Leben geführt«, fanden wir alle übereinstimmend in Asheham Hollow. »Ab und zu haben die Schlauen gemerkt, daß sie Menschen sind.«

*Tagebuch, 5. September 1923*

Sie [eine Dame aus Rodmell, Sussex] hatte (ein Gesicht) eine Nase wie der Herzog von Wellington & ein großes Pferdegebiß & kalte hervorstehende Augen. Als wir hereinkamen, hockte sie mit Strickzeug in den Händen auf einem dreieckigen Stuhl. Ihr Kragen wurde von einem Pfeil zusammengehalten. Und noch ehe fünf Minuten vergangen waren, hatte sie uns erzählt, daß zwei ihrer Söhne im Krieg gefallen waren. Man hatte das Gefühl, das wäre ihr hoch anzurechnen ... Alles in dem Zimmer war rotbraun & glänzend. Während ich dort saß, versuchte ich, mir ein paar Artigkeiten auszudenken. Aber sie versanken in der eisigen See zwischen uns. Und dann war da nichts mehr.

*Tagebuch, 24. März 1941*

*Das war Virginias letzte Tagebucheintragung. Sie starb vier Tage später.*

# Im Ausland

*Fort von daheim zu sein bedeutete in Virginias Leben nie, lange fort zu sein. Länger als sieben Wochen war sie nie von England fort. Ihre ausgedehnteste Abwesenheit war 1906, als sie nach Griechenland und in die Türkei reiste. Die meisten ihrer Reisen dauerten eine Woche oder zehn Tage. Im Laufe ihres Lebens besuchte sie elf fremde Länder, und sei es auch nur für einen oder zwei Tage, aber über die meisten von ihnen schrieb sie nur in Tagebüchern oder kurz in Briefen, und manchmal hielten sich ihre Begeisterung und ihr Heimweh die Waage.*

# Wales

*Virginia Woolfs früheste erhaltene Aufzeichnungen über einen nicht-englischen Ort betreffen Wales, und zwar das Dorf Manorbier im damaligen Pembrokeshire (dem heutigen Dyfed). Sie war zweimal dort, das erste Mal mit Mitgliedern ihrer Familie nach dem Tod ihres Vaters 1904.*

Wir sind an den richtigen Ort gekommen ... Eine so großartige wilde Landschaft habe ich seit St Ives [Cornwall] nicht gesehen – tatsächlich fühlt man sich in vieler Hinsicht an St Ives erinnert. Wir haben bereits erstaunlich viel Zeit damit verbracht, auf den Klippen umherzuwandern. Sogar in der Sonne zu liegen. Wir leben fast im Schatten eines großen feudalen Schlosses, das auf einer Felswand über dem Meer steht ...

Es gibt hier ungefähr drei Häuser, und eine wilde seltsame Kirche auf dem Hügel. Es ist kalt, aber sehr klar und hell, und kein Geräusch außer Wind und Meer.

*Brief an Violet Dickinson, 28. Februar 1904*

*Achtzehn Jahre später erinnerte sich Virginia in ihrer Tagebucheintragung vom 3. September 1922 daran, daß ihr während dieses Aufenthalts in Manorbier zum ersten Mal ihre schriftstellerische Berufung klargeworden sei. [›Als ich so alt war (...),] wollte ich alles wissen, was man wissen kann, & wollte ein Buch schreiben – ein Buch – Aber was für ein Buch? Diese Vision hatte ich noch einmal deutlicher mit 21 in Manorbier, als ich an der Steilküste spazierenging.‹*

*1908 kehrte sie nach Manorbier zurück, diesmal allein, und wohnte in einem kleinen Haus mit dem Namen Sea View, ›mit einem großen Erkerfenster zum Meer hinaus, mehreren tiefen Sesseln und einem Schreibtisch‹. Das Wetter war überaus veränderlich, und sie nannte es eine gute Gegend für Kröten.*

Es ist ein dürftiges Land, kaum bewohnt, & die eine Kirche, die für einen Umkreis von Meilen ihren Dienst tut, ist ein schäbiger Ort, eine graue Scheune, etwa 5 Jahrhunderte alt, bei der an einem Ende ein Turm angefügt wurde. Die kleine Bucht wird allerdings von der ungeheuren Masse einer Ruine bewacht, dem Schloß; es ist noch immer viereckig, & es ist dunkel – in einigen Mauerschlitzen und -öffnungen sieht man ein rotes Leuchten, das anzeigt, daß jemand es noch immer für solide genug hält, um darin zu wohnen. Ich kann mich nicht mehr daran erinnern, warum es jemand für notwendig gehalten hat, hier eine solche Befestigungsanlage zu errichten; & gegenwärtig wirkt der Charakter der Umgebung auffällig ausgelaugt & ärmlich, als ob sie ein solches Monstrum nicht erhalten könnte; oder vielleicht eingeschüchtert zu seinen Füßen läge. Wie dem auch sei, ich mag meine Aussicht darauf ... Abends gehe ich hinunter an den Strand, den ich ganz für mich allein habe, & laufe ein Stück weit am Meer entlang. Ich wende mich gerne von dem Blick über die unruhige & melancholische graue Fläche zurück und finde ein wunderschönes Spiegelbild davon in der grauen Ruine & den grünen & grauen Sandhügeln, die mit Schafen gesprenkelt und nur von einem Dutzend kleiner himmelgrauer Häuser bevölkert sind. Hieraus wird, das prophezeie ich, niemand jemals ein Seebad machen; irgendwie fehlt es an Mut & an Selbstvertrauen, um erfolgreich zu sein. Ich bin noch nicht weit gegangen, aber bei meinen Erkundungen zeichnet sich ab, daß diese Küste ein paar Schwächen hat. Sie ist einfach zu flach oder zu abrupt, als daß sie einen beeindrucken könnte. Das Landesinnere steigt zu langgezogenen Brechern an.

Ich bin neulich durch ein kleines Dorf gegangen, das mir so verlassen vorkam wie nur irgendeines. Da gab es kleine Häuser, getüncht mit cremefarbenem Anstrich, aus denen gebückte Greisinnen von immensem Alter kamen; ihre Gesichter waren vollkommen weiß gefurcht und ohne jeden Lebensfunken. Oh, die Einsamkeit dieses kleinen entfernten Ortes! Ich sah, daß die Farbe vom Briefkasten vollständig abgeblättert war, & es gab nur ein Haus, das noch versuchte, ein Haus zu sein – entsprechend hergerichtet zu sein. Es hatte eine seltsame Verzierung aus aufgetürmten Steinen an den Eingängen.

Ich komme etwa um halb zehn aus meinem Zimmer herunter ... blase meine Lampe aus & lasse von meinen Büchern. Manchmal ist es verhältnismäßig ruhig & grau draußen; aber heute abend wurde ich vom Wind & Regen ziemlich umhergewirbelt. Das Knirschen von Kies unter meinen Füßen war mein einziger Führer – ich konnte weder sehen noch hören. Wäre mir ein Karren entgegengekommen, ich hätte das Pferd umarmt, noch bevor ich es gesehen hätte. Nun hatte ich allerdings nur 200 Meter zu gehen, & während ich meine Beine ganz automatisch bewegte, bemerkte ich an meiner einen Seite eine Form, ganz wie der Kiel eines großen Bootes & den schwachen Schein eines Fensters. Noch immer sind andere Leute auf der Straße, die ihre Pferde führen oder in Häusern, die am Wegrand liegen, Unterschlupf suchen müssen – Der Wind ist wirklich stürmisch; wenn man wie ich mit einer leuchtenden Lampe neben sich hinter einer Glasscheibe sitzt, herrscht ein gelassener Friede, aber trotzdem erreichen noch Windstöße meine Kerze. Ich kann nicht in Ruhe lesen, denn der Wind springt ständig um und zurück. Ich höre Wasser & die unruhigen Bewegungen eines kleinen Busches neben meinem Fenster. Man stelle sich vor, daß die Erde heute abend dieser Macht ausgeliefert ist!

*Tagebuch, August 1908 (undatiert)*

*Manorbier Castle wurde im zwölften Jahrhundert erbaut, um die normannische Herrschaft über die Waliser zu stärken, worüber sich nur eine Engländerin im unklaren sein konnte. Es ist in Wales hauptsächlich als der Geburtsort des mittelalterlichen Geschichtsschreibers Giraldus Cambrensis, Gyrallt Cymro, bekannt, und Teile davon sind noch bewohnt. Virginia behielt recht – Manorbier wurde nie zu einem bedeutenden Seebad und blieb reizvoll bescheiden, wenn auch nicht so verlassen, einsam und geriatrisch, wie es 1908 gewesen zu sein scheint. Sea View wurde umbenannt, und es gibt einige Unstimmigkeiten darüber, welches Haus es war, aber ich glaube, es handelt sich um Awelon (›Breezes‹), das bei dem Hügel an der Nordseite des Dorfes steht, 1992 von walisisch sprechenden Leuten bewohnt wurde und einen großartigen Blick auf das Schloß hat.*

# Schottland

*1938*

*Wie die meisten englischen Familien der Oberschicht erinnerten die Stephens gerne daran, daß sie schottisches Blut in den Adern hatten. 1927 siedelte Virginia Woolf ihren Roman* Zum Leuchtturm *an einem unbestimmten Ort auf den Hebriden an, aber erst 1938 konnte sie das Land in Augenschein nehmen, als sie und Leonard Woolf durch die Highlands fuhren, um die Western Isles zu besuchen. Und selbst damals wurde die Fahrt abgebrochen, weil es so viel regnete.*

... [Wir] fuhren ... durch die Highlands, und da war ein See, mit darin widergespiegelten Bäumen, was, wie ich denke, die Schönheit ins Extrem trieb; ob sie ausdrückbar ist, diese Verzükkung, bezweifle ich: grüne und purpurne Bäume, die kopfüber in der Mitte eines vollkommen stillen Sees hängen, und drumherum lauter Grün.

*Brief an Ethel Smyth, 26. Juni*

Wir sind jetzt in Oban, das, soweit ich es gesehen habe, das Ramsgate der Highlands ist. Bloß daß die Schotten, die die Melancholie in den Knochen haben – da haben Die Stephens, wie Julian sagte, ihre schwarze Melancholie her, die in einigen von uns durch einen Tropfen französisches Blut in Wahnsinn verwandelt wird, – und gänzlich ohne Frivolität sind, selbst Badehütten aus

Granit bauen, um von Hotels erst gar nicht zu reden. Das Ergebnis ist düster; und an jedem Laternenmast hängt ein Schild, Bitte nicht auf das Pflaster spucken. Wir hatten gestern eine schreckliche Fahrt in einem der schlimmsten Stürme seit Menschengedenken, über die wildesten Pässe. Bäume wirbelten; Flüsse wie Katarakte, aber sehr schön, wenn der Regen aufgehört hätte; aber das tat er nicht. Unser Benzin ging aus; und das Öl verstopfte den Motor. Aber Wunder geschehen, und plötzlich tauchte ein Gasthaus auf, in einer schwarzen Schlucht; und als wir die Tür öffneten, waren da 20 Tische, mit rautenförmig gedeckten Tüchern, Dienstmädchen in weißen Schürzen, und 7 verschiedene Kuchen, darunter das beste Shortbread, das ich je gegessen habe. Wir wurden von den 20 alten Fischern und Fischerfrauen herzlich begrüßt – sie waren praktisch geschlechtslos, und ich habe des öfteren einen von ihnen für einen Hund gehalten und umgekehrt: Manche hatten tagelang im Regen gefischt und nur eine einzige Forelle gefangen. Sie sprechen einen derartigen Dialekt, daß ich Antworten erfinden mußte, so sehr danebenliegend, daß ich einmal über den Tod der Königinmutter [Lady Strathmore] sprach, und sie über die Seltenheit von Iltissen oder was weiß ich was für ein Thema. Dann richtete eine Werkstatt den Wagen, und schon ging's los in die Wüste, und gerade als die Nacht einbrach – das heißt eine leichenähnliche Dämmerung, denn in den Highlands geht die Sonne weder auf noch unter – sah ich 2 große Hirsche, die von Fels zu Fels sprangen . . .

*Brief an Vanessa Bell, 28. Juni*

*Oban ist heutzutage nicht im geringsten düster – tatsächlich ist es eine der freundlichsten schottischen Städte –, aber als ich 1992 nach dem Hotel fragte, in dem Virginia Woolf gewohnt hatte, das Park, sagte man mir, es sei eingestürzt.*

*In den 30er Jahren wurde das Ungeheuer von Loch Ness erstmals ein Thema der öffentlichen Auseinandersetzung – Bertram Mills Zirkus bot 20 000 Pfund für den Fall, daß es lebendig gefangen würde – und die Tatsache, daß unlängst eine reiche Engländerin, Winifred Hambro, in dem See ertrunken war, hatte die Spekulationen noch weiter angeheizt.*

In einem Gasthaus trafen wir ein charmantes irisches Paar, das, durch Freunde, mit Dem Monster in Kontakt stand. Sie hatten es gesehen. Es ist wie mehrere geknickte Telegraphenmaste und schwimmt mit unglaublicher Geschwindigkeit. Es hat keinen Kopf. Es wird dauernd gesichtet. Nun, nachdem Mrs Hambro ertrunken war, schickte die Versicherungsgesellschaft Taucher hinter ihr her, da sie für 30000 Pfund Perlen auf dem Kopf trug. Sie tauchten und kamen an die Öffnung einer riesigen Höhle, aus der heißes Wasser floß; und die Strömung war so stark, und das Grauen, das sie empfanden, so groß, daß sie sich weigerten, näher heranzukommen, da sie der festen Überzeugung waren, daß Das Monster dort lebte, in einer Höhlung unter dem Hügel. Kurz gesagt, wurde Mrs Hambro verschluckt. Keine ertrunkene Leiche wird je gefunden, und jetzt weigern sich die Einheimischen, mit dem Boot auszufahren oder zu baden.

*Brief an Vanessa Bell, 25. Juni*

Keine Steckrübe wächst [in den Highlands], noch Kohl: aber wilde Rosen, und Fingerhut; und obwohl das Wetter wie ein Wetterhahn ist, ist ein Tag immer die Hälfte der Zeit schön, und dann eisig. Das Essen ist unterschiedlich. Gestern abend wärst selbst Du leidlich zufrieden gewesen; einfach und einheimisch; Fisch ist die Trumpfkarte, sagt Leonard – Schellfisch und Hering göttlich, aber ich halte Fisch zu keiner Zeit für eine gute Erfindung. Dann Kuchen. Leonard sagt, sie sind unvergleichlich; ich mag keine

Teekuchen zum Frühstück, oder Ingwer im Kuchen. Aber die frivoleren Zuckerkuchen sind sehr gut. Und der Porridge ist ein Traum. Bloß daß ich Porridge verabscheue. Es gibt eine gute erdige Suppe – alles Gemüse unsortiert. Die mag ich, und die Herrlichkeit von Würstchen, Speck, Schinken, Eiern, Grapefruit, Haferkuchen, gegrilltem Schinken zum Frühstück – Die Leute sind bezaubernd. Mr Cunningham der Bäcker schickt mir 6 Dosen von seinem selbstgemachten Shortbread.

*Brief an Vanessa Bell, 28. Juni*

Hier sind wir also in Skye, und es fühlt sich an wie die Südsee – völlig entrückt, umgeben vom Meer, die Leute sprechen Gälisch, keine Eisenbahnen, keine Londoner Zeitungen, kaum Einwohner. Ob du es glaubst oder nicht, es ist (auf seine Art, wie die Leute sagen) soweit ich es beurteilen kann, auf einem Niveau mit Italien, Griechenland oder Florenz ... Man müßte Maler sein. Als Schriftstellerin fühle ich die Schönheit, die fast vollständig aus Farbe besteht, sehr subtil, sehr veränderlich, über meine Feder fließen, als gieße man einen großen Becher Champagner über eine Haarnadel.

*Brief an Vanessa Bell, 25. Juni*

Skye ist oft verregnet, aber auch schön; kaum körperlich; halb transparent; als lebe man im Inneren einer Qualle, die von grünem Licht durchleuchtet ist. Fern wie Samoa; verlassen; prähistorisch.

*Postkarte an Duncan Grant, 27. Juni*

*Die Woolfs wohnten im Flodigarry Hotel in Portree, ursprünglich MacNab's Inn, heute das Royal. Ein Großteil davon ist seitdem abgebrannt und wurde in einem deutlich nicht-prähistorischen Stil mit ei-*

*nem Bistro wieder aufgebaut. Die gälische Sprache behauptet sich tapfer in Skye, und die Eisenbahn kam nie dorthin, aber 1992 wurde mit den Arbeiten an einer Brücke über den schmalen Kyle of Lochalsh begonnen, wodurch es praktisch keine Insel mehr sein wird.*

Heute sind wir um die Insel [Skye] herumgefahren, haben Dungevan gesehen, die Kinder des 27. Chieftain getroffen, nette, rothaarige Gören; da die Schloßtür offenstand, spazierte ich hinein; sie teilten mir sehr höflich mit, das Schloß sei für Besucher geschlossen, ich könne jedoch die Gärten sehen. Hier fand ich die Vorratskammer eines Wildhüters mit den Schwänzen zweier Wildkatzen. Adler sollen im Überfluß vorhanden sein und oft Schafe wegtragen: Schafe und Skye-Terrier sind die einzigen Erwerbsquellen; die alten Frauen leben in runden Hütten, die genau die Form von Skye-Terriern haben; und man kann alle Eingeborenen an 20 Füßen abzählen: aber in den Städten sind sie sehr habgierig, und es hat keinen Zweck, etwas kaufen zu wollen, da der Preis, selbst für Sallys Fleisch, mindestens 6mal höher ist als in unserem ehrlichen Land. Nichtsdestoweniger sind die Schotten große Charmeure, und singen durch die Nase wie musikalische Teekessel.

*Brief an Vanessa Bell, 25. Juni*

*Virginia meinte Dunvegan, den Sitz der Oberhäupter des MacLeod Clans, die noch immer dort leben. Es ist inzwischen allgemein für die Öffentlichkeit zugänglich. Die ›netten rothaarigen Gören‹ waren tatsächlich die Enkel des 28. Clanoberhaupts, Dame Flora MacLeod; 28 Jahre später sah ich die beiden, als ich über eine Gartenmauer in einer Vorstadt von Chicago spähte, wie sie auf einer Wiese auf und ab marschierten und vor getreuen amerikanischen Mitgliedern ihres Clans Dudelsack spielten. Einer von ihnen ist inzwischen das 29. Oberhaupt. Wildkatzen sind in Skye selten geworden, Skye-Terrier auch, aber Adler gibt es dort noch.*

*Es gibt in* To the Lighthouse (Zum Leuchtturm) *Hinweise darauf, daß der Roman in Skye spielen sollte, aber Virginia war sich schon lange darüber im klaren, daß die Hebriden als Hintergrund nicht sehr überzeugend waren. ›Ich verteidige meine Genauigkeit nicht‹, schrieb sie 1927 als Entgegnung auf einen Kritiker, der darauf hingewiesen hatte, daß es auf den Western Isles keine Krähen, Ulmen oder Dahlien gebe.*

# Irland

## *1934*

*Virginia Woolf kam nur einmal nach Irland, für einen Urlaub mit ihrem Ehemann Leonard im Sommer 1934. Der irische Freistaat, die zukünftige Republik Irland, war vor 12 Jahren ins Leben gerufen worden. Eamon de Valera war sein Taoiseach oder Premierminister, und die vormalige herrschende Klasse der anglo-irischen Protestanten befand sich entmutigt auf dem Rückzug.*

Eine Mischung aus Griechenland, Italien & Cornwall; große Einsamkeit; Armut und trostlose Dörfer, als wären Vierecke aus West Kensington herausgeschnitten worden. Keine einzige Villa, kein Haus im Bau: weite Strecken jungfräuliche Küste; das ursprüngliche Land, das Cornwall und ein Großteil Englands zur Zeit von Elizabeth waren. Und ein Gefühl, daß das Leben sich zurückzieht. In Lismore [County Waterford] sagte der Tschechow-Gastwirt Sie gehen alle fort & verlassen ihre Häuser; nichts wird seit dem Krieg instand gehalten. Das Gleiche sagte heute der alte Mann auf der Insel [Garnish, vor Glengariff] – der sehr traurige freundliche alte Mann, der so gerne reden wollte . . . und summte und seufzte auf seinen Rechen gestützt, mit dem er eine Art Unkraut aufhäufte. Ja, es ist eine große Melancholie in einem verlassenen Land, auch wenn die Schönheit unberührt bleibt.

*Tagebuch, 30. April*

*Den Woolfs gefiel Glengariff im County Cork trotzdem so gut, daß sie daran dachten, sich dort ein Haus zu kaufen. Der traurige alte Mann, der gerne reden wollte, war einer der Brüder O'Sullivan, die die Aufsicht über die eindrucksvollen Gärten der Insel Garnish, damals in Privatbesitz, hatten. Garnish gehört jetzt dem Staat, aber fünf oder sechs O'Sullivans arbeiten dort noch immer als Gärtner, und 1992 war die achtzigjährige Mrs Maggie O'Sullivan die einzige Person, die auf der Insel wohnte.*

*Eines der wichtigsten Reiseziele der Woolfs war Bowen's Court in Farahy bei Kildorrery im County Cork, wo die Schriftstellerin Elizabeth Bowen wohnte.*

Nach Bowen's Court kann man beurteilen, wie hinfällig & halb verwahrlost das Leben in Irland ist, wie leer & in tiefer Armut. Wir verbrachten dort eine Nacht ... & alles war so, wie es sein sollte – pompös & protzig & nachgemacht & verfallen – eine große Baracke aus grauem Stein, 4 Stockwerke & Keller, wie ein Stadthaus, hohe leere Räume & ein Wirrwarr von italienischem Stuck, Kaminsimsen aus Marmor mit Messingeinlagen & so weiter. Das ganze Mobiliar war unbeholfen aus einzelnen Holzklötzen grob zusammengezimmert – das Sofa für die Totenwache, auf d. der Tote lag – in den großen Räumen eingelaufene Teppiche, abgerissene Bauernmädel als Hausangestellte, der alte Mann von 90 in seiner Hütte, der uns nicht gehen lassen wollte – E[lizabe]th mußte mehrmals Ja, den Damen geht es ausgezeichnet sagen. Und wir gingen zum Wunschbrunnen, wo es zerbrochene Tassen als Opfergaben gibt & einen halben Rosenkranz ... & dann sprach ich mit der Köchin, & sie zeigte mir das Rad, mit dem das Feuer in der zugigen pompösen Küche angefacht wird, halb unter der Erde ... es gab einen schönen Truthahn aber sonst überall Trostlosigkeit & Anmaßung gesprungene Konzertflügel, gefälschte alte

Porträts, befleckte Wände – & dennoch Charakter & Charme, mit Blick auf eine Wiese, wo die Bäume in einem Kreis stehen, der Lamb's Cradle genannt wird.

*Tagebuch, 30. April*

*Elizabeth Bowen, die bis 1973 lebte, verkaufte Bowen's Court 1959, und es wurde von dem neuen Besitzer abgerissen. Allerdings sind noch Überreste der Dienstboten-Quartiere vorhanden; von Dornengestrüpp und Büschen umgeben, von Krähen bewohnt und im Schatten der Überreste des großen ummauerten Gartens bilden sie eine eindrucksvolle Ruine. 1992 lebte noch eine ehemalige Köchin von Elizabeth Bowen, Mrs Molly O'Brien, in Farahy gegenüber vom früheren Hintereingang zum Haus. Sie erzählte mir, das Wasser von St Geoffreys Brunnen hätte zwar seit undenklicher Zeit als Heilmittel bei Augenkrankheiten gegolten, aber der Brunnen sei nicht mehr in Gebrauch und schwer zu erreichen. Von Patsy Hennessy, dem ›alten Mann von 90‹, gab es keine Verwandten mehr. Die Bäume, die Lamb's Cradle genannt wurden, waren gefällt worden – sie sagte, sie hätten ›sehr samtige Blätter‹ gehabt. Mrs O'Brien hatte den alten Ort schon seit Jahren nicht mehr aufgesucht – ›es ist für mich zu traurig, wir hatten dort tagein tagaus eine so schöne Zeit . . .‹.*

. . . Ein ausgesprochen interessantes Treffen in dem zugigen Hotel mit Irland – d. h. Mr & Mrs Rowlands; er ist ein Riese, sehr gut gebaut, kleiner Kopf, die Gesichtszüge unkenntlich; sie klein, kurz angebunden, lebhaft. Sie kamen gleich zur Sache & so redeten wir, – sie akzeptierten uns als ihresgleichen; & gehörten zum Landadel, zum irischen Landadel, ganz und gar, er mit einem Haus von 500 Jahren & keinem Land mehr. ›Aber ich liebe meinen König und mein Land. Was immer sie von mir verlangen, ich würde es tun‹ – das mit viel Pathos. Aber ja, ›wir glauben an das englische Empire, wir verabscheuen den Verrückten de Valéra‹.

Da leben sie, 14 Meilen von Cork entfernt, gehen mit einem alten Retriever auf die Jagd und fahren Meilen um Meilen zu Wohltätigkeitsbasaren. ›So leben wir – ohne Wenn & Aber – nicht so wie die Engländer. Ich gebe ihnen jetzt meinen Namen, & und ich schreibe an meine Freundin, & sie wird Ihnen Auskunft über ein Haus geben – & ich hoffe, Sie werden in Irland leben. Wir brauchen Leute, die so sind wie wir. Aber warten Sie auf die Kostenaufstellung.‹ Das sagte sie, mit dem ganzen Gehabe des irischen Adels: etwas an ihr war sehr fremdländisch . . . & doch in Londoner Knechtschaft; natürlich wären alle gerne Engländer. Wir denken, in England redet man von uns – aber keine Spur. Nein, sagte der unkenntliche griechische Torso, denn das war er, als ich meiner Frau den Hof machte – sie lebte in Liverpool –, sagten die jungen Kerle immer ›los Paddy erzähl uns eine von deinen Geschichten‹ aber jetzt interessieren sie sich nicht mehr für uns. Aber ich würde alles für meinen König und mein Land tun, auch wenn ihr uns immer sehr schlecht behandelt habt . . .

Ja, ich spürte, das ist das Tier, das in der Schale lebt. Auf diese Weise leben sie – er geht jeden Tag auf die Jagd, & sie fährt geschäftig mit ihrem alten Wagen herum & jeder kennt jeden & Lachen & Reden & Picknicks & tiefe Armut & eine Tradition von adliger Geburt, & alle Söhne gehen fort um ihren Lebensunterhalt zu verdienen & die alten Leute sitzen dort, verabscheuen den irischen Freistaat & erinnern sich an Dublin & den Vizekönig.

*Tagebuch, 2. Mai*

Ich würde gerne die Perfektion der irischen Konversation beschreiben, die gestern abend von Mrs FitzGerald erreicht wurde. Sie ist haargenau die große französische Dame – nur lebt sie in einer schwarzen Strickjacke auf einem irischen Moor. Sie kam nach dem Abendessen, angeblich, um uns eine Zeitung zu leihen & einige Ratschläge zu erteilen, in Wirklichkeit, um ihrer Begabung für das Reden freien Lauf zu lassen. Sie redete bis 11 & würde auch jetzt noch bereitwillig reden: über die Hotelführung, über Kühlschränke, über ihre Großmutter, wie sie auf einem Stuhl in der Küche sitzt & sagt Das hätten wir das braucht noch 2 Minuten & so weiter, ohne sich jemals zu rühren, und irgendwie schafft sie trotzdem alles. Wir haben den Ruf, gute Haushälterinnen zu sein. Dann weiter über Moore, sie hat einige Stücke gekauft, weil man jetzt möglicherweise Geld damit verdienen kann. Allerdings kann ich keinen Eindruck von den fließenden, aber wohlgeformten Sätzen vermitteln, dem Reichtum & der Leichtigkeit der Sprache; der Gestaltung, Gewandtheit & Geschicklichkeit des Arrangements. Da gab es die Geschichte von der alten Julia, der Köchin, die bei einer Streiterei aus Eifersucht auf die jungen Dienstmädchen nach Hause davonlief, ihre Tochter & den Ehemann aus London am Halse hatte, ihnen Schallplatten kaufte & jetzt nicht eingestehen will, daß sie ihre Ersparnisse vergeudet hat. Mrs F. ist eine dieser scharfschnäbligen gescheitelten Irinnen mit leuchtenden braunen Augen & etwas Sardonischem & Heimlichtuerischem in ihrem Ausdruck. Sie berauscht sich am Reden, aber, wie Mr Rowlands sagte, haben die I[rinnen] etwas Herzloses an sich, sie sind kalt, unbeteiligt, sarkastisch trotz all ihrer melodiösen Art, ihrer Zungenfertigkeit, ihrer bewundernswerten Leichtigkeit & Offenheit. Sie kam sehr genau auf den Punkt, war präzise, umsichtig, scharfsinnig, nüchtern, analytisch. Warum sind diese Leute nicht die größten Schriftsteller der Welt? – mit dieser Gewandtheit, dieser Gelassenheit, dieser fundamentalen (jetzt ist Leonard dazugekommen & gibt den 3 Damen Anweisungen. Sind das Amerikanerinnen?)

Sehr freundlich, daß Sie uns das mitteilen: ganz herzlichen Dank. Jetzt lärmt das Radio. Bei schönem Wetter sieht alles nett aus. Ich glaube, ich gehe zu Bett. Ich möchte, daß Sie das lesen. Eine ist Leiterin der anderen, streng, aber nachsichtig, vielleicht bezahlt.

Aber warum ist Mrs F. keine große Schriftstellerin? Auf jeden Fall überlebt der Salon in Glenbeith, die Lust am Reden & einem die Sätze aus dem Mund zu nehmen – aber auf vollkommen natürliche Weise. Zum Beispiel die Erklärung zu den Mooren, ›durchtränkt, also was ist das Gegenteil?‹ L. schlug ausgedörrt vor & sie griff es mit Vergnügen auf. Sie sagte, man kann die Iren nie verstehen: man muß so leben wie sie. Sie sitzen in ihren kleinen Häusern, reden über Politik; sie tanzen nicht viel; sie haben keine Vergnügungen. Sie fingen sofort an, sich unerlaubt in ihrem Moor herumzutreiben, bloß weil sie es gekauft hatte – ansonsten war es jahrhundertelang in Frieden gelassen worden. Die Moore sind voller Bäume, von allein haben sie sich nicht gepflanzt, so ordentlich sind sie, aber wer hat sie dort eingepflanzt? Und sie brennen auf eine harzige Weise – gehen hoch – puff! – wie eine Fackel, wie Benzin. Plötzlich wurde sie heftig & behandelte mich wie eine Närrin. ›Was stellt sich die gute Frau vor?‹ Ihre Großmutter hatte eine Gastwirtschaft, sie selbst ging für 25 Jahre fort; Oh, wie meine Großmutter sagte, man lernt mit der Zeit den Charakter von Menschen zu durchschauen, noch bevor sie über die Schwelle treten, & man täuscht sich nie auf die eine oder andere Art. Ihre Schnelligkeit war erstaunlich. Heute morgen fing das Gespräch an & L. streckte ein ganz klein wenig seine Hand aus. ›Oh, ich weiß, das bedeutet, daß Sie gehen wollen‹ – & so trennten wir uns von der letzten Vertreterin des französischen Salons aus dem 18. Jahrhundert, dieser seltsamen Mischung aus ländlicher Dame, Bäuerin & Wirtin.

*Tagebuch, 3. Mai*

*Mrs Ida Fitzgerald war die Besitzerin des Glenbeigh Hotels im County Kerry und ist dort gut in Erinnerung: Die Empfehlung, die noch immer in dem Hotelprospekt zitiert wird – ›Eines der wunderbarsten Hotels der Welt, im Besitz und unter der Leitung von Menschen mit ganz außergewöhnlichem Charme, selbst nach irischem Maß-*

*stab‹ – bezieht sich tatsächlich auf ihr Regiment. Ihre Nachfolgerin, Mrs Mary Keary, die das Hotel mit Hilfe ihrer acht Kinder ebenso liebenswürdig führt, erzählte mir 1992, daß Mrs Fitzgerald, bei all ihren Talenten, sich mit Frauen viel besser unterhalten konnte als mit Männern.*

Ein Satz gab an diesem windigen Tag den Ton an: die Wolken stecken ihre Röcke hoch & lassen einen Lichtstrahl herab. Wir pflückten leuchtend blauen Enzian auf dem Kliff, das zu den Aran-Inseln hinüberblickt. Trotz Regen und Wolken war das einer unserer besten Ausflüge – ans Meer, Aussichten über eine hüglige wilde Landschaft mit ein oder zwei orangefarbenen & gelblichweißen Häuschen: das Meer blau, steinfarben oder tiefschwarz; die Wellen schleudern ihr Haar zurück. Leute sammeln Seetang & laden Karren voll. Extreme Armut.

Dann weiter nach Galway, das zwei große Buchhandlungen hat, ansonsten verwildert, arm, schäbig. Wir haben uns Claddagh angesehen; Frauen mit Schals, Männer mit Mänteln, alle standen in Gruppen neben strohgedeckten Hütten zusammen, wie Inselbewohner, die auf ein Begräbnis warten. Das ist das ursprüngliche irische Viertel; G. Thompson, den wir über seinen griechischen Büchern sitzend in einem kleinen Zimmer mit Blick aufs Meer fanden, kam nach dem Abendessen ins Hotel & erzählte uns, wie sie ihr Leben mit Reden verbringen, ohne sich die Armut allzu sehr zu Herzen zu nehmen. Er gibt 6 [?] Schülern aus Galway auf irisch Griechischunterricht.

*Tagebuch, 4. Mai*

*Galway ist heutzutage die wohl lebendigste Stadt in ganz Irland und noch immer ein guter Ort für Buchhandlungen. Claddagh war ein einzigartiges gälischsprechendes Fischerviertel aus strohgedeckten Häusern, mit eigenen Trachten und einem eigenen gewählten König; es wurde in den 30er Jahren abgerissen und ist jetzt nur noch eine gewöhnliche Wohnsiedlung, obwohl ihre bekannteste Bewohnerin, die achtzigjährige Entertainerin Molly Browne, 1992 für mich in ihrem Wohnzimmer einen pantomimischen Tanz in Anlehnung an ihre bekannteste Nummer »Der lachende Polizist« aufführte. George Thompson unterrichtete Altgriechisch am University College, an dem die irische Sprache immer noch weitgehend in Gebrauch ist; die Woolfs trafen ihn nach dem Abendessen im Great Southern Hotel, das immer noch eines der besten in der Stadt ist.*

*Die Woolfs beendeten ihre Tour in Dublin, wo sie im ehemaligen Russell Hotel in St Stephen's Green abstiegen und zur Protestant Cathedral of St Patrick's pilgerten, um Dean Swifts Grab unter seiner berühmten Inschrift – ›ubi saeva idignatio ulterius cor lacerare nequit‹ (Wo wilde Empörung das Herz nicht mehr zerreißen kann) – zu besichtigen.*

Über der Tür stehen die fürchterlichen Worte; & vor der Tür bezeichnet eine rautenförmige Gedenktafel das Grab des Deans. Dort neben ihm ruhte bis vor wenigen Jahren Stella, aber der letzte Bischof entschied, wie der Küster sarkastisch bemerkte und verächtlich auf seinen Namen auf der langen Liste wies, sie sei in einiger Entfernung begraben, & so verlegte er ihre Gedenktafel. Ich nehme an, das geschah aus Prüderie; & wenn Swift in ihrem Grab liegen würde, würde das auf eine Ehe hinauslaufen. Auch ihre Grabinschrift, die er verfaßte, weist darauf hin, wie er sie feierte. Jedenfalls hat der Bischof sie verlegt – & aus Prüderie hat Lord Guinness auch all die alten Säulen aus irischem Marmor mit Stuck verhüllt, so daß sie nach South Kensington aussehen, & irgend jemand von ähnlicher Frömmigkeit hat das ganze Gebäude mit schwarzen & roten Kacheln gepflastert, wie man sie in Hotels findet – sehr zum Ärger des alten Küsters, der wie jeder andere den alten Zeiten nachtrauerte: er zeigte uns die Kirchenstühle der Knights of St Patrick mit ihren Helmen und Wappen, eines davon das des Prinzen von Wales, ein anderes das des Herzogs von Connaught, ›aber sie kommen jetzt nicht mehr‹ . . .

*Tagebuch, 8. Mai*

*Es war kein Bischof, sondern Dean Hugh Lawlor, der von Swifts Grab die Gedenktafel, die an die geliebte Stella erinnerte, entfernte. Wahrscheinlich war sie ohnehin nicht dort begraben, und die Gedenktafel war ein Geschenk von Sir Benjamin Guinness aus der großen Dubliner Brauereifamilie und nur 70 Jahre alt; sie befindet sich seit 1935 wieder an ihrem Platz. Die Helme und Wappen der Knights of St Patrick blicken noch immer finster von ihren Kirchenstühlen in der Kathedrale herab, aber seit dem Bestehen der irischen Republik hat sich der Orden deutlich ausgedünnt; als ich 1992 das Heroldsamt fragte, wie viele Mitglieder er jetzt habe, erfuhr ich, daß es zwei seien – die Königin von England und der Statthaltende Ritter des Ordens (der, wie mir der diensthabende Herold versicherte, als ich feststellte, daß die ritterlichen Pflichten nicht sonderlich drückend sein können, ein sehr kleidsames Abzeichen seines Amtes trägt).*

*Nichtsdestoweniger war St Patrick's, als ich die Kathedrale vor kurzem an einem Sonntag aufsuchte, voll von ehemaligen Angehörigen der Air Force, die der Luftschlacht um England gedachten, mit glänzenden Orden und den Daumen an der Hosennaht.*

Es ist sehr windig naß & kalt, & ich sitze allein nach dem Mittagessen im Gesellschaftsraum mit einer Frau in grauschwarzem Musselin. Der Schauplatz ist St Stephen's Green [Dublin], eine irische Nachahmung von Lincoln's Inn Fields, so wie Merrion Square eine Nachahmung von Bedford Square ist & so weiter. Wir aßen im Sherburne [Shelburne Hotel] zu Mittag; & dort sind die Filmschauspieler; hier sind sie auch. Bewohner der Aran-Inseln in dickem Tweed, die unten am Feuer sitzen und etwas singen, was vielleicht Kirchenlieder sein könnten. Ich habe zum ersten Mal Irisch gehört ... Eine Atmosphäre von Unterlegenheit schlummert oder grinst oder höhnt oder wütet überall. Ein Besucher aus England bringt Neuigkeiten über Gemäldegalerien, Theater mit. Hier ist es eine Mischung aus Hampstead & Cambridge. Im Gate Theater gestern abend waren wir nicht sicher, welches es war: es gibt einen feinen Unterschied, & das Stück war gut: über Emmett, modern, Pseudo-Auden, stelle ich mir vor. Drei Instrumente für die Musik. Ein Vorhang, der einfach nicht zugehen wollte; viel Satire über die irische Vorliebe fürs Blutvergießen; Satire über die Ansätze von Kultur; plötzlich überkam mich das Gefühl, inmitten von Geschichte zu sein – das heißt, an einem unbesiedelten, fiebrigen Ort zu sein, dessen Zeit, die ihm nach den Büchern zusteht, kommen würde; alles könnte passieren. Doch was kann passieren, wenn das beste Restaurant in der Hauptstadt Jammetts ist, wenn es im größten Hotel von Dublin nur gekochte Kartoffeln gibt? Überall scheint man von verwässertem Wein zu leben. Langsam wird mir klar, warum ich, wenn ich Irin wäre, gerne zum Empire gehören würde; kein Luxus, keine Kreationen, nichts rührt sich, nur der Bodensatz von London, ziemlich dünn, wie vervorstädtert. Aber, so dachte ich im Gate auch, sie könnten irgendwo ein Feuer in sich haben, aus dem etwas werden könnte, wenn es befreit würde. Nur, so fahre ich fort, sie sind befreit – & genau das sagte das Stück sardonisch, & eben diese Provinzialität ist die Folge ...

Nein, es würde nichts bringen, in Irland zu leben, trotz der Felsen & der verlassenen Buchten. Es würde den Herzschlag verlangsamen: & alle Gedanken würden sich im Gerede erschöpfen.

*Tagebuch, 6. Mai*

*Die Schauspieler von den Aran-Inseln waren auf dem Heimweg von England, wo sie an den Dreharbeiten zu Robert Flahertys berühmtem*

*Dokumentarfilm* Man of Aran *mitwirkten. Das Stück im Gate Theater war* The Old Lady Says ›No‹! *von E. W. Tocher über den irischen Revolutionshelden des achtzehnten Jahrhunderts Robert Emmett. Jammetts Restaurant auf der Nassau Street, das Virginia anscheinend nicht sehr schätzte, war der Schauplatz fröhlicher, unbedachter Abende der Familie von James Joyce und allgemein sehr beliebt, bis es nach dem Zweiten Weltkrieg schloß (während des Kriegs gehörten sowohl Deutsche als auch Briten zu den Stammgästen): Ich erinnere mich, daß es in den kargen Jahren nach dem Krieg ein wahrer* Filet-Mignon-*Himmel war. An seinem Ort befindet sich jetzt Judge Roy Bean's Pub und Restaurant.*

*Es fällt auf, daß sich bei Virginia Woolf keinerlei Erwähnung von James Joyce findet, dessen* Ulysses *die Hogarth Press 1918 abgelehnt hatte: ihr eigenes Buch* Mrs Dalloway, *das sie 1922 begann und ursprünglich* The Hours *genannt hatte, beschreibt einen einzigen Tag in London, so wie* Ulysses *einen Tag in Dublin.*

# Deutschland

*Virginia besuchte Deutschland dreimal, einmal kurz vor dem Ersten Weltkrieg, einmal in der Zeit der Weimarer Republik, einmal während des Nazi-Regimes. Als die Pazifistin, die sie war, hatte sie schon früh in ihrem Leben festgestellt, daß sie die deutsche Art nicht mochte. ›Ich komme einfach nicht mit dem überladenen teutonischen Wesen, mit dem plumpen Symbolismus, zurecht‹, schrieb sie im Alter zwischen zwanzig und dreißig. ›Man erkennt in dem gewöhnlichen deutschen Typus nur einen Klumpen roher Erde, der noch nicht vom Finger der Zeit bearbeitet wurde.‹ In den 30er Jahren wurde diese Überzeugung zweifellos durch die Tatsache, daß ihr Ehemann Jude war, verstärkt.*

## *Bayreuth, 1909*

*Im August 1909 kam Virginia mit ihrem Bruder Adrian und einem Freund [Saxon Sydney-Turner] zu den Wagner-Festspielen nach Bayreuth in Bayern, die damals in ihrem 26. Jahr in dem speziell dafür errichteten Festspielhaus stattfanden. Virginia behauptete tapfer, sie würde die Opern genießen, aber sie war nicht sehr musikalisch, ihr Deutsch war rudimentär, und man kann annehmen, daß sie nicht unglücklich war, als der Aufenthalt zu Ende ging.*

Nach unserer Ankunft wanderten wir durch Bayreuth. Es ist wie ein englischer Marktflecken – mit einer großen Zahl von Eisenwarenhändlern, und einer breiten Straße mit einem Brunnen in der Mitte, und einem Bürgermeisterhaus aus dem 18. Jahrhundert. Leider sind die Geschäfte voller Karten und Heiliger Grale ... Wir sind schon jetzt sehr minutiös in unserem Verhalten. Wir haben eine Stunde im Park gesessen und die Leute beobachtet. Mein Gott, sie sind abscheulich! Die Frauen haben einen Riemen um die Taille, eine grüne Jagdmütze, mit einer Feder, und kurze Röcke. Sie sind niemals modisch. Ich rufe keinerlei Entsetzen hervor. Wir speisten im Fremdenrestaurant, und selbst da sind sie unglaublich korpulent und grell. Außerdem bringt jede junge Frau eine alte Haushälterin mit ..., die auf sie aufpaßt. Sie essen enorm, von riesigen Keulen, triefend vor Fett.

*Brief an Vanessa Bell, 7. August*

Gestern haben wir Parzival gehört – ein sehr geheimnisvolles, gefühlvolles Werk, anders als alle anderen, fand ich. Es ist keine Liebe darin; es ist eher religiös als alles andere. Die Leute tragen Halbtrauer, und man wird angezischt, wenn man versucht zu klatschen. Da die Gefühle alle abstrakt sind – ich meine, nicht zwischen Männern und Frauen – ist die Wirkung sehr diffus; und im ganzen friedvoll. Aber Saxon und Adrian sagen, daß es keine gute Vorstellung war, und daß ich nichts davon verstehen werde, bis ich es 4mal gehört habe. Zwischen den Akten geht man hin und sitzt auf einem Acker und beobachtet einen Mann, der Rüben hackt. Das Publikum ist sehr unelegant, und das Haus macht einen schäbigen Eindruck; man hat kaum Platz für seine Knie, und es ist sehr intensiv. Ich glaube, nur ernsthafte Menschen gehen hin – Deutsche zum größten Teil, in Säcken, mit symbolischen Zöpfen. Alles ist Art Nouveau – die Restaurants haben vereinzelte Linien, die auf die Wände gemalt sind, mit plötzlich daraus hervorbrechenden Dreiecken – wie die Sachen, die man in Studio [der Kunstzeitschrift] sieht. Die Derbheit der Rasse ist erstaunlich – aber sie scheinen sehr sauber und freundlich zu sein.

*Brief an Vanessa Bell, 8. August*

... heute nachmittag sind wir, da es ein vorstellungsfreier Tag ist, zur Eremitage hinausgewandert. Es handelt sich dabei um einen Ort, der in Nachahmung von Versailles erbaut wurde; und er ist völlig zugewachsen und verlassen, mit kleinen französischen Tempeln, und Ruinen, und Höfen. Wo immer man hingeht, findet man einen Garten mit Tischen, an denen Monstermänner und -frauen große Krüge Bier trinken und Fleisch essen – obwohl es ein glühendheißer Tag ist. Das Wetter neigt dazu, umzuschlagen. Die Farben sind sehr schön – gelb und bleiern. Wir gingen durch die Wiesen nach Hause. Ich bewundere das Land nicht sonderlich, weil es sehr überladen und ohne Schatten ist; und man fühlt sich eingekeilt in die Erde, ohne ein Meer weit und breit. Aber die Stadt ist bezaubernd; größtenteils im 18. Jahrhundert erbaut; es gibt sehr breite Straßen, mit soliden grauen Häusern, wie die Häuser in Cambridge, nur irgendwie ziemlich rustikal. Gestern abend spazierten wir nach dem Essen ein wenig herum, und alle Leute sangen bei ihrem Bier. Da es sehr wenig Licht gab, und ein paar Leute aus den Fenstern spähten, und Jungfrauen in Umhängen vorbeitrippelten, und eine große gelbe Kutsche mitten auf der Straße stand, hätte man im Jahr 1750 sein können.

*Brief an Vanessa Bell, 10. August*

Während dieser letzten Vorstellungen war es möglich, das Opernhaus zu verlassen, und sich inmitten eines warmen Sommerabends wiederzufinden. Von den Hügeln über dem Opernhaus blickt man über ein weites Land, sanft und ohne Hecken; es ist nicht schön, aber es ist sehr groß und ruhig. Man kann zwischen Reihen von

Rüben sitzen und einer riesigen alten Frau, die eine blaue Leinenhaube auf dem Kopf und eine Figur wie von Dürer hat, dabei zusehen, wie sie eine Hacke schwingt. Die Sonne entlockt dem Heu und den Pinien starke Düfte, und wenn man überhaupt nachdenkt, dann um die einfache Landschaft mit der Landschaft auf der Bühne in Einklang zu bringen. Wenn die Musik schweigt, gibt das Denken, ohne daß man es merkt, nach und weitet sich in glücklicher Umgebung aus; Hitze und das gelbe Licht und die unterbrochenen aber nicht unmusikalischen Geräusche von Insekten und Blättern glätten die Falten. Während der nächsten Pause, zwischen sieben und acht, gibt es auch hier draußen einen weiteren Akt: es ist jetzt dämmerig und spürbar kühler; das Licht ist schwächer, und die Straßen werden nicht mehr von regelmäßigen Schattenstreifen gekreuzt. Die Figuren, die sich in leichten Kleidern zwischen den Bäumen der Allee bewegen, mit der Tiefe der blauen Luft hinter sich, haben eine merkwürdige dekorative Wirkung. Wenn dann schließlich die Oper vorbei ist, ist es ziemlich spät; und von der halben Höhe des Hügels blickt man auf eine herabstürzende Kaskade von Wagen, deren Lampen eine über der anderen schwingen wie unregelmäßige Fackeln.

*Artikel in* The Times, *21. August*

*Bayreuth gleicht noch immer in mehr als einer Hinsicht einem englischen Marktflecken, bis hin zu den Ladenketten, der Fußgängerzone, den Rüpeln am Abend und dem Big Mac in der Maximilianstraße, und bei einer Hochzeit, die ich 1992 an einem Samstag in der Eremitage beobachtete, kaute die Braut Kaugummi und hatte einen Blumenkranz, der beschwipst schief auf ihrem Kopf saß. Es ist noch immer möglich, das Festspielhaus (das dezidiert nicht für die Bequemlichkeit gebaut wurde) zu verlassen und sich in einer bemerkenswert ländlichen Umgebung wiederzufinden; Hunderte von Leuten haben ihre Initialen in das Geländer vor dem Haupteingang geschnitzt, wahrscheinlich während der Pausen, aber ich konnte VW nicht darunter entdecken.*

*Fünf Jahre später besuchte Virginia eine Aufführung des Ring in London und beschloß, es nie wieder zu tun – ihre Augen waren angegriffen, ihre Ohren betäubt und ihr Kopf von der ›lärmenden Sentimentalität‹ zermalmt.*

## *Hitlers Reich, 1935*

*›Nie wieder‹, schrieb Virginia nach ihrem einzigen Aufenthalt in Berlin im Januar 1929. Sie hielt es für ›die häßlichste Stadt der Welt‹. Sie war mit Leonard hingefahren, um Vita Sackville-West und ihren Ehemann Harold Nicolson, der dort im diplomatischen Dienst war, zu besuchen. Während ihres Aufenthaltes scheint Virginia ihre Liebe zu Vita erklärt zu haben, in dem Restaurant am Fuß des neuen Sendeturms (»der Bohnenstange«), einem der wenigen Bauwerke dieser Zeit, die noch stehen; sie kehrte im Zustand eines emotionalen und physischen Zusammenbruchs nach England zurück. Sechs Jahre später verbrachten sie und Leonard nichtsdestotrotz während einer Autotour durch ganz Europa drei Tage in Deutschland, mit dabei hatten sie ihren Krallenaffen Mitz. Sie fühlten sich durch die Ideologie der Nazis, die inzwischen an der Macht waren, überaus bedrückt, aber alles, was Virginia darüber schrieb, waren ein paar Tagebucheintragungen.*

Sitze in der Sonne vor dem deutschen Zoll. Ein Auto mit dem Hakenkreuz auf dem Rückfenster hat gerade den Schlagbaum nach Deutschland durchquert. L. ist im Zollamt . . . Soll ich hineingehen und nachsehen, was los ist? Der niederländische Zoll brauchte 10 Sekunden. Das hat jetzt schon 10 Minuten gedauert. Die Fenster sind vergittert. Jetzt kommen sie heraus, & der grimmige Mann lachte über Mitz. Aber L. erzählte, daß der Mann, als ein Bauer hineinkam & seinen Hut aufbehielt, sagte Dieses Amt ist wie eine Kirche & ihn zwang, ihn abzunehmen. Heil Hitler sagte der kleine dünne Junge, der seine Tasche, vielleicht mit einem Apfel darin, am Schlagbaum aufhielt. Wir werden unterwürfig – d. h. wir freuen uns, wenn die Offiziere Mitzi anlächeln – die erste Krümmung in unserem Rückgrat . . .

*Tagebuch, 9. Mai*

Am Rhein, wir sitzen am Fenster . . . Wir wurden von Hitler (oder Göring) über den Fluß gescheucht durch Reihen von Kindern mit roten Fähnchen. Sie jubelten Mitzi zu. Ich hob meine Hand. Eine Ansammlung von Leuten im Sonnenschein – eher erzwungen, wie Schulsport. Transparente über die Straße gespannt ›Der Jude ist unser Feind‹ ›Für Juden gibt es keinen Platz in -‹. So sausten wir weiter, bis wir außer Reichweite der gehorsam hysterischen Menge waren. Unsere Unterwürfigkeit verwandelt sich allmählich in Ärger. Die Nerven ziemlich am Ende. Der Eindruck einer dumpfen Massenstimmung, die von guter Laune verdeckt wird.

*Tagebuch, 9. Mai*

*Es war wahrscheinlich Göring, der von der Menge in Bonn begrüßt wurde, auch wenn es Virginia später amüsierte zu schreiben, sie hätten ›fast Hitler von Angesicht zu Angesicht‹ getroffen.*

Wir . . . fuhren den Rhein hinunter. Eine häßliche anmaßende Landschaft – opernartige Szenerie. Hohe, aber unbedeutende Berge, dicht besetzt mit schwarzen & grünen Fichten, mit ordentlichen Türmen & Ruinen – ein Fluß, der Kohlenschlepper mit sich führt wie die Oxford Street; Verkehr auf den Straßen mit Kopfsteinpflaster . . . Wir kamen nach Heidelberg, das eine – ja – überaus berühmte Universitätsstadt am Neckar ist. Die Professoren & ihre Töchter machten sich einen musikalischen Abend. Ich sah, wie sie mit blaßblauen Beethoven-Quartetten unter ihren Armen zu den gegenseitigen Häusern trippelten ... Und am nächsten Tag nach Augsburg – eine langweilige Stadt ... Augsburg bis Innsbruck ... Was haben wir heute gesehen? Hohe schneebedeckte Berge mit schwarzen Zerklüftungen. Sturzbäche, Seen; einer kupfergrün. Und es regnete zum ersten Mal & in den Bergen war es kalt. Man stelle sich vor, im Mai mit schmutzigem Schnee vor der Tür zu leben! Das Hitlergefühl ließ nach, auch wenn jede Ortschaft ein Schild mit der Aufschrift ›Die Juden sind hier unerwünscht‹ hatte. Aber die schienen von der Amtsgewalt aufgestellt worden zu sein. Wechselten schließlich nach Österreich hinüber & sind jetzt fast außer Hörweite.

*Tagebuch, undatiert*

*Virginia hatte die vorherigen zwei Tage ihres Tagebuchs frei gelassen, wahrscheinlich für den Fall, daß es Nazibeamte lesen würden. ›L. sagt, ich könnte jetzt die Wahrheit erzählen, aber ich habe 2 Tage Wahrheit vergessen & mein Federhalter weint Tinte.‹*

# Die Niederlande

*1935*

*Virginia und Leonard fuhren im Frühsommer 1935 eine Woche lang mit dem Auto durch die Niederlande.*

... Was Holland betrifft: zunächst einmal tragen die Kühe Mäntel; außerdem bewegen sich die Radfahrer in Schwärmen wie Stare, sammeln sich, gleiten hierhin & dorthin. Das Fahren ist gefährlich. Die Städte sind groß. Und sehr ausgedehnt. Wir sind wieder im Jahr 1913. Überall sind die Läden voller Kleider, Essen, Bücher. Die Leute sind vollkommen anständig gekleidet. Die Matrosen tragen Filzmützen. Von 10 bis 25 sind die Mädchen elegant, taubengrau, schlank, gleiten sie auf ihren Fahrrädern hierhin & dorthin. Von 30 bis 50 nehmen ihre Körper enorme Ausmaße an. Aber die Körper sind immer fest, adrett, die Schuhe elegant, die Haare schön frisiert ... Die Häuser sind die Prunkstücke von Holland – die reichverzierten großfenstrigen Häuser; einige sind ein bißchen schmal, andere spitz; aber jedes einzelne ist ein solides, adrettes Haus, das etwas auf sich hält, in einem sah ich gestern abend die Leute beim Sonntagabendessen, alte Männer alte Frauen saßen im Kreis mit Kindern, Kakteen; einer Katze & einem Hund. Amsterdam ein angeschwollenes Monstrum aus Stein, abgeschnitten wie eine Ruine am Rande der Marsch; unser erstes Mittagessen in Den Haag bestand aus 20 Gängen ... Aber dann die geschnitzten Türen, die gebogenen weißen Fassaden, die Fliederbüsche; die Atmosphäre von geputztem & geschmücktem Wohlstand, Altertümlichkeit, Luft, Sauberkeit...

*Tagebuch, 6. Mai*

Der Grundriß einer flämischen Stadt enthält: eine Brücke einen Kanal: unter einem Brückenbogen in eine Straße: spitze betreppte Häuser; orangefarbene und grüne Markisen; 1620: auf brandneuen Garagen; ein großer roter Turm aus Backstein; dann eine immense Kirche, verschlossen ... Schwärme von Radfahrern. Ungeheurer Überfluß an höchst zivilisierten Geschäften – Blumengeschäfte, Schuhe, Fahrräder, Bücher, alles, was der eher solide untergebrachte, reiche aber nicht leichtfertige Bürger essen oder tragen oder benutzen kann, alles glänzend geschniegelt & geputzt. Englische, französische deutsche Bücher genauso wie flämische. Laden an Laden. Ein Wuchern von Menschen. Kein einziger Bettler, kein einziges Elendsviertel ... Alles im rechten Winkel. Der Eindruck, Holland sei eine Frau im mittleren Alter mit vollkommener Selbstachtung, ziemlich groben Gesichtszügen, aber individuell.

*Tagebuch, 8. Mai*

Ich ... sitze in einem Teesalon, in dem 3 Holländer cremegefüllte Hörnchen essen. Das nette Mädchen lächelt mir zu ... Die beiden Kinder essen Kuchen. Hoolarja, Dutchaboch! – so hört es sich an. Sie trinken keinen Tee. Ein Laden wie aus dem Ei gepellt. Sie lachen. Ich tue so, als würde ich Postkarten schreiben.

*Tagebuch, 8. Mai*

# Frankreich

*Frankreich war das Ausland, das Virginia Woolf am besten kannte – alle gebildeten Engländer kannten Frankreich –, aber sie schrieb nur wenig darüber. Abgesehen von kurzen Durchreisen hielt sie sich sechzehnmal dort auf und verbrachte alles in allem etwa 5 Monate in dem Land. Ihr erster Aufenthalt fand im Jahr 1896 statt, als sie vierzehn war, der letzte 1939, gemeinsam mit ihrem Ehemann Leonard, und dies war auch ihre letzte Reise ins Ausland. In ihren Anfällen von Frankophilie dachte sie oft daran, ein Haus in Frankreich zu erwerben, aber ihr unzureichendes Französisch bildete ein Hindernis, und sie beschränkte sich daher in späteren Jahren auf regelmäßige Reisen mit dem Auto.*

## *Die Fahrt nach Frankreich*

*Essay in* Nation & Athenaeum, *5. Mai 1923*

Wenn man den Kanal alljährlich überquert, nimmt man wahrscheinlich das Haus in Dieppe nicht mehr wahr, und man spürt, während der Zug langsam die Straße entlangfährt, nicht mehr, wie eine Zivilisation abfällt, die andere emporsteigt – nach dem Verfall und Chaos des britischen Stucks dieser unglaubliche rosafarbene & blaue Phoenix, vier Stockwerke hoch, mit seinen Blumentöpfen, seinen Balkons, seinem Dienstmädchen, das sich über die Fensterbank lehnt und träge hinausblickt. Recht unbewegt sitzt man und liest – Thomas Hardy vielleicht – überbrückt Abgründe, erhält eine Kontinuität aufrecht, mit etwas Verachtung blickt man auf die Aufregung, die jene bewegt, die sich von einer Zivilisation befreit und in eine andere katapultiert fühlen und solch seltsames Benehmen, solch einen merkwürdigen Mangel an Zurückhaltung zeigen. Aber man stelle sich vor, was sie schon alles durchgemacht haben. Man erinnere sich an den Anblick von London, wenn man es sehr früh sieht, vielleicht noch sehr jung, aus dem Fenster einer Droschke auf dem Weg nach Victoria. Überall die gleiche Intensität, als hätte der Augenblick, anstatt weiterzugehen, plötzlich stillgestanden, hätte plötzlich eine Feierlichkeit angenommen und die Passanten in ihren flüchtigsten Erscheinungen auf ewig festgehalten. Sie wissen nicht, wie wichtig sie geworden sind. Wenn sie es wüßten, dann würden sie vielleicht aufhören, Zeitungen zu kaufen und die Treppen vor dem Haus zu scheuern. Aber wir, die wir im Begriff sind, sie zu verlassen, sind um so bewegter, weil sie diese anheimelnden Verrichtungen am Rande des Abgrunds – unserer Abreise – ausführen. Daher ist es ganz natürlich, daß diejenigen, die die Überfahrt mit ihrem letzten prüfenden Blick auf die vorbeiziehenden Gesichter, ganz wie eine kleine Vorprobe zum Tod, überstanden haben, erschüttert sind, ihre Handtaschen umherschieben, Gespräche anfangen; und für einen berauschenden Augenblick auf der Grenze zu dieser idealen Gemeinschaft taumeln, in der jedermann ohne Furcht und Zögern die Tiefe seiner Seele preisgibt.

Aber das währt nur einen Moment. Als nächstes sehnt sich der körperlose Geist, der an dem Fenster flattert, vor allen Dingen danach, in die neue Gemeinschaft aufgenommen zu werden, in der die Häuser mit blaßrosa und blauen Rauten bemalt sind; die Frauen tragen Umhängetücher; die Hosen sind ausgebeult; oben auf den Hügeln stehen Kruzifixe; gelbe Promenadenmischungen; Stühle auf den Straßen; Kopfsteinpflaster – Fröhlichkeit, Leichtsinn, Drama, kurz gesagt. ›Agnes tut mir furchtbar leid, denn jetzt können sie nicht heiraten, bis er eine Arbeit in London gefunden hat. Es ist zu weit, als daß man von der Arbeit zum Mittagessen nach Hause kommen könnte. Ich hätte angenommen, der Vater würde etwas für sie tun.‹ Diese unbeteiligten Sätze, etwas abgehackt (denn sie blicken stirnrunzelnd in winzige Spiegel und ziehen eifrig Kämme durch kurze blonde Haare) von zwei englischen Mädchen gesprochen, fallen schwer wie die Gitter eines Gefängnisses über die Gedanken. Sie sind es, vor denen wir die Flucht ergreifen müssen; die Stunden, die Verrichtungen; die Einteilungen, rigide und korrekt, der alten englischen Woche. Schon während der Zug sich von Dieppe weiterbewegte, schienen diese Widrigkeiten im Kessel einer geistesverwandteren Zivilisation Blasen zu werfen und hochzukochen. Die Tage der Woche nahmen ab, die Stunden lösten sich auf. Es war fünf Uhr, aber die Banken schlossen nicht alle gleichzeitig ihre Türen, und es traten auch nicht Millionen von Bürgern rechtzeitig zum Abendessen aus unzähligen Aufzügen, oder in den ärmeren Vororten zu kaltem Aufschnitt und Bisquitrollen, die säuberlich auf flachen Glastellern angerichtet wurden. Es muß Einteilungen geben, selbst für die Franzosen, aber wo sie verlaufen, können wir nicht sagen, und die Dame in der Ecke, so blaß, so mollig, so gedrungen, scheint, wie sie so lächelnd dasitzt, ihr Leben im Ritt über Gräben und Hürden zu verbringen, die von der Geistesart der romanischen Rasse geglättet werden.

Sie stand auf, um zum Speisewagen zu gehen. Als sie sich hinsetzte, nahm sie eine kleine Bratpfanne aus ihrer Handtasche und verbarg sie diskret unter einer zum Zelt gefalteten Ausgabe von *Le Temps*. Geschickt versteckte sie, während die einzelnen Gänge aufgetragen wurden, jeweils einen Teil, wenn der Kellner gerade nicht dabei war. Ihr Gatte lächelte. Ihr Gatte war einverstanden. Wir wußten nur, daß sie tapfer war. Kann sein, daß sie arm waren. Die Portionen waren reichlich. Franzosen haben Mütter. Die Verschwendungen des Lebens kontinuierlich zu beheben und die

Mittel mit den Gegebenheiten in Einklang zu bringen, anstatt sich in betonter Leere aufzublähen, war zweifellos Teil der französischen Lebenskunst. Und doch, wenn es sich um dicke gelbe Rinde von einem nicht ganz frischen Käse handelt – Mit einem ironischen Lächeln ließ sie sich dazu herab, in dieser köstlichen Sprache, die wie Diamanten mit all ihren Akzenten glitzert, zu erklären, daß sie einen Hund habe. Aber haben konnte sie – alles. ›Das Leben ist so einfach‹ schien sie zu sagen.

›Das Leben ist so einfach – das Leben ist so einfach‹, sagten die Räder des Sud Express die ganze Nacht lang auf diese idiotische oder ironische Art, die sie an sich haben, denn eine Botschaft, die noch weniger zu der unruhigen Dunkelheit passen würde, zu dem Rasseln der Ketten, den erschreckten Rufen der Eisenbahner und schließlich, am Morgen, zu den Leiden des unausgeruhten Körpers, kann man sich kaum vorstellen. Aber Reisende sind häufig Phrasen ausgeliefert. Von ihrem Heim entfernt, das sie wie eine Schale hart gemacht hat, abgeschieden, individuell, bilden sich weitreichende Verallgemeinerungen in ihrem bloßgelegten Hirn; der Takt von Rädern oder Jalousien hämmert idiotische Sprüche von vorgetäuschter Lebensweisheit zu einem Rhythmus, wiederholt Prosafetzen bis zum Verrücktwerden und zwingt sie dazu, in wilder Melancholie auf die Landschaft zu starren, die mitten in Frankreich ungemein langweilig ist. Die Franzosen sind methodisch; aber das Leben ist einfach; die Franzosen sind prosaisch; die Franzosen haben Straßen. Ja, sie haben Straßen, die von dieser dürren Pappel bis nach Wien reichen, bis Moskau, an Tolstois Haus vorbeiführen, über Berge steigen, dann an dekorierten Geschäften vorbei direkt ins Zentrum berühmter Städte marschieren. Aber in England läuft die Straße auf einer Klippe aus; schlingert in den Sand am Meeresrand. In England zu leben, fängt an, gefährlich zu erscheinen. Hier kann man tatsächlich ein Haus bauen, ohne Nachbarn zu haben, einen Spaziergang über zwei, drei oder vier Meilen an dieser unendlichen Straße entlang machen und nur einen schwarzen Hund und eine alte Frau treffen, die sich vielleicht niedergeschlagen von der Ungeheuerlichkeit der Landschaft und der Nutzlosigkeit von Bewegung auf einer Böschung niedergelassen und ihre Kuh mit einem Strick an sich festgebunden hat und dort sitzt, unbewegt, gleichgültig, monumental. Könnten doch unsere englischen Dichter für einen Moment den Sitzplatz mit ihr teilen und ihre Gedanken denken, die Gemeinde vergessen, das Stiefmütterchen und das Spatzenei, und sich (wie sie es zu tun scheint) auf das Schicksal des Menschen konzentrieren!

## *Im Süden*

*1925 verbrachten Virginia und Leonard zwölf Tage in dem Fischerdorf Cassis in der Nähe von Marseille, das bei Engländern damals beliebt war.*

Ich bin gespannt, in welcher Form sich Cassis schließlich meinen Gedanken einprägen wird. Da gibt es die Felsen. Wir gingen gewöhnlich nach dem Frühstück hinaus & saßen auf den Felsen, und die Sonne schien auf uns. L. saß gewöhnlich ohne Hut da & schrieb auf seinen Knien. An einem Morgen fand er einen Seeigel – sie sind rot, mit Stacheln, die leicht zittern. Dann am Nachmittag machten wir einen Spaziergang, gleich über den Berg in die Wälder hinein, wo wir eines Tages die Autos hörten & die Straße nach La Ciota[t] direkt unter uns entdeckten. Es war steinig, steil & sehr heiß. Einmal hörten wir ein lautes schnatterndes vogelartiges Geräusch & das ließ mich an die Frösche denken. Die verwilderten roten Tulpen standen auf den Feldern; die Felder waren alle kleine eckige Simse, aus dem Berg gehauen & von Weinreben geprägt und geriffelt; & alles rot & rosig & purpurfarben hier und da mit den Zweigen eines blühenden Obstbaumes geschmückt. Hier & da gab es ein rechteckiges weiß oder gelb oder blau getünchtes Haus, alle Fensterläden fest geschlossen; & ebene Wege rings umher, & einmal Reihen von Levkojen; überall eine unvergleichliche Reinlichkeit & Bestimmtheit. In La Ciota[t] erhoben sich große orangefarbene Schiffe aus dem blauen Wasser der kleinen Bucht. Diese Buchten sind alle sehr rund & mit den blaßfarbenen Häusern besetzt, sehr hoch, verschlossen, ausgebessert & abgeblättert, manchmal mit einem Topf & Büscheln von Grünzeug darauf, manchmal mit trocknender Wäsche, manchmal mit einer herausschauenden alten alten Frau. Auf dem Berg, der steinig wie die Wüste ist, trockneten die Netze; & dann tratschten Kinder & Mädchen auf der Straße & liefen in Schlangenlinien alle in sanft leuchtenden Halstüchern & Baumwollmänteln, während die Männer die Erde des Hauptplatzes aufhackten, um ihn zu pflastern.

*Tagebuch, 8. April 1925*

*Zwei Jahre später ließen sich Virginias Schwester Vanessa, ihr Ehemann Clive und ihr Liebhaber Duncan Grant in einem Haus in Cassis nieder, und die Woolfs besuchten sie dort dreimal, bei einer Gelegenheit unternahmen sie ernsthafte Schritte, ein Haus für sich in der Nähe zu erwerben. Virginia war von der leichten und lockeren Atmosphäre des Arrangements sehr angetan.*

Dann kamen Colonel Teed und Miss Campbell zum Lunch – er ein pensionierter Kavallerieoffizier, sie seine Geliebte: beide zusammen Weinbauern, die in einem himmlischen Herrenhaus aus dem 17. Jahrhundert leben, das von Zypressen umstanden ist, gestrichen, gefliest, mit Froschteichen und römischen Aquädukten. Gestern abend, als wir hingingen, saß Miss Campbell in der Dämmerung und lauschte den Fröschen. Also saßen wir alle ganz still; und dann fingen die Frösche wieder an; und der Colonel bat uns herein und gab uns in seinem großen, leeren Zimmer mehrere verschiedene Sorten Wein zu trinken, und wir bekamen Sträuße wilder Tulpen geschenkt, Vita, und wieso leben wir nicht alle so, Vita? – und gehen nie wieder nach Bloomsbury zurück? Du triffst hier eine Miss Brown, und sie sagt, ihr ältester Sohn ist 17. Ja. Sie hat drei Kinder vom italienischen Gesangsmeister in Genua. Madame Labrotte litt unter einem gigantischen Tumor – konsultierte alle Ärzte von London und Paris – kam nach Cassis, um wieder zu Kräften zu kommen, und wurde, im Alter von 50 Jahren, binnen einer Viertelstunde von einem Kind entbunden. Das ist unsere Atmosphäre – leicht losgelöst von der Realität ... stumm: sie sind alle Maler: jede Straßenecke hat einen älteren Herrn auf einem Klappstuhl; ernst; Die Wanne im Badezimmer muß mit »Glannel« gefüllt werden: Clive tut es für mich: ich stehe im Hemd mit Krügen kalten Wassers, da die Leitung verstopft ist. Unsere große Extravaganz ist Wein, den die Bauern verkaufen und den Clive und Duncan in großen Körben holen, angetan mit Kleidern aus Baumwolle, und Sandalen aus Seil: Duncan schmuggelt Brandy herein, und so sitzen wir, und reden, stundenlang ...

*Brief an Vita Sackville-West, 5. April 1927*

*Colonel Teed war ein pensionierter Offizier der indischen Armee, Miss Campbell eine ehemalige Armee-Krankenschwester. Bei späteren Besuchen wohnten Virginia und Leonard auf ihrem Besitz, Château Fontcreuse, auf dem Berg hinter der Stadt, wo der Colonel in einem überschwenglichen exzentrischen Stil lebte. Fontcreuse produziert immer noch hervorragende Rot- und Weißweine, und wenn man einen kleinen Weg an den Weinbergen hinuntergeht, kann man La Bergère besichtigen, das kleine Haus, 1992 in schlechtem Zustand, wo die Woolfs wohnten.*

*Es war das Bild eines Nachtfalters in Cassis, das Virginia Woolf zu dem Roman* The Waves *(der ursprünglich* Die Nachtfalter *heißen sollte) inspirierte. Später wandte sie sich unter dem Einfluß der Toskana gegen die Landschaft von Südfrankreich und schrieb über seine ›schwarzen & grünen grausamen monotonen Berge‹.*

## *Eine Urlaubsfahrt, 1931*

*Im Frühling 1931 verlebten Virginia und Leonard ihren glücklichsten Frankreichurlaub, als sie von Dieppe aus auf einer hedonistisch ausschweifenden Route in die Gegend von Bordeaux und zurück fuhren.*

Sehr naß: sehr kalt: scheußliche Atmosphäre von Meeresküste: alles durchgeweicht & die Sträucher in Dieppe wie üblich vom Wind zerzaust. Frühstück im gewohnten Hotel [du Rhinet de Newhaven]. Fuhren los. Wind & Regen: die Luft fast schwarz. Der Regen kam durch. An der Fähre in Quilleboeuf sah L. blauen Himmel. Großer Jubel. Mittagessen im Gasthaus bei der Fähre – billig, einfach; verbrannter Fisch. Alter Mann & Frau vom Lande aßen Mittag. Er nahm einen Schuß Brandy in seinen Kaffee.

*Tagebuch, 17. April*

Fuhren nach Fontevrault. Besichtigten eine schöne kahle alte Klosterkirche. Behalten Sie den Hut auf, sagte Mann: Sie ist nicht heilig. Die Gräber der Plantagenets: wie Edith Sitwell; gerade, eng Seite an Seite: neu gestrichen, blau & rot. Jetzt das ganze große Kloster, wo Töchter Frankreichs unterrichtet wurden, ein Gefängnis. Gefängnisglocken läuten zu ihren Mahlzeiten. Brunnen, an dem sich die Mädchen vor dem Abendbrot wuschen. Die Kälte muß damals schlimmer gewesen sein. Die Äbtissinnen ließen von sich selbst Fresken malen – dicke, sinnliche hochnäsige Gesichter.

*Tagebuch, 18. April*

*Fontevrault (oder Fontevraud), das große Kloster bei Saumur, die Nekropolis der Plantagenets, war seit 1804 ein Gefängnis gewesen und sollte es noch bis 1963 bleiben: einer seiner bekanntesten Insassen war später der Schriftsteller Jean Genet, der es für das bestürzendste Gefängnis hielt, das er kannte. Jetzt ist es ein Kulturzentrum mit einem Hotel, und als ich 1992 dort war, trug ein Mann, der die Gräber der Plantagenets untersuchte (die tatsächlich bemerkenswert Sitwellisch aussehen), tatsächlich eine Stoffmütze.*

*Virginias Abstecher zu dem Schloß von Chinon, wo Jeanne d'Arc zum ersten Mal König Charles VII. von Frankreich traf (damals wurde er noch Dauphin bzw. Thronfolger genannt), war vielleicht zum Teil durch die Tatsache angeregt, daß sich ihre Freundin Vita Sackville-West besonders für Jeanne interessierte und in absehbarer Zeit (1936) eine Biographie von ihr veröffentlichen würde.*

Erforschte Schloß allein ... Sah den hohen dachlosen Raum, in d. Jeanne vor dem König stand. Vielleicht genau den Kaminsims. Wände, in die schmale Fenster hineingeschnitten sind. Plötzlich sieht man hinab, hinab auf Dächer. Wie brachte das Mittelalter die Abende rum? Eine Steinkrypta, in d. J. wohnte; die Leute kratzen ihre Namen überall rein. Fluß seidige Serpentine darunter. Mochte die steinernen dachlosen Räume; & die rechtwinklig geschnittenen Fenster. Saß auf den Stufen, um es 2 schlagen zu hören von der Uhr, die seit dem 13. Jahrhundert läutet; die J. hörte. Rostiger Klang. Was dachte sie? War sie verrückt? eine Phantastin, die den richtigen Zeitpunkt traf.

*Tagebuch, 27. April*

*In Chinon ist noch alles so, wie es damals war, und die Uhr läutet noch immer mit rostigem Klang.*

Ich stimmte für Dreux; also fuhren wir hin – zum Hotel de Paradis; & als wir hineinkamen hörten wir die Geigen & sahen leicht bekleidete Mädchen; billig; aufgetakelt mit Kleidern von der Stange aus dem Laden vor Ort. Eine Hochzeit. Schon um 5.30 Tanz. Das ist der Gasthof mit den alten Schränken. Mußten auf der anderen Seite vom Hof essen, weil im Speiseraum getanzt wurde. Erdbeeren zum Abendessen ... Alles sehr langsam & kalt. Die ganze Zeit kamen Leute in Autos vorgefahren. Kleine Jungen, die in schwarzem Samt herumtollten. Kleine Mädchen perfekt gekleidet & sehr affektiert. Ganze Familien eingeladen; kleine Geschäftsleute, nehme ich an. Getanzt wurde bis um 11. Dann sahen wir, wie die gequälten Kellner Tische hinüber trugen – wie zynisch müssen alle Kellner & Zimmermädchen sein – wie schrecklich abgeklärt angesichts der Flüchtigkeit des Lebens – & die Musik hörte auf. Sie aßen. Dann um 12 oder 1 (ich wurde geweckt) fingen Autos an, aufzuheulen; Leute riefen, lachten, verabschiedeten sich: Ich hatte die Braut tanzen gesehen – ein blasses Mädchen mit Brille – & stellte mir vor, wie sie fortgegeben wurde, um ihre Pflichten in einem kleinen Haus in den Vororten von Dreux zu erfüllen; denn sie heiratete einen kleinen Angestellten, nehme ich an, & jetzt fangen sie damit an, die Art zu erhalten.

*Tagebuch*, 27. *August*

Gestern Spaziergang [von Brantôme aus]. Vergaßen den Maßstab von Landkarten. Fanden Champagnac außerhalb unserer Reichweite. Verliefen uns bei Les Roches. Kamen bei einem alten Haus an auf einem grünen Rasen, mit Bäumen & ummauertem Garten. Ach, hier zu leben, sagten wir. So viel feiner, sanfter, lieblicher als in Cassis. Das Land ist flach & grün wie ein Rasen; mit spitz zulaufenden zitternden frisch befiederten Pappeln; dann die wie mit dem Spaten zusammengeschobenen Hügel, die ich liebe; & der

Fluß, an dem wir entlanggingen – der Fluß, der so tief ist, so romantisch, der die blauen Gewitterwolken einfängt, die Weiden nonchalant verdreht, weiterfließt. Klumpen von lila Enzian im Schilf. Eine elizabethanische Wiese – Schlüsselblumen, Glockenblumen. Aber der Donner brüllte los. Wir rannten. Wir verkrochen uns unter einer Art eingefallener Höhle. Dann hetzten wir nach Hause über 2 Meilen Straße oder mehr; schmerzende Schenkel, Donner & Blitz beim Friedhof. Alle blechernen Schutzdächer & Metallkränze schimmerten. Mädchen, Trauernde, hakten sich unter & rannten. Zu Hause vor dem Hauptguß, sehr heftig.

*Tagebuch, 25. April*

*Eigentlich ist die Umgebung von Brantôme hügelig und dicht bewaldet, aber es gibt dort noch viele reizvolle Häuser, die bei Engländern im Exil, von denen sich Virginia geflissentlich fernhielt, sehr gefragt sind.*

Fuhren nach Marennes, über smaragdgrünes Sumpfland; verlassen, ein oder zwei Kühe: eine große hagere Frau in Schwarz wie ein Pfarrer. In Bourgeant? [Brouage] – eine Stadt in einer alten Mauer, mit Büscheln von Gras. Reizendes Land. Eine Fähre. Flugzeuge fliegen Loopings. Kirche in Marennes; altes Schiff baumelte von der Decke. Das Hotel mit den Austern 2 Ki. weiter. Saßen an grünem Tisch in der Sonne & tranken Kaffee: L. bestellte 12 Austern: lebend: wanden sich in seinem Mund sagte er; grün; mit verformten Schalen. Ein Pinienwald; ganz still; keine Bungalows. Niedrigwasser. Boote draußen bei den Austernbänken. Überaus reizvolle Fahrt zurück über den Sumpf. Hohe Sumpfgräser hellgelb wie Babyhaare: breiter brauner Fluß.

*Tagebuch, 21. April*

*Marennes im Süden von La Rochelle ist die Hochburg der grünen Austern, und die Restaurants dort werben noch immer lautstark mit* Degustation Huîtres. *In der Kirche dreht sich das herabhängende Modell des dreimastigen Kriegsschiffes* Saint Pierre, *das dicht mit Kanonen besetzt ist, langsam im Luftzug der offenen Tür.*

*Das Reiseziel, das Virginia auf dieser heiteren Fahrt am meisten bedeutete, war das Château von St. Michel de Montaigne bei Bordeaux, wo ihr literarischer Held Michel de Montaigne seine Essays schrieb.*

Läuteten an der Schloßtür. Niemand kam. Frauen versorgten Kühe in uralten Ställen. An einem Ende ein Turm. Ein Garten mit blühenden Bäumen. Das übliche renovierte spitz zulaufende & schwarz gedeckte Chateau: über der Tür Que S'cais-je – Eine Frau kam. Führte uns eine enge Steintreppe hinauf, ausgetreten; öffnete eine dicke nagelbeschlagene Tür. Das hier ist sein Schlafzimmer; das ist sein Ankleidezimmer. Hier ist er gestorben. Hier ging er hinunter – er war sehr klein – zur Kapelle. Oben wieder ist dann seine Bibliothek. Die Bücher & Möbel sind in Bordeaux. Hier ist sein Stuhl & Tisch. Er schrieb diese Inschriften auf den Balken. Ganz bestimmt, das war sein Zimmer; ein Stück von einem alten Holzstuhl könnte seiner gewesen sein. Ein kreisrunder Turm, sehr dick; 3 kleine Fenster blicken an der Mauer entlang auf einen anderen Turm. Alles was von dem Feuer übrigblieb, d. das alte Chateau 1880 niederbrannte – oder etwa zu der Zeit. Wir spazierten über die Terrasse. Sahen die Weingärten darunter, die angelegten roten Berge & Terrassen: ein oder zwei brütende braune Bauernhöfe – ganz wie sein Blick – der wißbegierige alte Mann muß stehengeblieben sein, um das zu betrachten, was wir sahen. So reizend jetzt; wie damals. Amerikaner &c. An jedem Tag des Jahres sagte die Frau. Ein Hund kam mit uns, holte eine Kastanie & legte sie zum Werfen auf die Brüstung. *Tagebuch, 25. April*

Auf mein Wort, Ethel, die Tür, die er persönlich öffnete, ist da: die Stufen, zu tiefen Wellen ausgetreten, hinauf zum Turm: die 3 Fenster: Schreibtisch, Stuhl, Aussicht, Rebe, Hunde, alles genau so, wie es war – wann? – ich kann mich nicht erinnern. Dazu 4 alte Sättel.

*Brief an Ethel Smyth, 24. April*

Da, wo ich, mit zitternden Fingern nach einer ganzen Flasche Monbazillac, einen Pfeil gezeichnet habe, schrieb Montaigne seine Essays. Dort gingen wir heute morgen hin: eine göttliche Landschaft ringsum – Weinberge, Ochsen, Frühling. Wir müssen noch einmal zusammen hinfahren. O so betrunken; und habe eine ganze paté de foie gras gegessen.

*Postkarte an Vita Sackville-West, 23. April*

*Als ich 1992 zu Montaignes Turm kam, lud mich ein herumtollender lustiger Hund ins Schloß ein, vielleicht ein Abkömmling von Virginias Begleiter, bevor er mit einer befreundeten Promenadenmischung in Luftsprüngen durch das sonnige verlassene Dorf entschwand. Ich war ein Eindringling – das Château ist montags fü die Öffentlichkeit geschlossen, und die Tore waren zugesperrt: Es war der Hund, der mich dazu verleitet hatte, über den Zaun zu klettern.*

## *Monte Carlo*

Tagebuch, 28. Mai 1935

Ein strahlend blauer & weißer Tag: geschnitzte Geländer schimmern, kleine umbuchtete Stadt über dem Meer. Ich sah Kuppeln & Säulen & sagte L. das sei das Kasino, also gingen wir hinein, &

mußten Pässe vorzeigen & Hut & Schirm abgeben & dann zahlten wir nichts, sondern gingen in einen überladenen aber schäbigen Saal mit sieben oder acht Tischen, ungefähr wie große Billardtische, an denen eine schäbige schwitzende ziemlich abgerissene Gruppe saß & mit unbewegten & ausdruckslosen Gesichtern beobachtete, wie die goldenen Lamellen in der Mitte hin & her sausten. Sie hatten etwas Eigenartiges. Man konnte sie nicht einordnen. Einige waren schäbige alte Gouvernanten mit Brillen, andere Professoren mit Bärten, eine aufgedonnerte Abenteuerin war dabei; aber die meisten waren kleine Geschäftsleute – nur ziemlich, nicht vollkommen lasterhaft. Es war ein glühend heißer Sonntagmorgen gegen 12 & auf diese Weise, dachten wir, verbringt unsere Kultur ihre Ferien. Verdorben, stumpfsinnig & von außen düster. Dann weiter.

### *In Chartres*

Tagebuch, 29. Mai 1935

Und nachdem ich meinen Federhalter niedergelegt hatte, holte ich L. & wir gingen zur Kathedrale, die fast dunkel & melodramatisch war – ich meine überraschend, dort nur die Bögen & Schatten zu sehen, wir ganz allein, & die blauen Fenster hell leuchtend in der kalten grauen Nacht. Es war tatsächlich, als würde man das Skelett & die Augen der Kathedrale dort glühen sehen. Blanke Knochen & die blauroten Augen. Die Fenster sind alle blau & rot, & an dem einen Ende glüht das Juwel – das große Rosettenjuwel, das in der Kohlenschwärze glüht, für die ganze Welt, wie etwas, ein Schmuck auf einem unermeßlichen – was? Frauenkörper paßt nicht. Dann also das Juwel der Welt – oder ist das sentimental? Nachdem wir uns hingesetzt & umgesehen hatten, kehrte langsam das Grau in die dicken Säulen zurück, aber der ausgehöhlte (schattenhafte) Anblick blieb noch bestehen. Noch nie hatten wir es so kahl gesehen, so architektonisch, eine Aussage über Proportionen, bis auf das feurige & tiefblaue Glas, denn das Glas wechselte von Melancholie zu Transzendenz. Dann zurück zu einem erstklassigen Abendessen – einem Abendessen, erdacht & unter dem Regiment von einem würdevollen jungen Koch, genau wie Raymond [Mortimer?], nur mit mehr Talent & Charme. Zum Beispiel kreierte er eine Sauce aus Sahne, französischen Bohnen, Senf, Salz & Wein. Als er den Wein hinzufügte, hielt er seinen Finger, der nicht sauber war, halb über die Öffnung der Flasche. Dann blieb die Sauce zum Köcheln über einer Spiritusflamme: dann wurde eine weitere rotbraune Kasserolle gebracht & die Sauce umgegossen. Unser Abendessen war reichhaltig & gedankenvoll; ich hatte Pilze in Sahne. Und ich beobachtete die Art & Weise, in der ein guter Kellner einen Gang mit unendlicher Sorgfalt & Achtung serviert, als ob er mit etwas Kostbarem umgehen würde. Jetzt ist Chartres ruhiger & daher zu Bett.

## *Französische Orte*

### Albi, Tarn

Ein protziges Hotel, Kreis aus blauem und rotem elektrischem Licht in der Empfangshalle, die hinein und hinaus führte. Schlechtes Abendessen. Das schlechteste Hotel, das wir bisher gefunden haben. Ging im Regen spazieren. Kathedrale großartig – wie rote Fabrik, fest, gerillt, felsenartig, innen bemalt ... Die ganze Nacht Regen. Zimmer dick eingestaubt. Fleckige Wände – möglicherweise Ungeziefer.

*Tagebuch, Mai 1937*

Alençon, Orne

Eine weiße elegante alte Stadt mit einem Magnolienbaum, der dicht mit Blüten besetzt ist. Hörten einen Lautsprecher aus einem alten Haus, in dem ein Mädchen schreibend unter einer Reihe von Krügen saß – Ausgedehnter kahler Platz für Soldaten.

*Tagebuch, 17. April 1931*

Angoulême, Charente

Erinnerte mich ein bißchen an Clifton [Bristol, England] – hohe luftige Terrassen, die eine weite, von Wolken verdunkelte Landschaft überblicken. Mädchen im Thé-Salon trinken Port & essen Kuchen.

*Tagebuch, 25. April 1931*

Avallon, Yonne

Ein sehr bezaubernder alter Ort ... grandiose Aussicht; und Turm, Kirchen, alte Häuser, Patisserien und Altertumsforscher *ad lib* ... Die Eselpopulation ist groß und im höchsten Maße eintönig.

*Brief an Leonard Woolf, 27. September 1928*

Brantôme, Dordogne

Ein schöner Abend, eine Steinbrücke, ein Fluß, der in Kreisen fließt wie Peitschenschlag; ein fischender Junge, ein Mann, der eine Pappel fällt: Und eine ganze Kolonie von Zigeunern, die in einem Felsen nisten.

*Brief an Vita Sackville-West, 24. April 1931*

Carnac, Morbihan (die megalithischen Monumente)

Irgendwie beeindruckend, wie eine Armee alter Waschfrauen, die aus Urzeiten hervortreten, jede mit einem Laken auf dem Kopf.

*Brief an Ethel Smyth, 18. Juni 1939*

*An anderer Stelle nannte Virginia Woolf die Megalithen ›Grabstätten‹.*

La Rochelle, Charente-Maritime

Es sieht aus wie Bologna [Italien], – Gewölbe, meine ich: Dächer aus roten Blumentöpfen; ein Flieder in voller Blüte; römische Ruinen im Garten unter dem Fenster. Ein sehr nettes Hotel, mit glänzenden Böden; ein zahnloser alter Bediensteter in Schwarz; ein Hauch von Phantasie in den Soßen: der Süden fängt an, zu wärmen und zu purzeln ...

*Brief an Ethel Smyth, 20. April 1931*

*Das Hotel war das France-Angleterre, das sich jetzt an einer anderen Stelle befindet, aber noch immer glänzende Fußböden hat.*

Le Mans, Sarthe

Grau & weiß gekrümmte, würdevolle, uralte Stadt mit niedrigen Fenstern.

*Tagebuch, 27. April 1931*

*Außerdem das 24-Stunden-Autorennen, das seit 1923 gefahren wurde.*

Maintenon, Eure-et-Loir

Die alten Krallen der Ruine vor dem abendlichen Himmel nach dem Abendessen. Vögel singen, viele Nachtigallen, sehr zart und rein. Alles still und unverdorben.

*Tagebuch, Mai 1937*

Meyronne, Lot

Großartiger Tag in Meyronne, wo ich mir wünschte zu wohnen – oben bei dem Schloß. Eine alte Frau zerrupfte Salsifis. Sprachen über Wildschweine – manchmal getötet; ziemlich zahm; sie essen sie ... Der Bauernhof mit dem großen Taubenschlag; all diese alten Dinge nicht konserviert, sondern genutzt, und dem Verfall überlassen.

*Tagebuch, Mai 1937*

*Virginia könnte heute im Schloß zumindest Zimmer mieten, da es zu einem Hotel umgebaut wurde.*

Najac, Aveyron

Schäbig mittelalterlich; bucklig, mit großen Balken; und gedämpften grinsenden Köpfen; um einen mittelalterlichen Brunnen herum. Kein Ort, wo Menschen leben können – das Mittelalter. Häuser hocken oben auf Klippen. Der Fluß darunter eingeebnet. Eine unwirkliche tote kriechende Stille, als würden sie eine alte Schale bewohnen. Die alten Männer tratschen mit ihren spitzen Gehstöcken. Kein Leben; keine Geschäfte, Schmutz und Elend.

*Tagebuch, Mai 1937*

*Najac ist heute ein ausgiebig vermarktetes Ziel für Touristen und wird allgemein für eines der malerischsten Dörfer Frankreichs gehalten.*

Périgueux, Dordogne

Alte Möbelgeschäfte; teure Stühle; eine Kirche mit grünen Kuppeln; abgeschabt; erneuert. Alle Kirchgänger sind alte Frauen; alle in Schwarz; alles aus Wolle; altersschwach. Irgendein Priester, der mit verschiedenen Gesten umherschlendert.

*Tagebuch*, *25. April 1931*

*Die ›Kirche mit grünen Kuppeln‹ ist die riesige und erstaunliche byzantinische Kathedrale von Saint-Front – fünf Kuppeln, ein Dutzend Minarette und ein spitz zulaufender Glockenturm.*

Rodez, Aveyron

Das beste Hotel der Welt. Die Geister lebten auf. Ein langer Spaziergang nach dem Tee. Saßen und betrachteten die Berge auf der anderen Seite des sehr grünen flachen Nachtigallen-Tals ... eine ausnehmend schöne rostrote Kathedrale.

*Tagebuch*, *Mai 1937*

Souillac, Lot

Dort wurde es plötzlich zweihundert Jahre früher. Dort saßen wir am Abend am Ufer der Dordogne und sahen den Mann mit dem großen Hut und Gamaschen, und Frauen wuschen auf dem Kiesufer Wäsche. Dort gab es eine Hütte, die gegen den Felsen gebaut war wie ein Szenenbild in einem Theaterstück; und ein Mann saß dort während die Frauen ein und aus gingen. All das passierte, wie gesagt, vor zweihundert Jahren ... Dächer hier wie hohe heruntergezogene Filzhüte mit einer Kerbe in der Mitte.

*Tagebuch*, *Mai 1937*

Treignac, Haute-Vienne

Machten einen Spaziergang zum Gipfel des Berges, um die Druidensteine zu finden; alle grün übergossen unter den Bäumen; Kukkucksrufe; der kleine Hof eines Schäfers; Regen stürzte wie eine Flut herab; als wir hinaufgingen, Pfeilen folgten, schlängelnde Wege; göttliche Sicht ganz neblig und verhüllt, grün erleuchtet ... Sollte noch einmal angesehen werden, so herrlich war es selbst dann.

*Tagebuch, Mai 1937*

Uzerche, Corrèze

Wir sahen eine Frau, die am Flußufer ein weißes Tuch nähte. Sie rief die Kühe, die gehorchten ... Die Blumen waren wie eine elizabethanische Wiese. Ein Mann schlug im Wald oben Holz. Ich konnte die hohlen Töne hören. Kein anderer Ton. Und ein Junge zeigte uns den Weg, öffnete die Tür einer großen Scheune ... Ein Mann bei der Werkstatt ... erzählte, wie er in Gambia gewesen war und gerne wieder dort wäre anstatt in dieser lebendig toten französischen Stadt; wo ihn die Eltern seiner Frau festhielten.

*Tagebuch, Mai 1937*

Vannes, Morbihan

Eine überaus ansprechende, würdevolle Stadt, mit einem Kai, blauen Schiffen, alten Mauern, alten Frauen, die in schwarzen Samtgewändern mit weißen Hauben einhergehen, und, kurz gesagt, allem, was man braucht.

*Brief an Vanessa Bell, 13. Juni 1939*

# Italien

*Italien, wohin ich ›kommen werde, um zu sterben‹, Italien mit den reizendsten Frauen Europas, Italien, ›das allerschönste Land überhaupt‹ – Virginia Woolfs Äußerungen über Italien waren, besonders in ihrem späteren Leben, überschwenglich. Sie kam zwischen 1904 und 1935 siebenmal dorthin, nicht eingerechnet die Durchreise mit dem Zug, als sie aus Griechenland und der Türkei kam.*

## *Eine italienische Reise*

Tagebuch, September 1908

Es läßt sich nicht viel über Mailand sagen; außer vielleicht, daß wir hier in das italienische Leben eingetaucht sind. Wir gingen in den geschäftigen lauten Straßen herum & fühlten uns für nichts verantwortlich; liefen auf dem Fahrdamm; sahen uns viel um, ohne groß nachzudenken – waren uns so ungefähr im klaren, daß das Volk ähnlich gestimmt war.

Es gibt dort große flache Häuser, die mit einer durchsichtigen Farbe gestrichen & in Abständen mit leuchtend grünen Rechtecken verziert sind. Blumentöpfe bilden auf manchen Simsen zierliche Blättergirlanden. Alles ist ein bißchen staubig, sehr dramatisch – gelbe Mauern zeichnen sich scharf gegen das grüne Laubwerk von Parks ab. Man ruft Oh & Ah – an den Ecken – ganz anders als bei einer englischen Stadt in der Provinz. Für mich ähnelt es einem Entwurf in Wasserfarben von der Hand eines temperamentvollen, wenn auch nicht herausragenden Meisters. Es ist viel aufrichtiger und sich seiner selbst sicherer als wir in unseren Brightons & Oxfords, als wäre es nach einem Plan ausgeführt, der sich aus der Natur von Farbe & Klima ergab.

Wir besichtigten den Dom [von Siena] anläßlich eines Festes. Er ist schwarz & weiß gestreift, mit rosé & blau an den Bögen; goldene Griffe; eine Decke von Azur; Früchte, Gesichter, wilde Tiere sind auf jede Spitze und in jeden Winkel gemeißelt. In den Kapellen gab es glitzernde Bilder & Kerzen; & am Hochaltar waren alle Wachsreihen angezündet. Es gab prächtige Priester, die hier den Gottesdienst hielten, mit den Rücken zu uns gewandt, von denen gelbe goldbestickte Seide in gestärkten Rechtecken herabhing. Einer hatte einen weißen Hut wie das Blumenblatt einer Zyklame auf seinem Kopf.

Es war das Fest der Jungfrau, & eine große Menge war im Sonntagsstaat zur Andacht gekommen. Eine merkwürdige Andacht verglichen mit unserer! Statt aufgereihter Stühle, vollkommen geordneten Bewegungen & einer Messe wie ein militärisches Manöver, wußte hier kein einziger der Andächtigen, was der Nächste tat, oder schien sich um die Kommandos der Kleriker zu kümmern. Die Priester selbst gingen hierhin & dorthin, bildeten Reihen, zogen sich um & führten die ganze Zeit zügig ihre Zeremonien aus, als würden sie einen mystischen Ritus vollziehen, den das Volk nicht versteht. Die Leute sahen zu, gingen herum, knieten nieder & standen wieder auf; ihr Glaube schien warm & persönlich zu sein, nicht von irgendeinem allgemeinen Bedürfnis bestimmt. Ich stelle mir aber vor, daß diese sehr dekorative Vorstellung für sie den heiligen Korpus ihrer Religion darstellt, versiegelt in diesen gelben & intarsierten Fässern – ich nehme an, alle Herrlichkeiten des Himmels haben für sie diese handgreifliche

Form –, die durch all diese rätselhaften Webereien & Symbole nur um so eindrucksvoller wird.

Sie riechen die Blumen, die auf den elysischen Feldern wuchsen; stellen sich das aufgerichtete Kreuz vor & den Körper darauf; er ist ganz gelb gefärbt, herrlich & fern. Sind das Priester – oder sind es nicht eher Menschen, die selbst bei dem Geschehen anwesend waren? Der Bischof saß auf seinem geschnitzten Thron, seine Schuhe mit den Schnallen pompös zur Schau gestellt, seine Hände unter seinem seidenen Schurz verborgen & sein Gesicht wie eine aufgesetzte Maske aus rosigem Wachs, glatt & in nicht geringem Maße voller Verachtung gegenüber irdischen Streitigkeiten.

Wenn man hier [Perugia] aus dem Vordereingang tritt, befindet man sich scheinbar auf einer Promenade über dem Meer. Ein blauer Dunst füllt den Raum zwischen den weißen Pfeilern der Brüstung; & die Leute lehnen sich an & sehen darüber hin, wie sie es am Meer tun. Aber in Wirklichkeit ist darunter trockenes Land, ein Stück tiefer abgesunken; es gibt geschwungene Weinberge, Olivenhaine, & die Hügel, die sich vor dem Himmel erheben, scheinen sich etwa auf der gleichen Ebene wie unsere Köpfe zu befinden. Bei Sonnenuntergang gibt es natürlich ein kolossales Schauspiel; Wolken von flamingofarbenem Scharlach & der Form von gekräuselten Federn, karmesinrote Flächen mit Streifen darauf; Hügel, die sich gegen den Feuerofen abheben, so daß ihr schmaler Saum von Bäumen sichtbar ist; doch am meisten mag ich den Vordergrund mit seinem weichen Grün & Braun & der matt weißen Glasur der Straße als seinem hellsten Licht.

Nach dem Tee suchen wir uns, anstatt nach dem Vorbild unserer Landsleute die Straßen zu durchstöbern, einen der Wege aus, denen wir von unserem Fenster aus folgen können, & steigen ins Tal hinab. Schmale Wege zweigen immer wieder ab & führen zwischen die Weinberge. Sie sind steinig; führen an kleinen viereckigen Bauernhöfen vorbei, die lachsrosa getüncht sind. Italienische Bauern pflügen durch eine Erde, die den Anschein extremer Altertümlichkeit erweckt; sie ist so braun & trocken, daß alles Öl, das die Klumpen zusammenhält, herausgebacken worden sein muß. Zwei Ochsen, die schwerfällig sind & sehr zur Kontemplation neigen, führen diese unbeholfene Arbeit aus & sind von erheblichem Wert, wegen ihrer cremigweißen Farbe in der braunen & grauen Landschaft.

Es liegt vielleicht daran, daß ich die umbrischen Weinberge mit englischen Feldern vergleiche, daß ich nur langsam zu einem Bild für diese Landschaft finde. Die Einteilungen erschienen mir zunächst verwirrend: ich fand keine Abgeschiedenheit & keine Wildnis; es gab keine tiefen schattigen Baumgruppen, keine Felder mit hohem Gras. Der Boden ist einzigartig kahl & steinig; spröde wirkende Kornspeicher aus altem rosa Backstein sind hier & da verstreut, & vielleicht gibt es einen Torweg, wo alte Frauen sitzen, die Mais ausschälen. Den anheimelnden Kreis unserer Bauernhöfe gibt es hier nicht. Aber die Gegend ist schön; die verkrümmten kleinen Bäume, jetzt grün, jetzt wieder schwarz gegen den Himmel abgesetzt, sind voller Linien; reizvoll sind die Bergspitzen in der Entfernung, wie ein Lager von Zelten in allen Größen; hier vor uns liegt Perugia auf seinem Hügel, mit der Silhouette all seiner langen Türme & angehäuften viereckigen Quadern; hier ist nichts Weiches, nichts Undeutliches, aber ich fange an zu erkennen, daß dieses Land mit seinen knorrigen kleinen Bäumen & seinen scharf gezogenen Konturen einen Charakter hat, der jede andere Umgebung schnell fade werden ließe.

Wir verbrachten den Tag in Assisi. Es liegt uns gegenüber auf seiner Hügelkuppe, etwa sechzehn Meilen entfernt, & dazwischen erstreckt sich ein vollkommen flaches Gelände, gesäumt von Baumreihen, das den Tiber mit sich trägt. Assisi ist eine weitere dieser pyramidenförmigen Städte, die Zeile um Zeile von weißlich braunen Häusern ansteigen, bis sie in einer Kuppel kulminieren oder in einer langen Galerie von Bögen. Ungeheure kahle Berge liegen hinter der Stadt. Als wir die Kirche in Augenschein genommen hatten, spazierten wir durch die Straßen. Wie gewöhnlich sind die Häuser ziemlich hoch & die Straßen eng, so daß man, wenn man einen Dachstreifen obenauf legen würde, einen tiefen Tunnel bekäme. In diesem Fall waren die Häuser ziemlich prächtig, mit großen Fenstern und Balkonen, die Eingänge mit Steinen befestigt, aber die Fensterläden waren alle aufgeklappt oder schwangen geöffnet träge hin & her, so daß man sich große leere Räume im Innern vorstellen konnte. Die Straßen waren verlassen, bis auf einen Eselskarren oder eine alte Frau, die an einer Wand hockte. Die Berge & das weit ausgedehnte Land, das man an jedem Straßenende unter sich sehen kann, geben den Städten etwas Widersprüchliches. Sie scheinen sich friedlich an ihrem Berggipfel festzuhalten – und Obdach für belagerte Menschen zu gewähren, die es nicht länger benötigen.

*Es ist anzunehmen, daß Virginia mit ›die Kirche‹ die Doppelkirche im Kloster des heiligen Franziskus meinte, mit ihren achtundzwanzig wundervollen Fresken von Giotto und seinen Schülern – sie wird nicht oft so beiläufig abgehandelt.*

Wir sind sehr geruhsame Reisende. Wir werfen am Vormittag einen Blick in eine Kirche oder Galerie, sitzen in unseren schattigen Räumen bis es Zeit für den Tee ist, & unsere ganze körperliche Betätigung besteht aus einem gemächlichen Spaziergang bei Sonnenuntergang ... Wir sind von Bergen umgeben [in Umbrien], die bald bläulich werden, obwohl sie nur selten eine große Masse an Wolken tragen. Die Bäume auf unserer Anhöhe glühen, als wäre eine gelbe Malerfarbe darübergebürstet worden. Es ist unendlich angenehm, zu sitzen & die Hitze des Tages entschwinden zu lassen, bis ein leichter Wind aufkommt & es Zeit fürs Abendessen ist. Es gibt Blumen mit voluminösen gelben Blüten im Garten & Bäume, die wie mit Rosetten geschmückt sind. Sie haben nur wenige Blätter, um eine solche Pracht tragen zu können.

... Die Erde bietet keinen Schutz, keine sanften Stellen, sondern jeder Fußbreit davon liegt bloß vor dem Auge. Es läßt sich vermuten, daß es vereinzelte Straßen gibt, die von Dorf zu Dorf führen. Auf jeder Erhebung hat sich eine weiße oder braune Villa niedergelassen, so daß das Land trotz seiner Wildheit nicht einsam ist. Kein Park, keine Baumgruppe verbirgt diese nackten Stellen ... Man bekommt den Eindruck einer ungeheuer alten Zivilisation; denn das Land liegt überall unter dem Blick derjenigen, die es kultivieren, & keine Fläche ist sich selbst überlassen.

## *Anglo-Italiener*

*Obwohl Virginia Woolf oft daran dachte, ein Haus im Ausland zu erstehen, hatte sie doch einen scharfen und kühlen Blick für die Eigenheiten der Auslandsengländer, die zu Beginn des Jahrhunderts in Italien in Mengen auftraten.*

Speziell eine alte Dame scheint dort [im Brufani Palace Hotel in Perugia] seit den frühen fünfziger Jahren des letzten Jahrhunderts gesessen zu haben. Sie hat ihr Leben, soweit sie es enthüllt, damit verbracht, zu reisen & die Vorzüge von verschiedenen Pensionen zu testen. Sie verkündet, die Tafel hier sei die beste in ganz Italien. Gleichzeitig zeigt sie keine Begeisterung; das Leben eines Hotelgastes besteht aus fortgesetzter Feindseligkeit.

Arm, ein Blaustrumpf, der anfängt, alt zu werden, das Reisen ist für sie tatsächlich die angenehmste Lebensweise. Ich stelle sie mir als Tante großer Familien aus dem kleinen Landadel vor, sie tritt auf gewisse Weise hervor, weil sie von ihren Reisen erzählen kann. Sie erklärt, sie finde das englische Leben farblos, & begibt sich auf diese langen Wanderschaften, von einer billigen Pension zur nächsten, nie verläßt sie die abgetretenen Städte oder sieht viel von ihnen. Sie sitzt den ganzen Tag in einer Ecke des Speisesaals, strickt oder schreibt in einer verdrießlichen Handschrift lange Briefe an alte Freunde; sie wartet auf die Mahlzeiten & beobachtet die Schüssel, wie sie die Runde um den Tisch macht. Gewisse alte Höflichkeitsformen verbieten ihr, öffentlich zu schlingen, & in den Pausen zwischen den Gängen stößt sie eine ungeheuere Menge verblaßte Bildung hervor, die nach den 60er Jahren riecht, als sie mit einem großen Sonnenhut über den Apennin fuhr. Sie weiß nichts genau, maßt sich aber eine gewisse Autorität an, weil sie schon vor fünfzig Jahren Bilder gesehen hat . . .

Dann & wann wagt sie sich, von einem Strudel des Lebens angeregt, direkt ins Fahrwasser der allgemeinen Unterhaltung – & gibt eine eigene Berichtigung oder Theorie zum besten – bei der wir nur schweigen oder vielleicht im Vertrauen auf ihre Gebrechlichkeiten lächeln können; sie verhaspelt sich vollkommen, vermutet irgendeine Feindseligkeit, errötet, wird emphatisch – & versucht uns mit fürchterlichem Schwulst oder altehrwürdigen Autoritäten einzuschüchtern. Arme alte Dame! Dieses Wagnis war kein Erfolg, & sie zieht sich zurück, um verdrießlich zu grummeln, aber ihr Geist versinkt wieder in Erstarrung. Essen tröstet sie.

*Tagebuch, September 1908*

Das Schlimmste an den vornehmen alten Damen, die jeden kennen und ein unabhängiges Leben geführt haben, ist, sie werden harsch und herrisch, doch es fehlt ihnen an Witz, der dieses Benehmen erträglich macht. Mrs Ross lebt in einer großen Villa, ist die Tochter vornehmer Eltern; die Freundin von Schriftstellern und ein Abbild ihrer ländlichen Umgebung. Sie verkauft, was sie hat. Sie ist emphatisch, eindringlich, fixiert einen mit ihren direkten grauen Augen, als wäre es eine Ehre, auch nur für einen Moment ihre Aufmerksamkeit auf sich zu ziehen. Der Kopf ist massig, er wird aufrecht gehalten; der Mund ist grob und die Oberlippe behaart. Solche alten Frauen mögen Männer und haben eine Anzahl von unbegründeten Traditionen. Stolz auf die Geburt, glaubte ich festzustellen; ganz gewiß hat sie diesen anderen Stolz, den Stolz derjenigen, die unter den auserwählten Geistern ihrer Zeit gelebt haben. Ein Wort über Familie und sie sprudelt los.

Ich weiß nicht warum, aber dieser Typus ... zieht mich nicht sehr an. Nur eine Haltung ist möglich, wenn man eine junge Frau ist: man muß ihnen das Gehabe einer Königin zugestehen, mit einer Spur Mütterlichkeit. Sie fordert dich auf, dich neben sie zu setzen, legt ihre Hand für einen Moment auf deine; entläßt dich im nächsten, um Platz für einen schwächlichen jungen Mann zu machen. Sie läßt sie wochenlang bei sich wohnen – mag sie am meisten, wenn sie groß und stark sind, läßt aber Schwächlichkeit um des Geschlechts willen durchgehen. Sie hat ein unerschrockenes Leben geführt, auf sich selbst gestellt, und eine Engländerin, die Bauern Anweisungen gibt, neigt dazu, herrisch zu werden. Über ihren Geist kann es allerdings keinen Zweifel geben – viele Porträts zeigen das gespannte unbeugsame Gesicht in seiner Jugend und in den mittleren Jahren, es ist immer noch dasselbe unter den weißen Haaren. Es beweist ihre Stärke, daß ihr Salon sich mit Gästen füllte. Sie schien Vergnügen daran zu finden, sie ohne viele Umstände herumzuordern. Gruppen wurden aufgefordert, den Garten zu bewundern; junge Männer wurden beauftragt, Kuchen zu reichen.

*Tagebuch, 25. April 1909*

*Janet Ross (1842–1927), die in Settignano vor Florenz lebte, war die Tochter der schrecklich unkonventionellen Schriftstellerin und Abenteuerin Lucie Duff-Gordon: aber sie hatte ›in keiner Weise‹ (behauptet Lady Duff-Gordons Biograph Gordon Waterfield) ›eine so breite Skala von Interessen und Anteilnahme‹ wie ihre Mutter.*

## *In Syrakus*

Brief an Vanessa Bell, 14. April 1927

Wir sind gestern abend hier angekommen, und was glaubst Du, wen wir auf dem Weg vom Bahnhof getroffen haben, Osbert Sitwell, der das Taxi anhielt und sehr freundlich war, aber er wohnt in einem Grand Hotel außerhalb der Stadt, während wir in einem billigen italienischen Gasthaus abgestiegen sind, wo niemand englisch spricht, und wir köstliches Essen bekommen, und es nur italienische Offiziere und Witwen und, Gott sei Dank, keine Deutschen gibt – also nehme ich nicht an, daß wir Osbert sehen werden. Es gibt einen Hof, mit zwei Katzen in einem Korb, einem Kellner, der einen Tisch lackiert, und einer alten Frau, die Matratzen abzupft: Ich bin dabei, mich Hals über Kopf in Italien zu verlieben. Ich finde, es ist sehr viel gewinnender als Frankreich – Alle Männer müssen Frauenhelden sein. Der alte Wirt macht ein Omelette speziell für mich . . .

Gestern abend haben wir Syrakus bei Mondlicht erkundet. Aber wie soll ich beschreiben, ohne Dich zu langweilen, vor allem, wo Du keine Flasche Wein getrunken haben und halb beschwipst sein wirst wie ich es war – die Bucht, die Schoner, der blaue Himmel, mit den weißen Säulen, wie Papier, und ziehenden Wolken, und müßig umherschlendernden Menschen, und einem Mann auf Stelzen – nein es ist nicht zu machen . . . Ich würde gerne mein ganzes Leben lang von Stadt zu Stadt reisen, durch

Ruinen streifen und beobachten, wie die Schoner einlaufen, und mich in italienische Mädchen verlieben . . .

## *Venedig*

*Virginia kam dreimal nach Venedig, 1904 mit fünf Mitgliedern ihrer Familie, 1912 in ihren Flitterwochen und 1932 mit ihrem Ehemann, ihrem gemeinsamen Freund Roger Fry und seiner Schwester Margery.*

Nie gab es einen so amüsanten und schönen Ort. Wir haben hier ein Zimmer ganz oben direkt neben dem Canal Grande: unten sind die Gondeln festgemacht, und die Gondoliere machen einen derartigen Lärm, daß ich nicht zusammenhängend denken kann. Es war ein überaus seltsamer Traum, nach diesen zwei Tagen im Zug in unsere Gondel zu steigen . . . Ich kann noch nicht glauben, daß der Ort wirklich ist und wandere mit offenem Mund umher . . . Gestern abend sind wir die ganze [Riva degli] Schiavoni hinuntergewandert – wo die Gebäude aussahen wie aus Marmor gehauen, und eine große, mit bunten Lampen behängte Gondel vorbeitrieb. Aber ich kann noch keine Worte finden . . .

*Brief an Violet Dickinson, 4. April 1904*

*Ihre Zimmer waren im Grand Hotel am Canal Grande. Es befand sich im Palazzo Fini, heute sind dort Regierungsämter, aber Tür an Tür mit dem Palazzo Gritti. Virginia bezeichnete es als ›ein schreckliches großes Hotel‹, und nach zehn Tagen hatte sich ihre venezianische Euphorie erschöpft – sie fühlte sich ›wie ein Vogel in einem Käfig‹. Aber wie sie sagte, fünf waren zu viele für einen Aufenthalt in Venedig, genau wie einer zu wenig war: sie vergaß nie, wie sie während ihrer Flitterwochen einen Freund ganz vereinsamt auf der Piazza sah.*

Ein Bild habe ich gesehen – Phil Burne Jones [Sir Philip Burne-Jones] wie er auf dem Markusplatz saß, in Abendtoilette, allein an einem Augustabend 1912 ... Er wirkte verkommen & einsam, wie ein Pierrot, der alt & etwas griesgrämig geworden ist. Er trug einen leichten Staubmantel & saß da, mit seinem komischen weißen Gesicht & sah alt & gesetzt aus, unglücklich & sehnsüchtig & desillusioniert, allein an einem kleinen Marmortisch, während alle andern herumstolzierten oder plauderten & die Kapelle spielte – er war ohne jede Gesellschaft – keine seiner schicken Damen – niemand, mit dem er plaudern konnte mit seiner affektierten forcierten Stimme ...

*Tagebuch, 22. August 1929*

*Bei ihrem dritten Aufenthalt auf dem Weg nach Griechenland hatte Virginia ›nur Zeit für drei Kirchen und einen Teil der Akademie‹ – einen Abend und einen halben Tag.*

Wir nehmen für eine Stunde eine Gondel & fahren so hinüber nach San Giorgio; & besichtigen die wundervolle Apsis & gucken & klettern & glätten unsere Sohlen auf dem rot gelb rosafarbenem Pflaster, das wie das Meer ausstrahlt, mit eingearbeiteten Blumen, & das Licht von Venedig ist blaß & hell ... Nach dem Stück in dem Theater, das mit grünen Glasperlen behängt war, hinaus auf das schwarze aufgewühlte Wasser, so still, so bewegt, & die armen Leute sagten uns, wir sollten den Traghetto [die öffentliche Fähre] nicht überbezahlen; & dort gab es Kakteen; & einen Mann, der am Morgen sang; und R. [Roger] & ich gingen zur Tiepolo-Kirche [wahrscheinlich die Gesuati]; & die dickgelbe

Messe mit den Priestern, die ein Netz aus Beschwörungen webten & die kleinen Jungen & die Ehrfurcht & Weltlichkeit & Altertümlichkeit ließen uns feststellen Das ist der Zauber, den wir wollen; & Zauber muß sein; solange der Zauber seinen Ort einhält.

*Tagebuch, 18. April 1932*

## *In die Toskana, 1933*

*Im Frühsommer 1933 fuhren Virginia und Leonard durch Frankreich und an der italienischen Riviera entlang in die Toskana. Während der Reise spielten sie mit dem Gedanken, daß sie sich irgendwo entlang dieser Route niederlassen könnten.*

... Wir mögen die französische Riviera oder die italienische nicht sehr, aber wenn es sein muß, ist Rapallo am besten: die Bucht ist an diesem Abend mit goldener Seide überspannt, summende duftende Villas; überall Orangenblüten. Stille Frauen, die Kindern vorlesen, kleine Boote, hohe Klippen; ein träger, luxuriöser abendlicher Ort zum Umherschlendern, wo man seinen letzten Penny ausgeben kann; alt geworden ...

Aber wir wollen hier nicht leben, unsere Tage zerfleddern in diesen duftenden Villas, um den Hafen herumschlendernd.

*Tagebuch, 11. Mai*

*Max Beerbohm, der in späteren Jahren nicht mehr viel Interesse für Virginias Tagebücher aufbrachte, war seit 1910 in Rapallo ansässig.*

Ja, Shelley hatte besser gewählt als Max Beerbohm. Er wählte einen Hafen [in Lerici]; eine Bucht; & sein Haus mit dem Balkon, auf dem Mary stand, blickte über das Meer. Hart am Wind segelnde Boote kamen heute morgen herein – eine windige kleine Stadt, mit hohen rosa & gelben südlichen Häusern, nicht sehr verändert, glaube ich; übervoll von dem Brechen der Wellen; sehr weit zum Meer geöffnet; & das ziemlich desolate Haus mit dem Meer gleich vor sich. Shelley, nehme ich an, badete dort, ging saß am Strand; und Mary & Mrs Williams tranken ihren Kaffee auf dem Balkon. Ich möchte behaupten, daß sich die Kleider & die Menschen kaum verändert haben. Auf jeden Fall in seiner Art ein gutes Haus für einen großen Mann . . .

Shelleys Haus wartet am Meer, & Shelley kommt nicht, & Mary & Mrs Williams halten vom Balkon Ausschau & dann kommt Trelawney von Pisa & verbrennt den Körper an der Küste – das geht mir durch den Kopf.

*Tagebuch, 12. Mai*

*Lerici ist der heiterste Ferienort an der italienischen Riviera; und Shelleys Haus am Meer ist nicht mehr desolat. Eine Gedenktafel erinnert an die Tragödie des ertrunkenen Dichters und Marys quälende Wache auf dem Balkon. Shelleys Körper wurde am Strand von Viareggio verbrannt, etwa 25 Meilen weiter südlich, wo er an Land gespült worden war.*

Zweifellos ist die Toskana hinter Siena die schönste aller Landschaften egal wo – sie ist, im Augenblick, Zoll für Zoll mit Blumen überladen: dann sind da die Nachtigallen: aber es sind die Hügel, – nein, ich werde zu Deiner Verärgerung nicht beschreiben, was für mich die schönste, die gewinnendste, und, wie ich wohl sagen darf, virgilischste aller Landschaften ist; denn es ist Jahre her, seit wir gemeinsam Virgil lasen und Du mir mit vollem Recht sagtest, ich solle bloß kein Wort über Landschaften oder Kunst schreiben. Und die Bauern sind bei weitem die nettesten unserer Gattung – oh, wie sehr sie den Sands, den Smyths, den Logans vorzuziehen sind! Mein Italienisch verwickelt mich in alle Arten von Unterhaltungen am Wegesrand, da wir im allgemeinen unter Oliven lunchen, neben Bächen, in denen Frösche quarrend rufen. Warum bist Du nicht mitgekommen? Ich hätte die Bilder in Siena für sehr gut gehalten – und dann mag ich die alten Mädchen, die man trifft: aber die Wahrheit ist, daß dies nur eine erste Entdeckung ist – wir müssen kommen und uns in Fabbria [in der Toskana] niederlassen, eine kleine Farm haben wir gefunden, für immer und ewig ... Gestern fuhren wir an einen Ort, an dem ich begraben sein will, wenn Knochen laufen können – das heißt, Monte Oliveto; oh oh oh – Zypressen, Zisternen, Ochsen, und keine großen, knochigen Hügel, kleine, samtige Hügel – und das Kloster: und so heiß wie im August. Aber ich will nicht leugnen, daß wir ein paar sehr kalte Tage hatten, und ein paar heftige Gewitter, eins zum Beispiel in Volterra – alles weil eine Bauersfrau, deren Reben vertrockneten, kam und 2 Kerzen für Regen opferte – der prompt eintraf.

*Brief an Vanessa Bell, 17. Mai*

*Monte Oliveto Maggiore, das Benediktinerkoster aus dem 14. Jahrhundert bei Siena, ist heute eines der wichtigen Touristenziele in der Toskana, aber abgesehen von den Ochsen (es ist schon lange mit Traktoren ausgestattet) hat sich wenig verändert. Als ich 1992 einigen englischen Pilgern dort erzählte, daß ich den Fußstapfen von Virginia Woolf folgte, sagte einer von ihnen, daß man diese Bloomsbury-Leute gar nicht hätte hineinlassen sollen.*

Heute [bei Siena] sahen wir die allerschönste Aussicht & den melancholischen Mann. Die Aussicht war wie die Zeile einer Dichtung, die sich selbst erschafft: der ausgeformte Hügel; ganz übergossen mit Rot- & Grüntönen; die langgezogenen Linien, jeder Zoll bearbeitet; alt, ungezähmt, auf vollkommene Weise ausgedrückt, ein für allemal: & ich ging auf eine Gruppe zu & sagte Was ist das für ein Dorf? Es nannte sich [...]; & die Frau mit den blauen Augen sagte, ob ich nicht in ihr Haus kommen & etwas trinken wolle? Sie war ausgehungert nach einem Gespräch. Vier oder fünf davon summten um uns herum, & ich hielt eine ciceronische Rede über die Schönheit dieses Landes. Aber ich habe kein Geld, um zu reisen, sagte sie händeringend. Wir wollten nicht zu ihrem Haus gehen – oder ihrer Hütte am Berghang & schüttelten ihr die Hände, sie waren staubig; sie wollte sie mir nicht geben, aber wir schüttelten mit allen die Hände; & ich wünschte, wir wären zu ihrem Haus gegangen, in der herrlichsten aller Landschaften. Dann, als wir am Fluß inmitten der Ameisen zu Mittag aßen, trafen wir den melancholischen Mann. Er hatte fünf oder sechs kleine Fische in der Hand, die er mit der Hand gefangen hatte. Wir sagten, es sei eine sehr schöne Gegend; & er sagte nein, er ziehe die Stadt vor. Er war in Florenz gewesen; nein, er mochte das Land nicht. Er wollte reisen, hatte aber kein Geld; arbeitete in einem Dorf; nein, er mochte das Land nicht, wiederholte er mit seiner vollkommen kultivierten Stimme; keine Theater, kein Kino, nur vollkommene Schönheit. Ich gab ihm zwei Zigaretten; erst lehnte er ab, dann bot er uns sechs oder sieben kleine Fische an. Aber wir könnten sie in Siena nicht kochen, sagten wir. Nein, stimmte er zu; & so trennten wir uns.

*Tagebuch, 13. Mai*

Das sollte alles Beschreibung sein – ich meine von den kleinen spitzen grünen Hügeln & den weißen Ochsen & den Pappeln & den Zypressen & dem behauenen geformten unendlich musikalischen grün-übergossenen Land von hier [Siena] bis Abbazia [die Abtei von Sant' Antimo] – dorthin fuhren wir heute; & konnten sie nicht finden & fragten einen der reizenden müden Bauern nach dem anderen, aber keiner hatte einen Umkreis von 4 Meilen je verlassen, bis wir zu dem Steinbrecher kamen & er wußte Bescheid. Er konnte seine Arbeit nicht unterbrechen, um mit uns zu kommen, denn der Inspekteur sollte morgen kommen. Und er war allein, allein, den ganzen Tag lang, ohne mit jemandem sprechen zu können. Genauso ging es der alten Maria im Abbazio. Und sie murmelte & verhaspelte ihre Wörter, als sie uns in das große kahle Gebäude aus Stein führte; murmelte & murmelte, über die Engländer – wie schön sie wären. Sind Sie eine Contessa? fragte sie mich. Aber auch sie mochte die italienische Landschaft nicht. Sie erscheinen beschränkt, ausgetrocknet; wie Grashüpfer, & benehmen sich wie verarmte vornehme Leute; traurig, weise, tolerant, humorvoll. Da war der Mann mit dem Maultier. Er ließ das Maultier die Straße hinunter fortgaloppieren. Wir sind willkommen, weil wir reden könnten; sie sammeln sich im Kreis & reden über uns, wenn wir fort sind. Scharen von sanften freundlichen Jungen & Mädchen sind immer um uns & winken & tippen sich an die Hüte. Und niemand beachtet die Aussicht – außer uns – die Eugànei, knochenweiß an diesem Abend: dann gibt es ein oder zwei rötliche rote Bauernhöfe & hier & da schwimmen Inseln von Licht im Meer aus Schatten – denn es war sehr regnerisch – dann sind da die schwarzen Linien von Zypressen um die Bauernhöfe; wie Fellränder; & die Pappeln & die Flüsse & die singenden Nachtigallen & plötzliche Ergüsse von Orangenblüten; & weiße Alabasterochsen mit schwingendem Kinn – großen Lappen aus weißem Leder, die unter ihren Nasen hängen – & unendliche Leere, Einsamkeit, Stille; nie ein neues Haus oder ein Dorf; sondern nur die Weinberge & die Olivenbäume, wo sie immer gewesen sind. Die Berge werden hellblau, verblaßt ganz scharf und sanft gegen den Himmel, ein Berg nach dem anderen . . .

*Tagebuch, 15. Mai*

*Virginia hatte zuviel Shelley gelesen (›Many a green isle needs must lie / in the deep wide sea of misery‹*); die Berge der Eugànei sind 150 Meilen entfernt in der Nähe von Padua. Die ›große kahle‹ romanische Abtei von Sant' Antimo in ihrem herrlichen Tal bei Montalcino wurde auf stimmige Art wiederbelebt und beherbergt jetzt fünf Benediktinermönche, außerdem nisten Unmengen von Schwalben, Tauben und Nebelkrähen in ihrem Gemäuer.*

## *Bilder aus Rom, 1927*

Ich bin sicher, Rom ist die Stadt, in die ich kommen werde, um zu sterben – aber ein paar Monate vor meinem Tod, denn die Landschaft ringsum ist unverkennbar bei weitem die schönste der Welt. Ich selbst mache mir nicht so besonders viel aus den melodramatischen Bergen hier, die die Farbe von Ansichtskarten bei Sonnenuntergang annehmen; aber außerhalb von Rom ist es die Vollkommenheit – glatt, verbindlich, fließend, klassisch, mit dem Meer auf der einen Seite, Bergen auf der anderen, einer Schafherde hier, und einem Olivenhain. Dorthin werde ich kommen, um zu sterben.

*Brief an Vanessa Bell, 9. April*

Zweifellos werde ich mich hier niederlassen – es übertrifft all meine Erwartungen: Heute ist ein Feiertag und alle Sehenswürdigkeiten sind geschlossen, also haben wir nur in den Gärten gesessen und sind zum Petersdom hinübergeschlendert. Ich weiß nicht, wieso man das Gefühl hat, daß es allen anderen Städten so überlegen ist – teils wegen der Farbe nehme ich an. Es ist ein voll-

* »Manch grüne Insel muß gewiß auch liegen /
Im tiefen weiten Ozean des Leids.«

kommener Tag; alle Blumen sind gerade herausgekommen; es gibt große Azaleensträucher an den Pfaden; Judasbäume, Zypressen, Rasen, Statuen, zwischen denen die italienischen Kinderschwestern in ihren primel- und rosafarbenen Seiden mit ihren Schleiern und Spitzen umherwandern, und statt dazu in der Lage zu sein, Proust zu lesen, wie ich es beabsichtigt hatte . . . merke ich, daß ich mich wie ein Fisch zwischen Blättern und Blumen hindurchschlängele und in einem gewaltigen Tongefäß herumschwimme, das sich von Orangerot zu Blattgrün verfärbt – Es ist unglaublich schön – oh und da ist der Petersdom in der Ferne; und Leute sitzen auf der Brüstung, alle sehr distinguiert, die schönsten Frauen in Europa, mit kleinen stolzen Köpfen; – aber Du wirst all dem keinen Sinn abgewinnen.

*Brief an Vanessa Bell, 21. April*

Am Sonntag schweiften wir durch die Campagna. Wahrscheinlich ist Frankreich ganz in Ordnung, und England ist ganz in Ordnung, aber ich habe noch nie etwas so Schönes gesehen wie das hier. Stell dir vor, wie wir im heißen Sonnenschein auf der Türschwelle einer römischen Ruine auf einer Wiese sitzen, mit falkenfarbenen Torbögen vor einem klaren grünen traubenfarbenen Himmel, silbrig vor Bergen im Hintergrund. Dann auf der anderen Seite nichts als die Campagna, blau und grün, mit einer mandelfarbenen Farm, mit Ochsen und Schafen, und weitere zerfallene Torbögen, und Marmorblöcke, die ins Gras gestürzt sind, und riesige, schwertgleiche Aloen, und Liebende, die sich zwischen den zerbrochenen Krügen zusammengerollt haben. Nemi hast Du vielleicht gesehen. Wir aßen in einem Restaurant, das über dem See hing, der fast rund ist, sehr tief, mit römischen Schiffen, die darin versunken sind, und erst von der Farbe von Olivenbäumen, und dann von Smaragden. Es war ziemlich wolkig, und so waren die Farben ständig dabei, sich sehr langsam zu verändern, und um den See herum war ein kleiner Pfad mit Pferden und Ziegen. Wir gingen nach dem Essen hinunter und fanden wilde Zyklamen und Marmor, um den das Wasser lappte. Ach, ach, und dann geht man hin und sitzt in einem Souterrain in Bloomsbury!

*Brief an Vanessa Bell, 26. April*

*Im folgenden Jahr wurde der See bei Nemi zeitweilig trockengelegt, und die beiden Festgaleeren, die man auf dem Grund fand, wurden geborgen, restauriert und in einem Museum untergebracht: sie wurden jedoch 1944 durch ein Feuer zerstört, man sagt, von Soldaten der deutschen Wehrmacht, die sich auf dem Rückzug befanden. Ansonsten ist fast alles, was Virginia über Rom sagt, für heutige Besucher wiedererkennbar – und sie können noch immer in dem luxuriösen Hotel absteigen, dem Hassler an der Oberseite der spanischen Treppe (damals das Hassler-New York genannt), in dem Virginia und Leonard es sich gutgehen ließen.*

# Spanien

*Achtzehn Jahre lagen zwischen den zwei Spanienreisen von Virginia Woolf. Bei dem ersten Aufenthalt, sie war damals dreiundzwanzig, kam sie mit ihrem Bruder Adrian auf dem Seeweg nach Portugal und dann mit der Bahn nach Andalusien. Ihre Aufzeichnungen über diese Tour, die sie offensichtlich nicht sehr genoß, befinden sich in einem Reisetagebuch.*

## *Nach Andalusien hinunter*
Tagebuch 1905

Die Nacht war bequemer, als ich gedacht hätte. Wir entkleideten uns nicht, sondern lagen auf einer Art Sofa mit einem Kissen, das recht weich war. Wir fuhren den ganzen Tag; Badajoz an der spanischen Grenze erreichten wir um 8. Und weiter durch Estremadura & Andalusien – herrliche Namen! Aber das Land ist nicht schön; größtenteils flach & baumlos, & die Sonne war heiß. Der Zug hielt in jedem Dorf am Weg. Am Nachmittag kamen wir in ein wilderes & interessanteres Land & mit sehr wenigen Straßen & Häusern & großartigen Aussichten. Um 8.30 erreichten wir Sevilla, fuhren zum Hotel Roma, nahmen ein düsteres Abendessen zu uns & ins Bett.

*8. April*

*Das Hotel, von zweitrangiger Qualität, befand sich auf der Plaza del Duque de la Victoria und wurde später, nachdem das Roma an einer anderen Stelle neu eröffnet hatte, das Venezia.*

Heute morgen fingen wir an, Sevilla zu erkunden. Zuerst zur Kathedrale, die über allem aufragt. Sie ist ungeheuer. Das ist der erste Eindruck. Ich bin von einer derartigen elefantenhaften Schönheit nicht allzu begeistert – aber sie ist tadellos ... Am Nachmittag nahmen wir eine Kutsche & fuhren eine Stunde lang durch die Gärten, die reizvoll sind, wenn auch irgendwie verblüht & schlecht instand gehalten, wie der ganze Rest. Die Straßen sind sehr eng, mit Kopfstein gepflastert, ohne einen Bürgersteig, um darauf zu laufen. Straßenbahnen schlecht & nicht leicht zu bekommen. Es ist eine Stadt, in der man sich nur schwer zurechtfindet.

*9. April*

Wachte heute morgen unter meinem Moskito-Vorhang auf – über den sich die Biester nur amüsieren – und erblickte erstens das Dienstmädchen, das eine lange & ausdrucksvolle Rede in Spanisch vortrug – & zweitens einen reinrassigen englischen Regen draußen ... In einem aufgeklarten Moment hinaus zum Giralda, was der Turm der Kathedrale ist, von wo aus wir über Sevilla blickten; aus dieser Höhe wirkt es wie eine kleine Stadt; die sich bald zwischen Feldern verläuft. Weiße Häuser mit braunen Dächern hauptsächlich. Es regnete so stark, daß wir lange in der Kathedrale saßen – die nicht wirklich schön ist, aber doch sicherlich eindrucksvoll – in der gleichen Weise, in der es eine steile Klippe oder ein bodenloser Brunnen ist. Am Nachmittag ›machten‹ wir Alcázar, ein herrliches vergoldetes & mosaikverziertes maurisches Gebäude – wieder ein Anblick, der mich nicht reizt.

*10. April*

Um 7 wachte ich glücklich auf, & wir zogen uns fürs Frühstück um 7.30 an & verließen das Hotel ohne allzu großes Bedauern um 8. Wir fuhren den ganzen Tag lang & stiegen zweimal um. Wir mußten uns in Dinger, die Berliner genannt werden, fügen, 2er Coupés, weil die in der ersten alle besetzt waren. Aber insgesamt war diese Reise bequemer als die letzte. Wir kamen schließlich in eine wilde bergige Region – die Sierra Nevada, in deren Mitte Granada liegt. Hier kamen wir um 8.15 an & wurden von 4 Maultieren auf den hohen Hügel hinauf gefahren, auf dem das Washington Irving steht. Dort fanden wir glücklich Zimmer, aßen zu Abend & ins Bett.

*12. April*

*Das Washington Irving Hotel floriert noch immer im Schutz der Alhambra über der Stadt Granada.*

Heute morgen wie gewöhnlich hinaus zum Erkunden. Wir befinden uns in einem überaus grünen Schatten wie von großen englischen Bäumen, die eine südliche Sonne filtern . . . Unglücklicherweise mußten wir aus irgendwelchen bürokratischen Gründen den ganzen Weg in die Stadt laufen, um Eintrittskarten zu bekommen, was einige Zeit in Anspruch nahm. Die Gärten sind überaus lohnend. Sie sind sehr heiß & duften stark, ganz in kleinen eingelegten Terrassen wie ein italienischer Garten, mit kühlen Sommerhäuschen, in denen man ausruhen & über die Stadt bis zu den Schneebergen dahinter blicken kann. Am Nachmittag zeigte uns der Führer die Alhambra, ein herrlicher maurischer Palast & zwischen ramponierten gelben Mauern.

*13. April*

Heute morgen ›machten‹ wir die Stadt, die hauptsächlich aus der Kathedrale besteht – einem langweiligen überladenen Gebäude, mit vielen Verzierungen, das nur eine Sache beherbergt, die mich interessierte, – das Grab von Ferdinand & Isabella . . . Nach dem Abendessen gingen A. &. ich mit zwei Leuten – Vater & Tochter, die sich mit uns angefreundet haben – hinauf zu einem Hof in der Alhambra und sahen die Zigeuner tanzen.

*14. April*

Um 6.30 frühstückten wir heute morgen, & fuhren um 7 mit dem Bus ab. Wir hatten eine lange ermüdende Fahrt, wie gewöhnlich, mit Umsteigen &c; um 9 kamen wir an einem Ort namens Amonhon an, wo wir schlafen sollten. Dort wäre, wurde uns gesagt, ein ›gutes zweitklassiges Hotel‹. Auch wenn wir spanische Hotels berücksichtigten, waren wir nicht auf ein kleines weißes Häuschen vorbereitet, eine Art Gasthof neben einer Wüste & einer maurischen Burg, wo wir die Nacht zu verbringen hatten. Es gab einen Raum, also lagen wir in unseren Kleidern auf dem Bett & schafften es, ein bißchen zu schlafen bis um 5.30, als wir 3 Pesetas zu zahlen hatten & unser Zug ging um 6.

*16. April*

Wir fuhren bis 12.30 & hielten dann in Badajoz – wo wir 6 Stunden warten mußten – eine sehr trostlose Zeit, denn wir waren müde & fühlten uns elend – die Stadt heiß & schmutzig, & wir hatten nichts zu tun. Wir versuchten, etwas zu finden, was man besichtigen könnte, & hörten bei einer komischen Aufführung in der Kathedrale zu, die mir vorkam, als ob halbbeschwipste Bauern alte Volkslieder singen. Die Kathedrale könnte vielleicht ganz hübsch sein, aber man hat sie mit Glas verunstaltet. Um 7 oder so verließen wir zum Glück Badajoz, fanden eine leere erste Klasse, die uns ohne Umsteigen nach Lissabon brachte. Wir aßen ein paar hartgekochte Eier & schliefen, ausgestreckt, auf den Sitzen ganz gut.

*17. April*

## *Ein andalusischer Gasthof*

*Essay im* Guardian, *19. Juli 1905*

*Von Virginia Woolfs unbefriedigender erster Reise nach Spanien gibt es noch einen ihrer sehr seltenen konventionellen Reiseessays. Der Gasthof, den er beschreibt, ist nicht identifiziert, aber es handelt sich offensichtlich um das Häuschen in ›Amonhon‹, über das sie in ihrer Tagebucheintragung vom 16. April schrieb.*

Hotelbesitzer leiden offenbar unter der leichten und liebenswerten moralischen Verirrung, die unter der Bezeichnung Loyalität bekannt ist. Daher wurde uns, als wir fragten, ob in einer kleinen andalusischen Stadt, in der wir übernachten mußten, ein gutes Quartier zu finden sei, versichert, das Hotel dort sei gut. Natürlich kein erstklassiges Etablissement wie das palastartige Gebäude, in dem wir standen, aber doch ein guter zweitklassiger Gasthof, wo man sich um unsere Bequemlichkeit kümmern und uns die reinlichsten Betten bereiten würde. Als dann um halb zehn der Zug, der einen langen Tag über durch das Land gebummelt war, schließlich anhielt und verkündete, er habe nicht die Absicht weiterzufahren, klangen die Worte des Hotelbesitzers angenehm in unseren Ohren. Wir würden schon mit Wenigem zufrieden sein, überlegten wir, und während der letzten Stationen unserer Reise, nachdem die orthodoxe Stunde des Abendessens unbeachtet verstrichen war und der Docht, der in der Öllampe schwamm, Selbstmord begangen hatte – und er hatte kein glückliches Leben gehabt – dachten wir viel an den Wortlaut dieser Empfehlung, und der gute zweitklassige Gasthof wurde zum Inbegriff all dessen, was im Leben wünschenswert ist. Hier würden wir auf einfache herzliche Weise willkommen geheißen werden; wir stellten uns vor, wie der Hotelbesitzer und seine Frau herauskommen würden, um uns zu begrüßen, und beflissen unsere Bündel und Mäntel nehmen würden – eifrig damit beschäftigt, unsere Zimmer zu bereiten und den Vogel zu fangen, der unser Abendessen werden sollte. Für die Übernachtung zwischen sauberem und duftendem Leinen, das einfache aber köstliche Abendessen und das hervorragende Frühstück vor unserer zeitigen Abreise würden sie eine lächerlich niedrige Summe verlangen. Wir würden den Eindruck erhalten, daß Silber als Lohn für solche Gastfreundschaft eine zutiefst vulgäre Münze sei und daß diese edle Tugend – bei den Gastwirten unseres eigenen Landes längst ausgestorben – in Spanien noch blüht und gedeiht.

Mit solchen Gedanken verbrachten wir die Zeit, bis der Zug die Station erreichte, an der wir für alle unsere Rütteleien und Strapazen belohnt werden sollten. Es war etwas irritierend festzustellen, daß zumindest die Gepäckträger offensichtlich verblüfft darüber waren, daß zwei Reisende mit schwerem Gepäck zu dieser abendlichen Stunde auf dem Bahnstieg ausgeladen wurden. Die unvermeidliche Menge kam herbeigerannt, um uns anzustarren, und war baff, als wir sorgfältig aneinandergereihte spanische Wörter hervorbrachten, in denen wir unserem Wunsch nach einem Gasthof Ausdruck verliehen. Ein Satz in einem Sprachführer ist in etwa das Gleiche wie ein ausgestorbenes Ungeheuer in einem Museum: nur der speziell Eingeweihte kann feststellen, daß es mit einem lebenden Wesen verwandt ist. Es war sofort klar, daß unser Exemplar ausgestorben war, und darüber hinaus machte sich der furchtbare Zweifel breit, daß die Natur der Sache, nach der wir fragten, ebenso unverständlich sei, wie die Sprache, in der wir fragten. Schließlich, nachdem eine Menge Spanisch, Französisch und Englisch nutzlos aufeinandergeprallt war, dämmerte es den Einheimischen, daß wir ihre Sprache nicht verstanden, und nun wurde die Macht der Gebärde an uns ausprobiert. Bald darauf erschien ein Beamter, der uns erklärte, er spreche französisch. Unsere Frage nach einem Hotel wurde fröhlich in diese Sprache übersetzt. ›Der Zug fährt heute abend nicht weiter‹, antwortete der Übersetzer. ›Das wissen wir, und darum möchten wir hier schlafen‹, sagten wir. ›Morgen früh um 5.30.‹ ›Aber heute abend, ein Hotel‹, insistierten wir. Der Herr, der französisch sprach, zog mit einer resignierten Miene einen Bleistift hervor und schrieb groß und schwarz die Ziffern 5 und 30. Wir zuckten mit den Schultern, äußerten lautstark ›Hotel‹ in Französisch und drei verschiedenen Sorten Spanisch. Die Menge bildete inzwischen einen geschlossenen Kreis um uns, und jeder übersetzte zum höheren Nutzen seines Nachbarn. Wir besannen uns dann auf ein spanisches Wörterbuch, das sich konsequent geweigert hatte, zurückgelassen zu werden, und das spanische Äquivalent für das englische Wort ›Hotel‹ wurde gefunden und mit dem Zeigefinger hervorgehoben. So viele Köpfe, wie sich nur zusammenpressen ließen, starrten ausdruckslos auf den so bezeichneten Punkt, und der Übersetzer hatte plötzlich eine brillante Idee. Er verlor die Stelle und suchte fieberhaft nach einem eigenen Wort unter S und Z. Wir zeigten ihm den spanischen Teil des Wörterbuchs und überließen ihn ausgedehnten aber, wie sich herausstellte, fruchtlosen Nachforschungen.

Inzwischen wiederholten wir unser einzelnes Wort in der Hoffnung, daß es irgendwo auf fruchtbaren Boden fallen könnte. Bei jeder Äußerung erhob sich ein Summen von gutem Spanisch aus der Menge; schließlich, als wir versuchten, Hotel mit Hilfe eines Schirmes zu definieren, erkämpfte sich ein kleiner alter Mann unsere Aufmerksamkeit. Auf die unausweichliche Frage antwortete er, indem er die Hand auf seine Brust legte und sich ausdrucksstark verneigte. Wir fragten ihn dreimal hintereinander, und er antwortete immer auf die gleiche Weise, als ob er allein in seiner Person alle Eigenschaften, die wir brauchten, vereinigte. Die öffentliche Meinung schien einstimmig dafür zu sein, daß wir ihn als den Repräsentanten von Abendessen und Bett akzeptieren sollten, und ein paar letzte Versuche, ›Gasthof‹ auf spanisch auszudrücken, wurden durch Hände, die in seine Richtung wiesen, beantwortet. Um die Angelegenheit zu beenden, packte er unsere Arme und zog uns aus dem Bahnhof an den Rand einer sandigen Wüste, die mit roten Büscheln bewachsen und von einem großen Mond beleuchtet war. Auf einer Seite befand sich ein steiler Hügel, der von einer maurischen Burg gekrönt war, und etwas entfernt erblickten wir ein einzelnes kleines Haus. Offenbar standen nur die beiden zur Auswahl, und keines davon war genau das, was wir erwartet hatten. Wir sahen den alten Mann an und stellten nicht ohne Erleichterung fest, daß er sowohl alt als auch klein war. Eine unserer Ungewißheiten wurde auf jeden Fall schnell beseitigt, denn es war klar, daß das weiße Haus unsere Wohnung sein sollte und daß der Hotelbesitzer in Granada die Einbildungskraft eines Künstlers hatte. Wir wurden in einen kleinen Raum geführt, in dem eine Lampe brannte und einige Männer und Frauen um ein Feuer saßen, tranken und redeten. Es gab eine Pause, während der uns einige Augen freimütig begutachteten, und wir wurden in ein Hinterzimmer geführt, zu dessen Ehren das Haus mit dem Wort ›Hotel‹ bedacht worden war. Es gab ein Bett und eine Leinwandabtrennung, die als Tür diente, Wasser zum Waschen für den Fall, daß wir diese beachtliche Farce aufrechterhalten wollten, und eine Kerze, falls wir ein Licht wünschten. Essen, soviel war klar, mußte am Bahnhof besorgt werden; und wir waren keinesfalls abgeneigt, wieder hinaus an die frische Luft zu gehen. Als wir um elf Uhr der spanischen Wüste überdrüssig waren und der maurischen Burg und der Konversation des Herrn, der Französisch sprechen konnte, es aber nicht für wichtig hielt, diese Sprache zu verstehen, kehrten wir zum Gasthof zurück und begannen, was eine recht ermüdende Nachtwache zu werden versprach. Die Gesellschaft saß lange beisammen und redete laut. Bruchstücke von vehementem Spanisch drangen durch die Leinwandabtrennung, und schienen irgendwie mit uns beschäftigt zu sein. Spanisch ist eine wilde und blutrünstige Sprache, wenn man sie unter diesen Umständen hört. Die Figur unseres kleinen Freundes mit seinen ständigen Verbeugungen und seinem auf die Brust gelegten Finger nahm gegen Mitternacht sehr bedrohliche Züge an; wir erinnerten uns an sein ominöses Schweigen, sein hartnäckiges Insistieren, daß wir uns von unserem Gepäck trennen sollten. Wir dachten darüber nach, daß Leute auf dem Land mit einem ehrlichen Gewissen schon viel früher im Bett sein sollten. Die einzige Vorsichtsmaßnahme, die uns möglich war, bestand darin, den einen Stuhl auf seinen Hinterbeinen gegen die Tür zu klemmen. Das muß eine seltsam besänftigende Wirkung auf unseren Verstand gehabt haben, denn auf diese Weise gegen den mörderischen Angriff, den wir erwarteten, gefeit, schliefen wir in unseren Kleidern ein und träumten, wir hätten das spanische Wort für ›Gasthof‹ gefunden.

Das Geräusch, das uns schließlich um halb fünf am Morgen weckte, war zwar sicherlich ein Angriff auf die Tür, aber als wir vorsichtig hinaussahen, war da niemand Gefährlicheres als die Bauersfrau mit einer Schale Ziegenmilch in ihren Händen.

## *Durch die Sierra Nevada, 1923*

*1923 kam Virginia noch einmal mit ihrem Ehemann Leonard nach Spanien, auf der ersten Reise seit ihren Flitterwochen. Sie wollten den Schriftsteller Gerald Brenan in seinem Haus im abgelegenen Alpujarra in der Sierra Nevada besuchen. Die Reise wurde mit der Bahn, dem Bus und schließlich mit dem Maultier von Granada aus unternommen.*

... Diese zerknitterte rote und weiße Wand [die Sierra Nevada] besteht, wie man sieht, aus Steinen, Olivenbäumen, Ziegen, Asphodelien, Schwertlilien, Büschen, Felsplatten, Graten, Klumpen, Büscheln und Mulden, unzählbar, unbeschreiblich, undenkbar. Was immer man im Kopf hat, zerbricht in kurze Sätze. Es ist heiß; der alte Mann; die Bratpfanne; es ist heiß; das Bild der Jungfrau; die Flasche Wein; es ist Zeit zum Mittagessen; es ist erst halb eins; es ist heiß. Und dann kommen wieder und wieder all diese Dinge – Steine, Oliven, Ziegen, Asphodelien, Libellen, Schwertlilien, bis sie durch eine Sinnestäuschung zu Kommandos werden, zu Aufmunterungen und Ermutigungen, wie sie zu marschierenden Soldaten passen, zu Wachen in einsamen Nächten und Anführern von großen Bataillonen. Aber muß man den Kampf aufgeben? Muß man das Spiel verloren geben? Ja, denn die Wolken treiben über den Paß; Maultiere kümmert es nicht, was sie tragen, Maultiere stolpern nie, sie kennen den Weg. Warum nicht alles ihnen überlassen?

Reiter scheinen beim Herannahen der Nacht (und der Paß war sehr neblig) fort aus dem Leben auf eine sehr verlockende Aussicht zuzureiten, während die vier Beine ihrer Tiere alle notwendigen Transaktionen mit der Erde durchführen. Reiter ruhen; ziehen weiter, weiter und weiter. Und, so überlegen sie, was kümmert das alles, und was kann einem guten Mann schon zustoßen (siehe da, zwei Priester treten aus dem Nieselregen, verbeugen sich und verschwinden) im Leben oder nach dem Tode? Und dann, da ein Fuchs den Weg überquert hat, der über Rasen führt und fast am Gipfel des Berges verlaufen muß, wie seltsam es einem vorkommt, als ritten sie in England; eine lange Tagesreise, vor Hunderten von Jahren, und die Gefahr ist vorüber, und sie sehen die Lichter des Gasthofes; und die Gastwirtin tritt in den Hof und bittet sie, sich um das Feuer niederzulassen, während sie das Essen zubereitet, was sie tun, halb im Traum, während unbeholfene Jungen und Mädchen mit roten Blumen im Hintergrund hin und her gehen, und die Mutter stillt ihr Baby, und der alte Mann, der nie spricht, bricht Büschel vom Reisig und wirft sie aufs Feuer, das auflodert, und die ganze Gesellschaft starrt erstaunt.

Aber, gütiger Himmel! man weiß nie, welcher Tag auf welche Nacht folgt. Noch einmal gütiger Himmel! ›Don Fernando hatte eine Leidenschaft für Taubenpastete, und daher hielt er hier oben Tauben‹ – das heißt, auf seinem Dach, von dem aus man diese erstaunliche, diese seltsame, diese beunruhigende Aussicht auf die Alpujarras hat. ›Er starb letzten Sommer in Granada.‹ Ach, wirklich? Es ist natürlich das Licht; eine Million Rasierklingen haben die Rinde und den Staub abrasiert; und heraus fließt reine Farbe; das Weiß von Feigenbäumen; rot und grün und noch einmal weiß aus der enormen, der buckligen, der immerwährenden Landschaft. Aber horch, die Geräusche auf dem Dach – erst die flatternden Tauben; dann brausendes Wasser; dann ein alter Mann, der Hühner zum Verkauf ausruft; dann ein schreiender Esel weit unten im Tal. Horch; und während man zuhört, fängt dieses zufällige Leben an, aus dem Herzen eines Dorfes hervorzubrechen, das der afrikanischen Küste mit einer zeitlosen und aristokratischen Ausdauer seit tausend Jahren gegenübersteht. Aber wie sagt man das (wenn man von der Glut heruntersteigt) der spanischen Bauersfrau, die einen in ihren Raum bittet, mit seinen Lilien und seiner Wäsche, und lächelt und aus dem Fenster sieht, als ob auch sie seit tausend Jahren hinübergesehen hätte?

*Essay in* Nation & Athenaeum, *5. Mai*

*Nach dieser rauhen Reise durch die Wildnis verbrachten die Woolfs eine angenehme Woche in dem Dorf Yegen, das heute über ausgezeichnete Straßen gut erreichbar ist, und wo Brenans Haus mit einer Gedenktafel gekennzeichnet ist. Virginia schrieb allerdings nichts über ihren Aufenthalt, außer daß sie Brenan wahlweise als ›sehr nett‹, ›etwas verschwommen‹ bzw. ›einen verrückten Engländer, der nichts macht, als französische Literatur zu lesen und Trauben zu essen‹ beschrieb und daß er eine ›phantasmagorische Ähnlichkeit mit Shelley‹ hätte (Brenan seinerseits schrieb, daß Virginia Woolf zwar eine geniale Phantasie besäße, aber so mit der Bloomsbury-Gruppe verbunden sei, daß sie nur aus der Entfernung und beunruhigt Blicke nach draußen werfen könne).*

*Die Woolfs beendeten ihre Bekanntschaft mit Spanien, indem sie hinunter nach Alicante und von dort aus an der Küste entlang nach Frankreich fuhren.*

Hier [in Alicante] ist es immer schön, immer träge, man trinkt Kaffee, hört der Kapelle zu, Schiffe laufen ein, alte Männer spukken; gestern nacht bin ich erst um 4 eingeschlafen, wegen des Ungeziefers. Um 4 zupfte Leonard einen kamelförmigen Klumpen aus purpurfarbenem Gewebe aus den Haaren meiner Decke. Er zerplatzte mit einem widerlichen Gestank zu dickem Blut. Erwarte also nicht viel Kontinuität, Kohärenz oder Klarheit von mir. Ich sitze in einem spanischen Herrenclub, zu dem Reisende zugelassen sind. Es gibt nur einen alten Gentleman und seinen Spucknapf in der Mitte eines riesigen, gelben Raumes, der an den Wänden entlang dicht mit Korbstühlen vollgestellt ist, und in der Mitte Breiten aus weißem Marmor und Ausblicke auf Billardtische und Höfe und Zehrwurzlilien dahinter.

Wir warten auf ein Schiff, das uns nach Barcelona bringen soll, aber wegen Maria Empfängnis bleibt das Schiff in Cartagena, und folglich werden wir hier gebraten, beobachten die Schiffe, hören wie ich schon sagte der Kapelle zu. Aber wir waren im ewigen Schnee [in Yegen], auf dem Rücken von Maultieren, und saßen um Mitternacht mit mißgestalten Katalanen an Feuern aus Olivenholz ... Kurz gesagt kann ich nicht einmal anfangen zu schwatzen.

*Brief an Mary Hutchinson, 18. April*

# Griechenland

*Virginia Woolfs Einstellung zu Griechenland war für eine Engländerin ihrer Schicht und Zeit konventionell. Sie kam aus einer Familie mit klassischer Bildung, sie hatte sich die Mühe gemacht, Altgriechisch zu lernen, und während ihrer beiden Reisen in dieses Land besuchte sie viele der berühmtesten Stätten des Altertums. Später erweiterte sie ihren Blickwinkel, denn es war inzwischen in Mode gekommen, Byzanz mit einzubeziehen.*

## *Auf der Grand Tour I*

Tagebuch, September–Oktober 1906

*Virginia Woolfs erster Aufenthalt in Griechenland wurde mit ihrer Schwester Vanessa, ihren beiden Brüdern und ihrer gemeinsamen Freundin Violet Dickinson unternommen und zum Teil durch Vanessas wiederholte Krankheiten unterbrochen. Die drei Frauen erreichten Griechenland auf dem Seeweg von Italien nach Patras, wo die Männer sie trafen, und zu fünft zogen sie weiter auf die Grand Tour.*

Patras ist wie die meisten Seehäfen kosmopolitisch & sehr geschwätzig. Wir sahen allerdings Männer in Röcken & Gamaschen. Türken, Albanier & Montenegriner verstreut in einer eintönigen Menge. Aber am Abend hatten wir unterdessen ein trauriges griechisches Lied gehört und deuteten die Worte sehr wohlmeinend – Wir fuhren nach Olympia in einem Erste Klasse-Waggon, den wir natürlich für uns allein hatten. Jetzt war es Abend, & die erblühten Hügel leuchteten purpurn, & das Meer wandte dem Licht sein innerstes Herz zu; es war ein Herz aus tiefstem Blau. Auf unserer anderen Seite befand sich eine Kulisse aus Hügeln, abrupt & steil & ununterbrochen, als ob die Erde nichts Besseres zu tun hätte, als ungeduldige kleine Buckel aufzuwerfen. Der Anblick dieses Ortes ist daher feurig & etwas zerbrechlich, denn die Linien sind alle sehr karg & treten deutlich hervor. Keine fetten Weiden & Wälder polstern die Oberfläche: aber in der Ebene war die Erde dick mit verkümmerten Weinreben bedeckt, die sich unter Pyramiden von Beeren beugten. Man sah an den Bahnhöfen Körbe, die mit Weintrauben überhäuft waren; Stafeelé Stafeelé – rief ich – & brachte große Trauben an die Tür.

Es gab viele Bahnhöfe; das heißt, wir hielten an Schuppen, wo Männer beim Licht von Laternen Wein tranken, die Pferde an einer Stange angebunden; wenn der Zug um eine Kurve fuhr, heulte ein Pfeifton eine beständige Warnung, denn die Strecke ist wie eine bescheidene kleine Straße, & in Wahrheit würde die Bahn in einer Ziegenherde keinen großen Schaden anrichten.

Die Giebel des Tempels [in Olympia] säumen die beiden Seiten des Museums, aber wir wollen keinen Reiseführer schreiben – Da ist der Apoll. Er blickt über seine Schulter – scheint über die Jahrhunderte herabzublicken. Er ist aufrecht & gelassen, aber dort hat er einen menschlichen Mund & Kinn, bereit zu beben oder zu lächeln. So könnte ein griechischer Junge ausgesehen haben, nackt in der Sonne. Und dann gibt es weitere erhabene Fragmente, in recht groben Zügen gemeißelt, denn sie standen erhöht; das Haar ist ein glatter Streifen Stein, der Faltenwurf ist in harsche Linien geschnitten. Ah, aber die Schönheit!

Dann kommt man in den separaten Tempel, wo der Hermes

unbeweglich steht, so leicht & mit so federndem Schritt, daß man erwartet, er würde sich umdrehen & davongehen. Dort, glaube ich, hat man den Gott; denn er sieht hinaus & in die Ferne, als ob einige heitere Anblicke in den entfernten Himmeln seinen Blick auf sich zögen.

So türmen wir Wörter aufeinander, aber wir machen uns nur etwas vor. Man muß ihn sehen & das Auge springen lassen wie eine Kreatur, die unter all diesen Kurven und Höhlungen freigelassen wurde, denn es hat sich insgeheim nach solcher Schönheit gesehnt! Solange man es nicht befriedigt hat, weiß man nicht, wie sehr es sich gesehnt hat. Und der Stein – wenn man es Stein nennt – scheint sich auch der Hand des Bildhauers gefügt zu haben: er ist fast flüssig, mit der Farbe von Alabaster & der Festigkeit von Marmor. Es gibt dort einen wunderschönen glattpolierten Fuß, den man mit seinem eigenen weichen Fleisch streicheln kann. Die Deutschen haben Beine aus Gips dazugefügt. Vermerken wir es. Wäre es doch nur möglich gewesen, die Statue ins Freie zu stellen! Kalter Stein braucht diesen Hintergrund. Das Theater ist – noch einmal könnten wir den Reiseführer zitieren: was uns angeht, so ist es einfach ein flacher Kreis aus Gras, der mit unzählbaren Steinfragmenten übersät ist. Es gibt zerfallene Säulen in jeder Größe, & Ziegel, Steine, Löwenköpfe, Inschriften; es ist vielleicht wie ein sehr unordentlicher heidnischer Friedhof. Aber man kann bestimmte Tempel erkennen & den Verlauf der Rennbahn. Auch das ist es nicht, was die umherstreifenden Gedanken am meisten beschäftigt; dort wuchs Thymian zwischen den Säulen & dünnes Gras. Und es gab kleine Hügel, ganz von Büscheln aus zarten grünen Bäumen umgeben; & der Alpheus [der Fluß] glitt an einer Seite vorbei.

*Olympia ist heute eine größere Touristenattraktion als je zuvor, was es der Beliebtheit der wiederbelebten Olympischen Spiele verdankt (1906 hatten erst drei der modernen Olympiaden stattgefunden, in Athen, Pa-*

*ris und St. Louis). Ein neues Museum beherbergt heute die größten der olympischen Schätze, darunter auch den Hermes von Praxiteles.*

... Kurz darauf erklomm ich die Akrokorinth (die Burg des antiken Korinth) auf einem grauen Pony; man klettert eine Steilwand hinauf & sonnt sich oben unter einer türkischen Befestigung. Man sieht Salamis & einige der berühmtesten Gegenden der Welt unter sich. Die Farbe des Landes ist, wenn man es großflächig aus der Höhe besieht, die von gelbbraunem Sand; es könnte eine Wüste sein, wenn da nicht einige Vierecke aus hellem Grün wären. Und man sieht Korinth am Rand des Golfs liegen. Aber es war kein Tag, an dem man weit sehen konnte, & es war sehr heiß, & ich hatte die Nacht mit Beschäftigungen anderer Art verbracht. Also fuhren wir wieder zurück & ich gestehe, daß der angenehmste Teil des Ausflugs aus der Tatsache resultierte, daß unser Kutscher auch Besitzer eines Weinbergs war; & als wir durch seinen Landbesitz fuhren, veranlaßten ihn die Gastfreundschaft & der Wunsch, nach seiner Ernte zu sehen, dazu, uns absteigen und seine Erzeugnisse kosten zu lassen. Also machten wir zum ersten Mal die Erfahrung, auf dem Boden zu sitzen & Trauben im Freien direkt von der Rebe zu essen. Die Häute waren durchwärmt & das machte die Safttropfen darin um so süßer & kühler. Trauben umsonst!

*Heute führt eine Straße zum dreifachen Tor der Akrokorinth, aber noch immer liegen ringsum Weinberge.*

Wir reisten mit dem Dampfer hinunter nach Nauplia. Und wenn dieser Dampfer nicht gerochen hätte & wenn er nicht die grausamen Folgen riechender Schiffe hervorgerufen hätte, dann hätte keine Reise angenehmer sein können. Die See wurde nur durch die Sprünge von Delphinen bewegt; wir fuhren so nah am Ufer entlang, daß wir die kleinen Dörfer, die zwischen die Hügel eingefaltet sind, sehen konnten; hin & wieder legten wir im Hafen eines wichtigeren Ortes an. Die Städte haben Pyramiden auf den Hügeln errichtet; & insgesamt hatte man einen so reizvollen & vielfältigen Blick auf die griechische Küste, wie man ihn sich nur wünschen mochte. Es gibt nicht viele Städte, & das Land ist sehr kahl & steinig. Man könnte sich keinen Spaziergang in solch einem Land vorstellen; auch war es bei dem Stand der Sonne keine wirklich schöne Gegend. Sie war zu ungestüm, zu zerklüftet; & in diesem Licht hatte sie zu sehr die Farbe von bloßen Knochen. Wir hatten eine kleine Gesellschaft an Deck, die wie die meisten armen Leute, die keine Gastwirte sind, freundlich & fröhlich erschien. Ein kleiner Junge war zum Beispiel dabei, der uns eine Zitrone als Gegenleistung für unser Ei gab & uns, als wir gingen, die Hände küßte. Es war eine lange Fahrt, denn wir überquerten den Golf, & die Kerben auf der Landkarte wurden zu tiefen Buchten, & wir drosselten den Dampf & fuhren langsam unseres Weges, bis wir um 9.30 ankerten . . .

Wir fuhren . . . heute . . . nach Epidauros. Das Land ist, wenn man hinter die kahle Küstenlinie vordringt, seltsam & schön. Es gibt lange rote Straßen, sie führen durch rote Felder, die durch Steine holperig & mit verkrümmten Olivenbäumen oder verkümmerten Weinstöcken bewachsen sind; die Hügel reihen sich unablässig aneinander, aber landeinwärts sind sie mit kleinen grünen Büschen bedeckt, & die hohen Erhebungen, zwischen denen wir heute fuhren, erinnerten uns wieder an Cornwall. Genug, daß uns die engen Straßen von Athen an St Ives erinnert hatten. Drei traurige Klepper zogen unseren Wagen die 20 Meilen. Wir kamen an vielen Ziegenherden vorbei, an vielen Packmulies, an vielen Karren, die mit Weinschläuchen beladen waren. Aber es gab nur zwei kleine Dörfer & kein Zeichen unserer anheimelnden englischen

Zivilisation. Epidauros ... liegt auf einer Ebene in einem Kreis von Bergen.

Dort befindet sich das große Theater, so vollkommen, daß wir auf den oberen Plätzen sitzen & auf die Bühne hinabblicken & wie in dem besten Saal die Stimme von jemandem hören konnten, der dort sprach. Und die grauen Sitze, die aus dem Berg gegraben wurden, mit der freien Luft & der Landschaft ringsum, bilden ein so vornehmes Theater, wie man es sich nur denken kann. Ruinen von römischen Häusern, Tempel des Asklepios – Tholos – sind zahllos verstreut. Es braucht Übung, bis man mehr sieht als nur Stücke von Steinen. Und in dem Museum ist das Chaos noch chaotischer: sie setzen Tempel zusammen, hämmern den alten Stein in die richtige Form.

Der Ort ist überaus reizvoll; obwohl man die Ruinen zum Schlafen verlassen muß. Er ist so offen & harmonisch, & die Landschaft ringsum ist so passend angeordnet.

Nie gab es einen Anblick, der schwerer zu bewältigen war [als Mykene]; er durchzieht alle Kammern des Kopfes; weckt merkwürdige Erinnerungen & Vorstellungen; verkündet eine entfernte Zukunft; erzählt noch einmal eine entfernte Vergangenheit. Und die ganze Zeit ist es – ich will es niederschreiben – doch nur eine große Anhäufung von verfallenen Häusern auf einem Berghang. Auf diese Weise kann man die Umrisse einer Mauer auf einem englischen Bauernhof erkennen, wo vor 60 Jahren ein Leibeigener gewohnt hat; diese wurden, sagen wir, eintausend Jahre vor Christus gebaut; sie waren mit Sicherheit Ruinen seit dem Jahr – war es vierhundert & sechzig? Aber zwischen diesen Häusern trifft man auf etwas viel Bestimmteres; einen *agora*, ein Grab, einen Palast mit einer Treppe. Der ganze Hügel ist oben mit toten Steinen überhäuft; & doch sind sie nicht tot. Das Maßwerk ist zu deutlich; das Zeichen ist zu tief eingekerbt.

Die Vorstellungskraft versichert wieder & wieder, während man umhergeht, daß der Ort überlaufen & gedrängt voll ist; es ist wahr, es gibt wenig zu sehen & nichts zu hören. Aber die ungeheuren Steine lassen sich nicht ignorieren, & die beiden Löwen, die das Tor bewachen, gewähren einem noch immer bewußt den Zutritt zu etwas Erhabenem auf der anderen Seite. Ich zittere davor, von den Klassikern zu schreiben, denn das könnte nach der oberflächlichen Anregung eines Reiseführers riechen, aber ich hatte den Geschmack von Homer in meinem Mund. Wirklich, das ist die Krönung der Besichtigungen hier; die Worte der Dichter fangen an zu singen & nehmen ihre eigene Gestalt an. Darüber hinaus ist das keine Vortäuschung, was es so leicht zu Hause in einem Londoner Zimmer wäre; es erfordert keine Anstrengung; aber wie Statuen & Marmor fühlbar fest sind, so klingen Wörter einfach im Ohr.

Ich hob einen Tonhenkel auf, der sein kleines Muster noch leuchtend aufgeprägt hatte; & wieder war es leicht zu glauben, daß der ganze Gipfel mit unzerbrochenem Gerümpel der prähistorischen Stadt dicht bedeckt wäre. Der Umfang der Stadt ist nicht groß, aber dafür ist jeder Fußbreit davon mit Steinen bepflastert; & es muß eine vielbevölkerte Stadt gewesen sein; so dicht bewohnt, weil die Welt draußen unermeßlich und verlassen war. Inwieweit mir Geschichte & Mythologie recht geben, weiß ich nicht; aber ich begriff, daß hier ein einzelner Punkt von intensivem & leuchtend ausgemaltem Leben war, umschlossen von der großen Einöde des wüsten Landes. Die Menschen waren noch nicht gekommen. Und ich begriff, daß die Könige & das Volk von Mykene ein anständiges Leben geführt hatten, streng geordnet, wie der Stadt selbst genaue Unterteilungen aufgeprägt sind. Sie waren einfach & nüchtern; als wäre ihnen bewußt, daß sie unter einem großen Auge lebten, ein isoliertes Volk, das das Wagnis allein auf sich nahm; aber innerhalb ihrer Stadt lebten sie mit vielen Ornamenten & Verzierungen: der König trug purpurne Gewänder, & seine Glieder glänzten vor gehämmertem Gold. Sie hatten viele Festlichkeiten, & im Sommer zogen sie in einer feierlichen Prozession den Berghang hinunter, glitzernd in ihren gefärbten Kleidern & dem Zierat & Gold, mit Opfern in ihren ausgestreckten Händen. Das Tal wurde von der Sonne entflammt, & sie durchzogen es wie leuchtende Sommerfliegen. Und der Thymian duftete süß wie Ambrosia. Und am Abend waren sie alle in ihren jeweiligen Höfen versammelt, & vielleicht brannte ein großes Leuchtfeuer; für den Fall, daß ein Mensch oder Gott es sieht.

Und doch könnten sie im Grunde viele unserer Gedanken gedacht & viele unserer Leidenschaften verspürt haben. Mit Sicherheit erblickten sie den gleichen Berghang, grau vor Steinen, ominös & melancholisch kam er mir vor im Septemberlicht.

*Es war fast auf den Monat dreißig Jahre her, daß Heinrich Schliemann (1822–1890) mit seinen Ausgrabungen in Mykene begonnen hatte, die den Namen dieses Ortes überall bekannt machen sollten und die für ihn (wenn nicht für jedermann) den Nachweis erbrachten, daß tatsächlich ein historischer Agamemnon innerhalb der Löwentore begraben worden war. Die goldenen, silbernen und elfenbeinernen Gegenstände, die er dort fand, sollten bis zur Öffnung des Grabes von Tutanchamun 1922 der reichste archäologische Schatz bleiben, der jemals gefunden wurde, – ›alle Museen der Welt zusammen‹, jubelte Schliemann, ›haben nicht ein Fünftel davon‹.*

*Virginia und ihre Begleiter wichen von der üblichen Touristenroute ab, um die Insel Evvoia (Euboea) zu besuchen, wo die Familie Noel seit 1832 einen Landsitz namens Achmetaga besaß, ein modernes Prokopion. Die Tochter der Familie, Irene, war mit ihnen befreundet.*

Heute morgen um fünf standen wir vor dem Gasthof in Kalchis & warteten auf unseren Wagen, während der Regen herabströmte.

Trotzdem konnten wir die Boote sehen, die mit der Strömung trieben, & die großen Dampfer, die zwischen ihnen dahinglitten. In der Sonne wäre es schön gewesen; im Matsch war es verschwommen & unbehaglich wie ein Traum. Schließlich kamen unsere Pferde & wir stiegen ein, um 32 Meilen nach Achmetaga zu fahren. Also, man muß über eine Ebene fahren & einen Berg erklimmen & sich wie eine schlaffe Schlange um die Vorderseite des Abgrunds winden, & dann muß man ebenso qualvoll ins Tal hinabsteigen & zwischen steilen Berghängen fahren, die mit Bäumen bedeckt sind, & die Bäume bilden im Tal eine dichte Masse über dem trockenen Flußbett. Wir schlugen letzte Nacht vor, gleich weiterzufahren, die ganze Nacht durch, um Achmetaga heute morgen zu erreichen, aber der Fahrer sagte nein; es sei zu gefährlich. Also amüsierten wir uns damit zu zählen, wie oft wir über die durchgebrochene Straßenbegrenzung gestürzt oder genau in das große Loch in der Straße getreten oder kopfüber in den Abgrund gestürzt wären; denn da wir diesen Gefahren bei Tag wirklich nur ganz knapp entkamen, wären wir ihnen bei Nacht mit Sicherheit zum Opfer gefallen. Ein schottischer Nebel war durchaus dunkel genug. Wir fütterten unsere Pferde bei einem Gasthof am Weg, um ihn dann neugierig zu inspizieren. Es war eine Scheune mit einer Mauer, die ihn in zwei Räume teilte. Einer war Stall, der andere Schlafraum Speisezimmer Wohnzimmer &c. für Ehemann & Frau & Kinder. Wir schauten durch das eiserne Gitter & sahen die Frau in einer Ecke, wie sie ihren Spinnrocken drehte; sie saß auf einer Matte. Die Kinder spielten um sie herum, es gab ein Loch im Rauchfang & einen Haufen Asche auf dem Boden, & Brot & Zwiebeln standen auf Bohlen. Hier war das England des 14. Jahrhunderts; es war dunkel, & wahrscheinlich roch es: Büchsen & Teller glänzten in den Ecken. Ein Mann wie ein Leibeigner brachte uns Brot & Wasser.

Aber wir drängten weiter, & um 2 Uhr fuhren wir in ein Dorf ein – fast das erste, durch das wir kamen. Es waren schäbige Behausungen, die in einem Tal angehäuft worden waren, & zwischen ihnen war ein weißes Haus errichtet worden. Fensterläden und Terrassen zeigten uns an, daß wir unser Ziel erreicht hatten; also stiegen wir aus & fanden uns in einem englischen Salon wieder. Englische Salons, man muß es zugeben, sind im allgemeinen reicher ausgestattet; Es gibt Teppiche auf dem Boden & viele Stühle. Dieser Raum machte den Eindruck, als seien die Fenster durchgängig geöffnet, & da die Besitzer im Freien lebten, gab es keine große Notwendigkeit für irgendwelche Ausstattungen, die nicht nur kühl & einfach waren. Und doch, ganz gleich wie offen & wacklig, der Ort hatte die Wirkung, daß man sich fühlte, als hätte man schließlich einen echten Platz zum Leben gefunden, nachdem man lange Zeit über eine gekünstelte Außenwelt hinweggeglitten war. Hier lebten Menschen, anstatt sich nur aufzuhalten. Und dieser Eindruck bleibt bestehen, Griechenland wird tatsächlich zum ersten Mal ein artikulierter menschlicher Ort, anheimelnd & vertraut, statt eine glänzende Oberfläche. Wir gingen hinaus, einen Weg entlang, der in England hätte sein können, denn er hatte eine Hecke & war matschig, um ein Lager von walachischen Schäfern anzusehen ... Sie sind ein Nomadenvolk, hüten Schafe, ziehen den ganzen Sommer über in den Bergen herum & richten im Winter ihre Zelte oder eher ihre Hütten auf ... Wir wurden gebeten ... in ihre Hütten zu kommen. Sie sind aus Zweigen gefertigt & die abgestorbenen Blätter dienen als Auskleidung für das Dach. Eine Familie mit zwölf Kindern lebte hier, braun & blaß, sanft & mitteilsam. Sie schüttelten uns die Hände – die Frauen webten in einem Hof draußen Tuch; & drinnen war der Schlafplatz der Familie. Sie leben wahrscheinlich im Freien; wir spähten umher & versuchten, ohne viel Erfolg, uns das ganze Leben vorzustellen, das auf einem solchen Fundament errichtet ist. Aber das erfordert mehr Vorstellungskraft als jede andere Großtat der Archäologie; denn Lehmhütten gehören in die dunklen Zeiten. Die Leute sahen nicht robust aus oder wild; ein oder zwei Frauen hatten bemerkenswert hübsche Gesichter, geschwungen & ausdrucksvoll. Dann marschierten wir ein Stück über den Besitz; & das wäre eine langweilige Eintragung, aber die ganze Zeit fühlte man irgendwie – ich kann es nicht genau bestimmen, – daß der Ort sich in seine natürliche Anordnung fügte, & das war etwas Wunderschönes. Hier waren die Olivenhaine – hier gruben sie einen Graben – hier kommen alle Dorfbewohner, marschieren von der Arbeit nach Hause & grüßen, prompt & respektvoll, Miss Noel kannte jeden beim Namen; alle redeten mit ihr. Also dadurch scheint etwas hinzuzukommen, was Griechenland vorher fehlte; & es ist ein überaus wesentlicher Teil. Die Leute benutzen den gleichen Pflug, wie zu Zeiten Homers, sagt Mrs Noel, & obwohl die Menschen sich geändert haben, kann ihre Lebensweise nicht sehr verschieden sein; die Erde ändert sich nur wenig.

Achmetaga befindet sich oben an einer Treppe, mit seinen Gärten als Terrassen; & einem Blick, der weit & breit bis zu entfernten Bergen reicht, eingerahmt von hohen Bäumen. Der Garten ist wie das Haus irgendwie ziemlich verfallen & kahl; eine Gruppe von Frauen saß heute morgen auf der Wiese & pulte Walnüsse aus ihren Schalen. Inzwischen wurden anscheinend alle Verwaltungsarbeiten des Dorfes im Haus ausgeführt. Die Krankenschwester kam ihre Medizin holen, die Diener ihre Anweisungen, seltsame Figuren gingen dauernd durch die Tür, um Behandlung oder Rat zu erbitten. Niemand schien einen richtigen Beruf zu haben, & doch schien jeder in der Lage & bereit zu sein, etwas zu tun. Der Diener wollte wissen, welche Suppe wir zum Abendessen wünschten, & er legte auch auf dem Bauernhof Hand an. Zumindest war das mein Eindruck; der Ort war voll von einfachen redseligen Geschöpfen, eifrig wie Kinder, wenn es darum ging, einen Auftrag zu bekommen, eifrig wie Kinder, wenn es darum ging, noch etwas zu bleiben & mit der Herrin zu schwatzen.

*Miss Noel sollte zu Virginias Mißfallen in Kürze Philip Baker, einen Quäker und Politiker, heiraten, und ihr Sohn, Francis Noel-Baker, ist heute der Besitzer von Achmetaga. Die Anwesenheit der Familie seit 160 Jahren dort geriet zu einer stürmischen Saga, aber das Haus ist, auch wenn es im Zweiten Weltkrieg von italienischen Soldaten niedergebrannt wurde, noch immer so, wie es Virginia beschrieben hat, nur daß der Garten alles andere als verfallen ist. Im Gästebuch, das ich 1992 bei einem Glas vorzüglichem Achmetaga Retsina der Noel-Bakers durchsah, teilt sich die Unterschrift von Virginia Stephen eine Seite mit La Bande des Anamites, die rätselhafterweise nur als ›troupe de Miss Irène‹ identifiziert sind.*

Es gab viele Geschichten, die uns die Noels erzählt haben und die hier wiedergegeben werden könnten. Darüber zum Beispiel, daß es notwendig ist, den besten Doktor in Athen mit dem Geschenk eines Schweines zu bestechen, bevor er einem das Schwesternzeugnis unterschreibt – kurz gesagt, darüber, daß alle Schichten ihren Preis haben, daß alle Griechen lügen, daß alle Griechen schmutzig sind, unwissend & unsolide wie Wasser.

Und wenn man in Betracht zieht, daß Mr Noel – da er unter ihnen geboren wurde – seit ungefähr fünfzig Jahren unter ihnen gelebt hat, haben seine Worte nicht nur Gewicht, es ist auch die Art Gewicht, die absolut ist. Es wäre so leicht gewesen, die Leute nach so langer Zeit mit solchen Verbindungen allmählich ins Herz zu schließen, so daß ein Fremder, der ihre Fehler erwähnte, zurückgewiesen würde ›Nicht die Spur davon – ich kenne diese Leute‹. Aber so wie es ist, kennt er diese Leute wirklich, & das macht seine Kenntnis aus.

Wie eine bewegliche Schicht Sand liegen diese lose zusammengefügten Stämme aus vielen verschiedenen Völkern über Griechenland, nennen sich tatächlich Griechen, weisen aber zu den alten Griechen etwa die gleiche Verbindung auf wie ihre Sprache zu der seinen. Denn die Sprache, die sie sprechen, unterscheidet sich von der Sprache, die einige wenige von ihnen schreiben können, so sehr, wie diese sich nun wieder von der Redeweise Platos unterscheidet. Die gesprochene Sprache windet sich, da sie nicht durch Grammatik oder Orthographie festgelegt ist, immer wieder neu um jede Zunge. Die Leute auf dem Land verschlucken Silben & vernuscheln Vokale, so daß eine geübte Rednerin wie Miss Noel es nicht auf sich nehmen würde, die Wörter niederzuschreiben, die ihr so flott von der Zunge gehen. Auch konnte sie das Griechisch der Zeitungen weder lesen noch schreiben; & noch weit weniger könnte sie das Griechisch der Klassiker lesen. Also muß man das moderne Griechisch als den unsauberen Dialekt einer Nation von Bauern ansehen, genau wie man die modernen Griechen als eine Nation ansehen muß, die sich aus Mischlingen zusammensetzt, & als einen Bauern neben der klassischen Rede reinblütiger Rassen.

*Sie erreichten Athen am 16. September nach Einbruch der Dunkelheit.*

Als der Tag anbrach, gingen wir alle an unsere Fenster & sahen, daß eine große Felsenklippe aus der Dunkelheit emporragte, gelbbraun & mit Schatten behangen; auf der zwei Gruppen von Säulen errichtet waren, eine gelbbraun wie der Fels, die andere weiß & zerbrechlich. Tatsächlich gab es am Rand der Felsen noch mehr Säulen, aber die dunklen Säulen waren, das wußten wir, Krone & König des Ortes, der Parthenon* selbst.

Wenn man nahe bei ihnen ist, sieht man, daß der Parthenon bei weitem der größte der Tempel ist; & man sieht auch, daß die Oberfläche der Säulen abgeschlagen & zernarbt ist. Die Verwüstungen sind schrecklich, aber nichtsdestotrotz ist der Parthenon noch strahlend & jung. Seine Säulen ragen hoch auf wie liebliche runde Glieder, die vor Gesundheit strotzen. Als wir ihn zuerst sa-

* Bei Virginia Woolf wird der Parthenon hier und auch später in weiblicher Form angesprochen, d. h. als Königin und als ›herself‹. Im Deutschen wie im Griechischen ist der Parthenon männlich. Anm. d. Übers.

hen, war allerdings das Licht so grell, daß wir kaum unsere Augen zum Fries erheben konnten: denn all der Marmor, der um die Füße verstreut ist – Tafeln aus Marmor, Säulentrommeln aus Marmor, Splitter aus Marmor, schien von unten Lichtblitze auf uns zu werfen. Mit einem betäubten Gefühl also, als wäre unser Verstand von etwas mit Sprachlosigkeit geschlagen worden, dessen Größe jedes Verständnis übersteigt, kühlten wir uns im Museum ab, das am Fuß des Hügels liegt. Hier befindet sich vielleicht das schönste Objekt, das wir bisher gesehen haben. Der Kopf des Jünglings mit geflochtenem Haar, den die Reiseführer als ein wenig archaisch bezeichnen. Aber der Mund mit seinen weichen, gefühlvollen Linien schien gerade frisch an diesem Morgen gemeißelt worden zu sein. Doch halt ein: denn auch der Stein war unsterblich.

Schöne Statuen haben einen Blick, den man nie oder nur selten auf lebenden Gesichtern findet, wie eine heitere Unwandelbarkeit, hier ist ein Typus, der dauerhaft ist wie die Erde, nein, der alle materiellen Dinge überdauert, denn solche Schönheit ist von einer Wesensart, die unsterblich ist. Und dieser Ausdruck auf einem Gesicht, das ansonsten jung & geschmeidig ist, läßt einen an einer höheren Luft teilhaben. Es ist wie der Kuß der Morgenröte.

Wir besuchten die Akropolis auch bei Sonnenuntergang: Und wenn man von ›der Farbe‹ des Parthenon spricht, kommt man einfach den Erfordernissen der Spache nach; ein Maler, der sich durch seine Kunstfertigkeit ausdrückt, gesteht die gleichen Beschränkungen ein. Der Tempel glüht rot; der ganze westliche Giebel scheint wie zum ersten Mal entflammt im Sonnenuntergang auf der gegenüberliegenden Seite; seine Strahlen leuchten & wärmen, während die anderen Tempel in einem weiß strahlenden Glanz brennen. Kein Ort erscheint kraftvoller & lebendiger als dieses Plateau aus uralten toten Steinen. Die dicken Mädchen, die das Gewicht des Erechtheums auf ihren Köpfen tragen, stehen in lächelnder ruhiger Leichtigkeit, denn ihre Last ist ihren Kräften nur angemessen. Sie sonnen sich darin; ein Fuß etwas vorgestellt, ihre Hände stellt man sich leicht gebogen an ihren Seiten vor. Und der warme blaue Himmel fließt in jede Spalte des Marmors; doch sie befreien sich & springen in die Luft, mit scharfen Kanten, nicht abgestumpft & noch immer kraftvoll & jung.

Aber es ist der Parthenon, der einen überwältigt; er ist so groß & so stark & so triumphierend. Man fühlt sich durch & durch erwärmt, als würde man an einer belebenden Feuerstelle vorbeigehen. Aber vielleicht ist das reizendste Bild darin – zumindest kann man es am besten losgelöst betrachten – dasjenige, das man erhält, wenn man dort steht, wo die große Statue [der Pallas Athene] ursprünglich stand. Sie blickte gerade durch den langen Zugang, der von den geschwungenen Linien der Säulen gebildet wurde; & sah ein langes Stück attische Berge & Himmel & Ebene & einen leuchtenden Streifen Meer. Es ist wie eine gemalte Täfelung, die in den Parthenon zugelassen wurde, um seine Schönheit zu vollenden: es ist weich & wird schnell dunkel, auch wenn das Wasser noch glänzt; dann sieht man, daß die weißen Säulen aschfarben sind & die Wärme aus dem Parthenon verebbt.

Eine Glocke läutet unten & wieder einmal ist die Akropolis ganz verlassen. Wir gingen durch die lärmenden Straßen nach Hause.

Wenn man sagt, daß die Aussicht von der Akropolis schön ist, macht man es sich leicht; das ganze Land trägt einen Flaum wie ein Pfirsich, mit fedrigen purpurnen Schatten; in weiter Ferne glänzt das Meer wie mattes Silber; oben, am Himmel, erzittern die Wolken vor der Kuppel karmesinrot & golden. Dabei ist der

Mond gerade scharf genug, um das Blau mit seiner silbernen Schneide zu durchtrennen; & ein Stern hängt in seiner Nähe. Die Säulen auf der Höhe sind rosenfarben wie die Morgenröte; dann werden sie cremig weiß & dann verblassen sie vollständig. In den engen Straßen, die fast ganz bis nach oben aufsteigen, flackern die Lichter, & man geht durch eine seltsam milde Luft, noch blau vom Tageslicht, auch wenn die Lampen Gelb hinzugießen. Es ist noch recht warm & die Atmosphäre hat eine seltsam fühlbare Textur; die Straßen sind überfüllt, & Leute kommen in Schwärmen hinunter; glücklich & schwatzhaft, in Massen.

Die ärmeren Leute von Athen – & alle Leute scheinen arm zu sein – haben die angenehme Gewohnheit hier oben am Abend, wenn ihre Arbeit getan ist, umherzubummeln; so wie wir durch unsere Parks spazieren. Sie sitzen auf antikem Marmor herum, schwatzen & stricken, aber der Ort wird durch sie nicht entwürdigt wie durch uns Touristen; sie geben ihm eher einen menschlichen & vertrauten Anstrich.

Die Leute von Athen sind natürlich nicht mehr Athener als ich. Sie verstehen das Griechisch des perikleischen Zeitalters nicht – wenn ich es spreche. Auch ihre Gesichtszüge sind nicht klassischer als ihre Sprache: die Türken & die Albanier & die Franzosen haben, so scheint es – einen hinreichend gewöhnlichen Typus ge schaffen. Er ist dunkel & düster, von kleiner Statur & nicht gut gewachsen. Es stimmt, daß die Straßen durch die Anwesenheit vieler Bauern in ihrer albanischen Kleidung beehrt werden; die Männer tragen dicke weiße Mäntel, Kilts mit vielen Falten & lange Gamaschen. Aber das kann man in einem Dutzend Reiseführern geschrieben sehen. Ich habe keine einheimischen Frauen gesehen, die man von einer Italienerin hätte unterscheiden können; & tatsächlich sieht man nur wenige Frauen. Die Straßen sind überfüllt mit Männern, die im Freien trinken & rauchen, auf dem Land sogar neben den Mauern schlafen; aber die Frauen bleiben drinnen. Man sieht sie gewöhnlich, wenn sie Kinder betreuen oder aus einem der oberen Fenster sehen, wo sie vermutlich arbeiten. Aber es fällt den Gedanken nicht schwer, zu Briganten zu werden.

Die moderne Stadt Athen, könnte ein britischer Reisender knapp zusammenfassen, gleicht den meisten ausländischen Städten, denn die Dächer sind aus gerillten braunen Ziegeln, die Mauern sind weiß & die Fenster haben Läden. Und daraus folgt, daß die moderne Stadt ziemlich zerbrechlich & wertlos ist, gebaut, um in der Sonne zu liegen, zu erstrahlen & zu vertrocknen. Dann gibt es wieder bestimmte große Plätze, wo die Menschen zusammenkommen; es gibt Straßenbahnen & es gibt Regierungsgebäude. Leute schwatzen & schreien eine Menge & rempeln sich auf dem Bürgersteig an. Gegen Mittag tritt eine Beruhigung ein; alles schnarcht; um 4 wachen wir wieder auf & fangen an zu schwatzen. Das lebendigste Bild ist vielleicht das der Straßen am Abend, wenn die Sonne gerade untergegangen ist & die Schiffe in Piräus ihre Kanonen abgeschossen haben.

Athen liegt, wie jeder Schuljunge weiß, auf einer Ebene; & die berühmten Berge stehen drumherum – Hymettus, Lycabettus, Pentelikon – & andere, möchte ich meinen, deren Namen ich vergessen habe. Sie sind größtenteils graugrün; aber Pentelikon trägt eine weiße Narbe auf der Seite, wo die Griechen Marmor brachen. Wir machten uns zeitig auf, um die Höhe zu erklimmen, denn obwohl der Aufstieg mit Wagen & Maultier stattfinden sollte, ist Pentelikon immerhin höher als irgendein englischer Berg & forderte uns daher Respekt ab. Ein Wagen aus Athen ist ein höchst achtbares Vehikel, das einen leichten Beigeschmack von Leichenbestatter hat & überhaupt nicht von Griechenland; er ist schwarz

& schäbig & wird von zwei dürren Pferden gezogen. Er sieht auf einer Landstraße überaus unpassend aus, vollgestopft mit malerischem Landvolk & ihren Kisten & Kästen & Truthähnen & Ziegen. Und doch sieht man ihn oft in dieser Aufmachung, beim ›Umzug‹ einer ländlichen Familie. Er bewegt sich langsam & es war Mittag, als wir um unsere Pferde gefeilscht hatten – die sich in Esel verwandelt hatten – & an dem Kloster von – ich weiß nicht was – am Fuß des Pentelikon ausgestiegen waren. Das Land ist größtenteils so kahl & trocken, daß diese kleinen Flecken, wo Fichten wachsen & große Platanen & Wasser rauscht, ganz köstlich sind – wie ein bukolisches Gedicht von Theokrit. Wir aßen im Schatten eines großen Baumes zu Mittag, während unsere Esel grasten, & unsere Führer lagen auf ihren Ellenbogen und beobachteten uns. Ein ältlicher Mönch kam den Berghang hinunter, beladen mit Reisig; ein weiterer, groß & melancholisch, stand am Tor des Klosters. Dann begann der Aufstieg; vier von uns hockten auf hohen hölzernen Sätteln, hintereinander, jeder begleitet von einem Jungen oder einem Mann, der führte & mit Schlägen antrieb. Wir stiegen auf ... einen kleinen Hügel in den Bergen, der mit losen Marmorblöcken gepflastert war. Bald mußten wir absteigen; die Qual unserer Führer – sie fluchten, als hätten sie ihre Seele verloren, – konnte unsere Reittiere nicht bewegen. Es war heiß & steil, & man mußte von Stein zu Stein springen, ohne die Behendigkeit einer Ziege. Dann stellten wir fest, daß wir zu einer großen Höhle geleitet wurden, die kühl wie ein Tempel & wegen irgendwas berühmt war. Ich habe vergessen weshalb. Und dann wurde offenbar, daß die Führer wieder hinuntersteigen wollten; angeblich hätten sie ihre Pflicht getan – beteuerten, sie könnten ohne Verpflegung nicht weitergehen & wendeten unsere Esel talwärts. Das konnte zur Genüge durch Zeichen vermittelt werden; unsere Proteste, wenn auch in reines Englisch gekleidet, – schnitten durch die Luft. Sie antworteten mit einem Geplapper von Griechisch; es war also nicht die geringste ihrer Sünden, daß sie griechisch sprachen.

So prallten englische Flüche und griechische Flüche vergeblich aufeinander; denn die Griechen konnten die Bezeichnung ›schielender Affe‹ nicht verstehen, wie wir ihre nachdrückliche Sprache nicht deuten konnten; Griechisch, so überlegten wir, hat keinerlei Bedeutung. Tatkraft siegte, wir wendeten die Esel bergaufwärts & die Griechen gaben mit mehr Lachen als Ärger nach. Trotz der Hitze rannten & kullerten die griechischen Jungen & sangen die seltsamen auf- & abschwellenden Lieder ihres Volkes. Derweil kletterten wir & erreichten den Gipfel nach 5 Stunden oder so. Die Aussicht war einiges wert: direkt unter uns lag Marathon & Euboea; wir konnten Salamis sehen & die Umrisse von vielen Vorgebirgen. Das Meer floß überall. Es war zu spät, um noch zu bleiben, also stolperten wir wieder hinunter, auf einem Pfad diesmal, der durch ein mit schwarzen Ziegen gesprenkeltes Tal führte. Der Ziegenhirt saß mit seinem Umhang am Wegrand – verlangte Streichhölzer. Das Tal war süß von Thymian.

Marathon ist flach wie ein Tisch, braun, mit einer vollkommenen Biegung, die die Bucht herausgeschnitten hat. Kleine Inseln trieben weiß wie Sand auf dem Meer. Euboea ist lang & markant, mit Buchten, die in die Seite gegraben sind. Aber es gab nur wenig Raum für Reflexionen!

*Aus den am Pentelikon gebrochenen Steinen wurden einige der größten griechischen Gebäude errichtet; und der Berg ist von den Arbeiten zernarbt. Zudem ist er jetzt auf allen Seiten von den sich ausbreitenden Vororten Athens umgeben – das Kloster an seinem Fuß liegt mitten in einem Erschließungsgebiet – und wird von den Aufbauten einer Radarstation gekrönt, die die Öffentlichkeit von seinem Gipfel fernhält, aber durchaus großartig aussieht, wie die Augen von Göttern. Die Höhle war wahrscheinlich die Stalaktiten-Grotte bei dem Steinbruch von Spilia, und berühmt war sie vielleicht im Zusammenhang mit dem Frühchristentum. Virginia schrieb später einen schwerfälligen fiktiven Text* A Dialogue upon Mount Pentelicus *über ihren Ausflug auf den Berg.*

Etwa um 5 Uhr blickten wir zum letzten Mal auf Athen & seine Ebene & die berühmten Berge. Ich hatte guten Grund, Athen lediglich als eine moderne Stadt zu betrachten, mit einer barbarischen Sprache, bevölkert von Lügnern & Betrügern; wie um diesen Eindruck auszulöschen – eine schwankende, wenn auch unbedeutende Geliebte zurückzugewinnen – schien der Ort noch einmal in seinem wunderschönen alten Gewand zu strahlen; die Lichter kamen flirrend über die Hügel, & nur die Akropolis war zu sehen, wie sie hoch hinter der Stadt stand. Kraftvoll & rot & bedeutsam – allein & von der ganzen modernen Welt losgelöst. Dem also & den zarten abrupten Bergen konnte ich Lebwohl sagen, denn sie sind Griechenland, & so habe ich sie gekannt & werde ich sie immer im Gedächtnis behalten.

## *Auf der Grand Tour II, 1932*

*Sechsundzwanzig Jahre später kehrte Virginia Woolf nach Griechenland zurück, diesmal mit ihrem Ehemann Leonard und ihren Freunden Roger und Margery Fry, und manchmal, wenn sie die gleichen Orte wie früher besuchte, kam es ihr vor, als würde sie ihrem eigenen Geist begegnen, ›mit ihrem ganzen Leben noch vor sich‹. Sie reisten größtenteils mit einem gemieteten Kabriolett mit Chauffeur.*

Griechenland also, wenn man so nach Griechenland zurückkehrt, ist ein so uraltes Land, daß es einem vorkommt, als wanderte man durch die Felder auf dem Mond. Das Leben zieht sich zurück ... die lebenden, zermürbten, ewig über die Straßen ziehenden Griechen können Griechenland nicht länger bewältigen. Es ist zu kahl, zu steinig, steil für sie. Wir trafen sie ständig auf den hochliegenden Bergpässen, wie sie neben ihren Eseln trotteten, so klein, so ein qualvolles Dasein, immer in Bewegung auf der Suche nach irgendeinem Kraut, irgendeiner Wurzel, unter der Herrschaft der unermeßlichen Entfernungen, unfähig etwas anderes zu tun, als die Fersen gegen den Fels zu stemmen. Diese Einsamkeit, die ihnen vertraut ist, unter der Sonne, unter dem Schnee, diese Notwendigkeit, sich die herrlichen Sommertage hindurch selbst zu kleiden & zu ernähren, ist in England undenkbar. Die Jahrhunderte haben keine Spur hinterlassen. Es gibt kein 18tes, 16tes, 15tes Jahrhundert schichtweise wie in England – nichts zwischen ihnen und 300 v. Chr. ... Wenn man eine Bucht findet, ist sie verlassen; genauso ist es mit den Hügeln & Tälern; nirgendwo eine Villa, ein Teesalon, eine armselige Behausung; keine Stromleitungen, keine Kirchen, kaum Friedhöfe.

*Tagebuch, 2. Mai*

Die Straßen sind unglaublich – nichts als Fahrrinnen zwischen Löchern. Wir fahren von morgens bis abends. Jetzt sind wir in Delphi, wo ein Sturzbach die Straße hinunterrauscht, 6 Geier, oder goldene Adler, hoch über uns dahinsegeln, und ganze Schafe an Stöcken über Holzfeuern rösten, weil es aus irgendeinem Grund Ostersonntag ist. Alle Griechen singen deshalb wilde Beschwörungen und marschieren mit Kerzen und Leichen auf Bahren herum. Wir haben die griechische Kunst an ihren Platz verwiesen – eher niedriger, als sie es war: andererseits ist ihre Architektur besser, als sie es dem Vernehmen nach ist. Aber die Byzantiner sind die wahren Pfundskerle. (Dies ist ein Zitat von Roger.) Roger ist ein wahres Duschbad der Gelehrsamkeit – Nicht eine Blume entgeht ihm. Und falls doch, würde Margery sie erwischen. Beide zusammen sorgen dafür, daß kein Vogel Tier und Stein unregistriert bleibt. Wir reden fast ununterbrochen und hatten gestern die große Freude, ein totes Pferd auf einer Wiese zu riechen. Kaum gerochen, stießen 12 – nein – 15 Geier aus dem Azur herab und machten sich daran, es aufzupicken. Sie haben lange blaue kahle Hälse wie Schlangen. Manchmal überquert eine Schildkröte die Straße, manchmal eine Eidechse.

Roger ist jetzt hoffnungslos geschlagen. Die Griechen spielen auf Dudelsäcken und bringen dem blutenden Leichnam Christi ein Ständchen in einer sehr sinnlichen Molltonart.

*Brief an Quentin Bell, 1. Mai*

Gestern abend auf dem Hügel über Delphi im Dämmerlicht, als Itea zu leuchten & zu funkeln begann, ein Schiff in der Bucht & die Schneeberge standen im Hintergrund, & der Vordergrund war noch satt grün & rotbraun, wo die Ziegen & Schafe weideten, & die Autos fuhren langsam über die gewundene Straße unter uns, gestern abend, als wir dort saßen, kam das Ziegenmädchen heraufgesprungen, als wollte sie ihre Schafe schobern, aber sie kam nur, um mit uns zu reden. Kein Vorbeistehlen, kein Kichern, keine Schüchternheit. Sie blieb ganz selbstverständlich vor uns stehen ... Sie brüllte vor Lachen. Sie war klein braun, wird mal eine kluge derbe alte Frau, unbefangen, freundlich ...

... Nach dem Abendessen tanzten sie im Gasthaus, junge Männer, förmlich, mit Verbeugungen & Verrenkungen & ihre Füße blieben auf der richtigen Stelle, mit Hosen & Hemden bekleidet.

*Tagebuch, 2. Mai*

Roger hatte von einem Kloster [Hosios Loukos] mit Mosaiken in der Nähe von Delphi gehört – der Fahrer wies darauf hin, daß es unsere 10stündige Reise um 3 Stunden und um die Besteigung eines Berges zur Mittagszeit auf Maultieren verlängern würde. Roger fand einen kürzeren Weg. Aber, sagte der Mann, die Straße ist unpassierbar. Kein bißchen, sagte Roger. Also wurde es geplant; und wir standen um 5 auf, fertig zur Abfahrt. Im letzten

Augenblick kam die Nachricht, daß ein Auto in den Abgrund gestürzt war, wegen der schlechten Straße, und der Fahrer weigerte sich absolut, zu fahren. Also schlossen wir einen Kompromiß und nahmen den längeren Weg und ritten in der Mittagshitze den Hügel hinauf und die Mosaiken waren sehr minderwertig und die Mönche waren sehr lästig und wir waren erst um 8.30 abends wieder in Athen, nachdem wir eine Feder zerbrochen und einen Reifen durchlöchert und eine Schlange überfahren hatten. Aber wir sahen einen Adler. Und Roger sagte, nur durch derartige Experimente könne man wahre Einsicht in die Menschen gewinnen.

*Brief an Vanessa, 2. Mai*

*Eine ausgezeichnete Straße führt heute von Delphi nach Hosios Loukos, das kürzlich restauriert wurde: die Mosaiken werden allgemein für sehr schön gehalten; und die Maßregelungen für Frauen, die Hosen tragen, werden heute eher nachgiebig gehandhabt.*

Es ist Sonntag in Athen; wir haben zu Mittag gegessen, nicht allzu gut, und uns 2 Stunden lang byzantinische Relikte angesehen – weil es ein schwüler nasser Tag ist; und jetzt geht es nach Hymettus, und gestern sind wir mit einem Schiff nach Ägina gefahren, und haben den wunderschönsten Tempel gesehen, und eine Insel, die ganz in Terrassen gehauen ist, mit Oliven und wilden Blumen, und die See lief in die Buchten ein (es war triefendnaß, muß ich zugeben, und wir wurden mit 50 amerikanischen Archäologen durch die Gegend getrieben). Trotzdem ist es eine schöne Insel, und ich tappte zur Spitze des Hügels und pflückte wilde Schwertlilien und unbekannte gelbe Sterne, und kleine purpurne, violette, blaue, weiße, perlfarbene Blüten, alle ungefähr so groß wie der Stein an Deinem Ring nicht größer. Und wir waren in Daphnis, und wanderten durch Olivenwälder, und in Sunion, dem Tempel auf den Felsen, welche Felsen weich sind vor Blüten, wiederum alle nicht größer als Perlen oder Topase. Margery Fry ist eine manische Botanikerin, und hockt – sie hat die Größe eines russischen Bären – auf den Felsen und gräbt mit einem Federmesser. Und wir sahen die Hütten der griechischen Schäfer in einem Wald in der Nähe von Marathon, und ein wunderschönes, dunkel olivfarbenes rotlippiges Mädchen mit einem rosa Schal, das umherging und Fäden aus einem Büschel Wolle von ihrer eigenen Schafherde spann.

*Brief an Vita Sackville-West, 24. April*

Warum hast Du mir nie erzählt, daß Griechenland wunderschön ist? Warum hast Du das Meer und die Hügel und die Täler und die Blumen nie erwähnt? Bin ich der einzige Mensch, der Augen im Kopf hat? Ich teile Dir hiermit feierlich mit, Ethel, daß Griechenland das schönste Land der ganzen Welt ist; Mai ist die schönste Jahreszeit im ganzen Jahr; Griechenland und Mai zusammen –! Es gab zum Beispiel die Nachtigallen, die da, wo wir am Bach saßen, in den Zypressen sangen: und ich füllte meinen Schoß mit scharlachroten Anemonen; Ja, aber Du willst Fakten; Baedeker. Also gut, wir fuhren von Athen nach Korinth; Stadt nach einem Erdbeben im Wiederaufbau; Golf [Kanal] aufgrund heftiger Steinschläge blockiert; sechs Esel damit beschäftigt, Schläge wegzukarren; wird 6 Monate oder ein Jahr dauern: aller Verkehr bis dahin aufgehalten: Delphi abgeschnitten; Orangen in Hotel unerhältlich: von Korinth (all dies in einem großen offenen Wagen von Giolmann, von entzückendem Fahrer perfekt über Straßen wie geronnene Krater chauffiert) nach Mykene: auf mein Wort, großartig. Bienen dröhnen im Grab Agamemnons. (Wie geht die Zeile über ›sein Helm war ein Korb für Bienen‹) Tee im Belle Helene; auf der Ebene, mit quarrenden Fröschen: so nach Nauplia an den Abenden; oh und dann am nächsten Tag den nervenaufreibendsten Paß hinauf, wie ein Pfeil an einem Rasiermesser entlangschießend, mit Felsenhöhlen in eine Million Fuß tiefen Abgründen unter dem linken Auge, und dazu Esel, die hinter Kurven auftauchten, nach Mitrovitza; so nach Mistra; byzantinische Kirche wundervoll; Bauern entzückend; Kaffee in einer Bauernstube; so wieder nach Athen; die ganze Zeit nimmt die Hitze zu und der Wind, und die blühenden Bäume öffnen sich, während man zusieht, und bilden Troddeln aus Violett und Weiß und Karmesin (verlang nicht von mir, diese Fakten zu dokumentieren) vor einem Himmel von makellosem Blau . . .

*Brief an Ethel Smyth, 4. Mai*

*Im Hotel La Belle Hélène im Dorf Mykene (Schliemanns Haus während seiner epochalen Ausgrabungen in den 70er Jahren des letzten Jahrhunderts) hängt, zusammen mit anderen berühmten Namen, eine Reproduktion von Virginias Unterschrift aus dem Gästebuch an einer Wand.*

## *Griechische Gedanken*

Ich kann mir keinen Grund denken, weshalb wir nicht in Griechenland leben. Es ist sehr billig. Der Kurs steht jetzt zu unseren Gunsten. Es hat eine Finanzkrise gegeben, und wir bekommen jetzt ich weiß nicht wie viele Schillinge für unser Pfund. Die Leute sind bei weitem die sympathischsten, die ich je gesehen habe. Niemand spottet oder macht sich lustig. Alle lächeln. Es gibt keine Bettler, praktisch. Die Bauern kommen alle über die Felder und reden. Wir verstehen kein Wort, und der Konflikt zwischen Rogers Buch und Leonards macht es uns oft unmöglich, einen Tropfen zu trinken zu bekommen, weil sie sich nicht einigen können, wie das Wort für Wein heißt.

*Brief an Vanessa Bell, 2. Mai 1932*

... Die Griechen des Altertums sind am besten weggekommen; wir als Reisende kamen viel zu spät; die Schreine sind zerfallen, & die Orakel sind stumm. Man hat in Griechenland sehr oft das Gefühl – daß der Festzug schon lange vorübergezogen & man selbst zu spät gekommen ist & daß es sehr wenig ausmacht, was man zu fühlen glaubt. Das moderne Griechenland ist so dürftig & zerbrechlich, daß es vollständig in Stücke geht, wenn es den gröbsten Fragmenten des alten gegenübergestellt wird.

*Tagebuch, September 1906*

Ich kann Dir versichern, daß Griechenland schöner ist als 20 Dutzend Cambridges alle in der Maiwoche. Außerdem glüht es vor Hitze, und es gibt kein Ungeziefer, keine Unannehmlichkeiten – die Bauern sind weit netter als der Umgang, den wir in London haben – es stimmt, daß wir kein Wort von dem verstehen, was sie sagen. Kurz gesagt trage ich mich mit einem Plan, die Hogarth Press nach Kreta zu verlegen.

*Brief an John Lehmann, 8. Mai 1932*

Ich habe meine Füße in der kastalischen Quelle [Delphi] gebadet; und alle Felsen waren mit blaßvioletten Glockenblumen überzogen – aber was hat es schon für einen Sinn, einer Engländerin von Blumen zu sprechen? Du kaufst sie in Sträußen: hier werfen sie sie dir an den Kopf. Ich habe nie so viele gesehen – gestern in Ägina war der ganze Hügel rot vor Sonnenröschen und gelben Mohnblumen, von denen ich eine für Dich pflückte – hier sind die vermodernden Blütenblätter. Das Meer drängt sich überall dazwischen – man erreicht die Spitze eines Hügels, und unten liegt das Meer. Und Schneeberge dahinter, und Buchten, wie sie waren, als Eva – nein, es sollte Persephone sein – dort badete. Kein einziger Bungalow, keine Hütte, keine Teestube. Reines Meerwasser auf reinem Sand ist fast das Schönste auf der Welt – du weißt, wie viele Male ich das gesagt und von alten Frauen mit Körben erzählt habe. Und so stürzten wir uns gestern ins Meer und schwammen in der Ägäis herum, während Seeigel und Anemonen, alle verwandelt, rot und gelb unter unseren Füßen wehten.

*Brief an Vita Sackville-West, 8. Mai 1932*

Ich blickte hoch & sah Berge jenseits der Bucht, wie Messer geformt, farbig & das Meer randvoll gefüllt, glatt; & ich fühlte mich, als hätte ein Messer ein verkrustetes Organ in mir freigeschabt, denn ich konnte nicht feststellen, daß irgend etwas fehlte an dieser beweglichen, athletischen Schönheit, in Farbe getaucht, so daß sie nicht kalt war, vollständig frei von jeglicher Vulgarität, doch alt nach menschlicher Zeit . . . Nun, es gibt Gefühlsbindungen zwischen Menschen & Orten wie zwischen menschlichen Wesen. Und ich könnte als alte Frau Griechenland lieben, wie ich, glaube ich, als Kind Cornwall geliebt habe.

*Tagebuch, 8. Mai 1932*

# Türkei

*Virginia Woolf war zweimal in der Türkei, und beide Aufenthalte verliefen durch Krankheiten* en voyage *ihrer Schwester Vanessa unglücklich. 1910 reiste sie in einer Notsituation nach Bursa, wo Vanessa eine Fehlgeburt hatte, um dabei zu helfen, ihre Schwester sicher heim nach England zu bringen; es war ihr einziger Abstecher nach Asien, aber sie schrieb nichts darüber. 1906, als sie mit Vanessa, ihrem Bruder Adrian und ihrer Freundin Violet Dickinson von Griechenland nach Istanbul fuhr (das damals noch Konstantinopel hieß), wurde ihr Aufenthalt durch Vanessas Krankheit verkürzt, aber das hielt Virginia, die vierundzwanzig Jahre alt war, nicht davon ab, eines ihrer wortreicheren Tagebücher zu führen.*

## *Ein Besuch in Konstantinopel*

Tagebuch, Oktober 1906

Den ganzen Tag sind wir an der Küste von Kleinasien entlanggedampft, wobei hier & da zu unserer Linken eine Insel hervorsprang. Am Abend ankerten wir in einer Meerenge, die von großen Kanonen beherrscht wurde, wo die berühmte Stadt der Dardanellen liegt. Ein Stück weiter & wir kamen nach Abydos in Sestos mit dem Hügel, auf dem Xerxes saß; sein Geist könnte viele seltsame Passagiere beobachten, die von einem Ufer zum anderen übersetzen. Soll man sagen, daß die Küste von Kleinasien genau wie viele andere Küsten ist – ein schwacher dunkler Streifen, der ansteigt & abfällt & hier & da mit Ansammlungen von weißen Häusern gesprenkelt ist? Und dann muß man, um den einen oder anderen zu besänftigen, hinzufügen, daß wir auch an der Ebene von Troja vorbeigekommen sind. Aber all das ist zu sanft in meine Gedanken eingebettet, als daß ich es heute abend herausziehen könnte. Das gute vertrauenswürdige Schiff stampft auf seinem Weg hinab zum Meer von Marmara & läßt mich mit sauberer Handschrift schreiben, als säße ich auf einem Pony mit ruhigem Gang.

Wenn wir um 5.30 aufwachen, werden wir sogleich aller Herrlichkeit von Konstantinopel ausgesetzt sein.

Und das waren wir, ausgesetzt, fast noch bevor wir die Augen offen hatten. Denn als ich um halb sechs aufwachte, sah ich das Land an uns vorüberfließen, deutlich schwarz, mit dem blassen Licht des Morgengrauens über dem Meer. Um sechs war ich auf Deck & plötzlich waren wir ganz Konstantinopel gegenübergestellt; dort war St. Sophia, wie eine dreifache Kugel aus eingefrorenen Blasen, die hinausströmten, um uns entgegenzukommen. Denn sie ist in der Form einer zarten Substanz errichtet, dünn wie Glas, das in kräftige Rundungen geblasen wurde; nur daß sie auch noch so massiv ist wie eine Pyramide. Vielleicht liegt darin ihre Schönheit. Aber so schön & flüchtig & dauerhaft, um nur ein paar Adjektive wie Brombeeren zu pflücken – sie auch ist, sie ist doch nur die Frucht eines ganzen Gartens voller Blumen. Die Sonne stieg schnell gegenüber der Stadt empor, & der ganze Schwung grauer Häuser, die hoch aufgetürmt & in offenem Halbrund lagen, wurde verschwenderisch & phantastisch mit goldenen Fenstern abgesetzt. Und so bestand die Farbe aus grauen Häusern & blaßgoldenen Täfelungen & dunklen Büscheln von Grün, denn alle Gebäude waren weich zwischen Bäume eingefaßt. Wir fuhren schnell an diesem wunderbaren Anblick vorbei, der sich mit jedem Moment vor unseren Augen zu erneuern schien, & kamen so zum überfüllten Flußbecken, wo das Goldene Horn vom Bosporus abzweigt. Aber dort wurde mein Blickwinkel zweifellos verdunkelt; und ich kann mich auf nichts besinnen, wie die Romanautoren sagen, & die haben die besten Einfälle – bis – na ja, es wäre passend zu sagen bis etwa um 6 Uhr am Abend, als ich an einem offenen Fenster saß & die Sonne hinter der Stadt, die ihren Aufgang widergespiegelt hatte, untergehen sah.

Aus dieser Position überblickt man die Stadt, oder so viel davon, wie ein viereckiges Fenster umfassen kann, & das gibt einem einen Eindruck davon, daß Konstantinopel zunächst einmal eine sehr große Stadt ist. Bei der Erinnerung an Athen fühlte man sich wie in einer Metropole; einem Ort, wo das Leben erfolgreich gelebt wird. Und das erschien seltsam &, wenn ich die Zeit habe, das zu sagen – ein wenig unbequem. Denn man machte sich auch klar, daß das Leben nicht nach europäischem Muster gelebt wurde, daß es nicht einmal ein minderwertiger Abklatsch von Paris oder Berlin oder London war, & das, dachte man, wäre das, wonach alle Städte streben, die nicht wirklich Paris oder eine dieser vertrauten Hauptstädte sein können. Als die Lichter in Mengen überall auf dem Land hervortraten & das Wasser von Lampen übersät war, wußte man, daß man Zuschauer eines lebhaften Dramas war, das seinen Lauf nahm, ohne sich um gewisse große Länder weiter im Westen zu scheren oder sie zu brauchen. Und in all diesem Überfluß lag etwas Unheilvolles & etwas Schmachvolles – für eine englische Lady an ihrem Schlafzimmerfenster. Auf jeden Fall war es ein aufwühlender Anblick, dies zu sehen & wenn es mir erlaubt sein sollte, die Kurzschrift von Lohnschreiberlingen zu benutzen, ein überaus schöner noch als Zugabe.

Das Goldene Horn treibt einen blauen Keil zwischen zwei hohe Ufer aus Häusern; so daß, wie es jemand ausgedrückt hat, ein Schlachtschiff auf der Straße vor deiner Tür vor Anker liegt.

Dann der Sonnenuntergang in langen Streifen von Feuer & Scharlachrot, mit einer Trennlinie aus Schornsteinen & Moscheen, die sich schwarz über den unteren Rand zieht; das blaue Wasser war erleuchtet, & goldene Lichter waren darüber gestreut. Hoch in der Luft & tief unten in der Erde brannten die Lichter, & dann schwang der Mond, eine Sichel, langsam am Himmel, & ein reiner Tropfen Licht, der Abendstern, verwandelte die unzähligen Lichter in Gold.

*Es war Alexander Kinglake, der in seinem Buch* Eôthen *die Bemerkung über das Schlachtschiff auf der Straße machte.*

Wenige Erfahrungen sind vergnüglicher als das erste Eintauchen in eine neue Stadt – Selbst wenn der Sprung – so wie unserer heute morgen – durch einen aalglatten türkischen Dragoman behindert wird. Doch als der Fahrer mit seiner Peitsche knallte & die Pferde den Berg hinunterliefen, hatten wir alle Erschwernisse vergessen. Unzählige Seiten sind in der Geschichte von Konstantinopel aufgeschlagen worden, aber diese, die letzte, wurde für uns ganz neu aufgeblättert. Und doch gab es, abgesehen davon, daß seltsame Ansichten unsere Sinne reizen, eigentlich nichts besonders Denkwürdiges an unserer Fahrt hinunter nach Stambul. Eine Gesamtansicht verspricht keinesfalls Schönheit im Detail, & die Straßen waren unbedeutend, & die nationale Tracht – ein Fez & ein Gehrock – ist ein enttäuschender Kompromiß. Wir erreichten einen ramponierten Torweg mit einer überladenen Heraldik oben drauf. ›Die Hohe Pforte‹, lautete der Kommentar unseres Führers, der den Wagen anhielt, damit wir unsere Reverenz erweisen konnten. Jenseits des Tores wuchs Gras zwischen dem Kopfsteinpflaster, & ein Soldat saß in einem Schildhaus herum; die Phantasie hatte bereits bessere Arbeit geleistet. Dann nach einiger Zeit erreichten wir St. Sophia durch einen engen Gang, als würden wir uns durch die Hintertür nähern. Die kleine Zeremonie auf der Schwelle, bei der wir unser heidnisches Leder in Pantoffeln verpackten, hatte einen gewissen kindlichen Stolz an sich. Reisende haben die Vorteile der Veränderung so ausgiebig besprochen, unter ästhetischen Gesichtspunkten, daß kein echtes Interesse mehr daran besteht. Vielleicht handelt es sich um ein kleines Spiel, das zum Amüsement von Fremden & und für den Profit der Einheimischen aufrechterhalten wird. Auf jeden Fall entrichteten wir unseren Tribut an den orientalischen Aberglauben mit Wohlwollen & schlurften mit lebhafter Befriedigung in unseren Zehen durch die Türen; Ich allerdings ließ die Hälfte meines Tributs zu einem frühen Zeitpunkt zurück, & besudelte den Teppich mit solidem englischen Schuhwerk.

Vielleicht zielt diese Abschweifung kunstvoll darauf ab, etwas von dem Zaudern wiederzugeben, das meine Gedanken von dem nun folgenden Vorhaben ablenkte. Hier war St. Sophia; & hier war ich, mit einem Kopf 2 Augen, Beinen & Armen proportional dazu, hergestellt, um sie zu würdigen. Nun, welchen Eindruck sie auch machte, er war sicherlich fragmentarisch & unzusammenhängend; wie dieser – seltsame Lichtstrahlen, achteckig & farblos; Fenster ohne gefärbtes Glas; keine Chorschranken in der Kirche; & war es eine Kirche? Nein, es war eine große Halle für Geschäfte oder Gelehrsamkeit oder Gesetz; denn sie war leer & kreisförmig & der geflieste Boden war mit Teppichen bedeckt. Dort gab es Männer mit Turbanen, die an dem einen Ende zusammenhockten; sie standen auf & gingen laut redend fort, als ihre Konklave beendet war. Es gab viele einzelne Figuren, die nachdenklich in dem großen Raum auf & ab wanderten; es gab ein oder zwei, die an der Seite sitzend ihre Körper rhythmisch zur Melodie des Korans, der aufgeschlagen auf ihren Knien lag, schaukelten. Hier stand eine Gruppe mit weißen Turbanen aus Buchara; der Führer hatte keine Skrupel, sich seinen Weg mit den Ellenbogen durch ihre Hingabe zu bahnen, so wie sie die Unterbrechung nicht übelnahmen. So waren die Andächtigen in der Moschee der St. Sophia; wobei ihre Andacht dem Ort durchaus nicht unangemessen erschien. Er ist so groß & so weltlich, so wenig die Stätte einer ehrfurchtgebietenden Religion, daß diese buntgemischte Andacht ihn nicht herabwürdigte. Auch kam einem der große Ort nicht ›schön‹ vor; denn wenn auch noch Teile von Mosaiken auf den Rundbögen vorhanden waren, der Eifer der Türken hat den Tempel vollständig jeder Verzierung entkleidet. Ein Türke darf das Zeichen des Kreuzes bei seinem Gebet nicht sehen, oder das Gebet vergeht im Nebel, sagte unser Führer mit einer ausholenden Handbewegung; & bevor die Hingabe annulliert wird, wurde lieber der Schmuck des gesamten Gebäudes korrigiert & insgesamt ausgelöscht, bis es keine Tugenden oder Laster mehr enthielt. Kreuze wurden zu gefahrlosen Mustern ohne Bedeutung; heilige Köpfe wurden von der Wand getilgt & hölzerne Schilde verkünden den wahren Glauben, wo einst christliche Engel ihre Flügel ausbreiteten. Es liegt eine knikkerige Stimmung über allem, die die große Moschee dem Fremden nicht sehr sympathisch macht; obwohl es, um meine Kritik einzuschränken, sehr vieles gibt, was sich nicht anders als mit ehrlicher Bewunderung ausdrücken läßt.

Wenn es auch kein Tempel der Religion ist, so wie wir das Wort verstehen, es ist sicher der Tempel von etwas: soviel läßt sich aus dem fanatischen Nicken so vieler Turbane & dem ernsten Dröhnen so vieler Stimmen ablesen.

Die letzte Sache, im allgemeinen aber die erste, die so oberflächliche Reisende wie ich in ihre Notizbücher eintragen sollten, betrifft den Zustand der Religion in einem Volk. Die einzige Bemerkung, die ich tatsächlich mit einiger Sicherheit machen kann, lautet, daß kein Christ oder sogar Europäer darauf hoffen kann, die türkische Sichtweise zu verstehen; man wird als Christ oder Mohammedaner geboren, so sicher, wie man schwarz oder weiß geboren wird. Der Unterschied liegt im Blut, das den Pulsschlag bestimmt. Und dieser Unterschied wurde explizit deutlich, als wir heute abend unsere Plätze in der Galerie von St. Sophia einnahmen. Wir starrten, wie wir möglicherweise Kreaturen in einem Käfig angestarrt hätten; aber die Wahrheit war, daß diese Geschöpfe weder unsere Gefangenen waren, noch uns unterlegen; sie duldeten es, daß wir sie betrachteten, aber sie würden es nicht dulden, daß wir mit ihnen beten.

Wir stiegen das lange Gefälle hinauf, das zur Spitze der Kirche führt, & auf dem halben Weg nach oben hörten wir schrille Schreie, die in einem großen Raum widerhallten, wie die Schreie von Kindern beim Verlassen der Schule. Und als wir in die Kirche hinunterblickten, waren dort Scharen von Kindern, die zwischen den erhabenen Säulen Versteck spielten & beim Rennen schnatterten wie die Affen.

Ihre Stimmen hörten sich dünn & sogar klagend an, als sie aus der ungeheueren Tiefe der gelben Luft hinauftrieben. Aber kein Schrei konnte die gelassene Ruhe dieser großen Halle stören. Kreise von hängenden Lampen bildeten kleine Inseln in der ausgedehnten Düsternis; & mit der Zeit, als die Lampen überall um die Bögen angezündet wurden, leuchtete ein sanfter goldener Glanz von Decke & Säule, bis die Luft bis ins Innerste erwärmt schien. Die Halle füllte sich allmählich mit dunklen Figuren & die Kinder wurden zur Ruhe gebracht, wenn sie auch ein & aus huschten wie sanfte Fledermäuse. Und unterdessen wurde das Licht langsam heller, bis die Reihe all dieser imposanten Bögen das Bild ausfüllte. Inzwischen nahmen die Menschen ihre Plätze in Reihen zwischen Matten ein & man hörte, wie eine Stimme mit sakralen Worten sich hob & senkte. Die Atmosphäre war dicht erfüllt, & doch konnte man kaum einzelne Figuren unterscheiden; man hatte nur das Gefühl, daß auf dem Boden dieses undeutlichen, bernsteinfarbenen Luftraums Menschenmengen versammelt waren, zusammengesunken wie Schatten.

Die Stimme schien ein zu dünner Faden zu sein, um so viele Körper zu verbinden; aber zu bestimmten Momenten erhoben & senkten sich die langen Reihen gleichzeitig, küßten den Boden & standen wieder aufrecht, die Marionetten einer ungesehenen Macht.

Die Lichtkreise waren gedämpft & diese ganze pünktliche Handlung wurde im Halbdunkel ausgeführt, schweigend mit nur einer Stimme, die klagend einsam klang. Aber so einfach & melancholisch uns diese Zeremonie auch erschien, sie war auch unglaublich schön. Die verhaltenen Lichter, die ganz aus blankem Gold & samtigem Schwarz gewoben waren, ergossen sich über alles & enthüllten nichts Dürftiges oder Rauhes; sie enthüllten nichts, deuteten aber mehr an, als sich hervorlocken ließe. So beobachteten wir eine Szene, die wir nie verstehen werden; & hörten das wahre Evangelium in einer unbekannten Sprache. Das Geheimnis des Anblicks & die Fremdartigkeit der Stimme gab einem das Gefühl, man wäre in einen weichen Vorhang eingehüllt; & die Andächtigen drinnen sind sehr darauf bedacht, daß man draußen bleiben soll.

Am dritten oder vierten Tag sollte man all seine Pflichten unerledigt liegen lassen, um sich in den nirgendwo verzeichneten Elendsgassen zu verlieren. Hier kann sogar ein Fremder & ein Tourist zufällig auf etwas treffen, das fast völlig unbefangen ist; & dann wird die Stadt zum ersten Mal eine wirkliche Stadt aus Fleisch & Blut.

Den Teil der Anweisung, der das sich Verlieren betrifft, befolgten wir sehr genau, & wir hatten die große Freude, durch Straßen zu gehen, die nirgendwohin führten, nur weil wir uns zufällig auf ihrem Weg befanden. Nun hat sich in den Randbezirken von Konstantinopel noch ein großer Teil des ›Prächtigen Ostens‹ am Leben gehalten; eine Kletterpflanze war quer über die Straße gezogen, & eine bunte Springflut aus roten Fezen, Turbanen, Jaschmaks & europäischer Respektabilität kam auf ihr herabgestürzt wie ein wilder Wasserlauf in den Highlands. Aber niemand hielt an, um uns anzugucken & all unsere exzentrische Kleidung erschien wie ein Bestandteil der gewöhnlichen Zusammensetzung.

Wir mußten einen Basar finden, genauer gesagt, den Großen Basar, & nach einer Weile, als wir uns unter all dies geschäftige & zufriedene Leben gemischt hatten, suchten wir Zuflucht in einem großen Bienenstock von kleinen Geschäften, der unter ein einziges Dach gebaut & wie eine Stadt aus bewohnten Häusern in Straßen & Gassen eingeteilt war. Um etwas zu kaufen, muß man uneingeschränkt Zeit zur Verfügung haben & eine uneingeschränkte Doppelzüngigkeit. Die Seidenstoffe waren völlig überteuert, sie waren scheußlich; in England könnte man so was für den halben Preis kaufen; aber Tatsache war, wie auch immer man es erklären will, daß wir sie kaufen wollten & verschwenderischerweise bereit waren, die Summe von 4 Piastern pro Pikee zu bezahlen – die Engländer sind ein großes und großzügiges Volk.

Hatte er richtig gehört? Konnte irgend jemand ernsthaft ein solches Angebot machen? Nein, es hätte unsere Intelligenz beleidigt, anzunehmen, wir könnten die Vortrefflichkeit von Broussa-Seide derart falsch einschätzen – Ein Amerikaner könnte so ungebildet sein – aber in England würden Geschmack & Kennerschaft das sicherlich ausschließen. Und hätte Monsieur seine eigenen Interessen so sträflich falsch verstanden, daß er von den Engländern mehr verlangen würde, als nur recht & billig war? Im Hotel gab es Damen, die gerne kaufen würden; aber ein solcher Preis würde sie in Erstaunen versetzen. Etwas in dieser Art ließ sich ins Französische übersetzen & ins Türkische verdolmetschen, & in Abständen von 15 Minuten sank der Preis um einen Piaster; bis das Auspressen nicht mehr fortgesetzt werden konnte, ohne den halben Penny Profit anzutasten, der gerade noch verblieb, & ohne uns noch mehr zum Tee zu verspäten. Aber ich habe nur wenig

Zweifel, daß der Inhaber des Geschäfts mit einiger Berechtigung über seiner dicken Zigarre lächelte.

*Der Große Basar (Kapali Carsi) hatte zu dieser Zeit etwa 7000 Geschäfte, Buden und Ateliers und umfaßt heute wahrscheinlich etwa dieselbe Anzahl. In ihnen kaufte Virginia, wie ihre Buchführung verzeichnet, für sich selbst Umhänge (1 Pfund und 5 Schilling), Seide (4 Schilling und 2 Pence) und türkischen Honig (2 Schilling und 4 Pence); ihr Bruder Adrian erstand eine Schere.*

Die Türken haben unzweifelhaft eine wertvolle Begabung, und zwar die Begabung für Namen. ›Das Goldene Horn‹ hat süß in Ohren geflüstert, die London nie verlassen haben, & die Phantasie anzuregen bedeutet, wenn es sich um Orte handelt, den halben Sieg. Sicher, die tatsächlichen Gewässer waren etwas enttäuschend, wie es die wirklichen Dinge immer sein müssen, verzerrt den Charakter der Sache etwas, denn es grenzt an Blasphemie, einen Ort so roh zu inspizieren, wie wir heute das Goldene Horn inspizierten. Wir bezahlten unsere Tickets & nahmen einen Groschendampfer auf seinen ureigensten Gewässern. Es unterscheidet sich in Hinsicht auf Schönheit nicht sehr von anderen Flüssen, die durch andere Städte fließen; sicherlich sind die Häuser am Ufer weniger regelmäßig, & der Verkehr auf dem Fluß ist bunter & lebhafter. Auch hat man als Hintergrund Hügel mit kurzgeschnittenem Rasen, die hier & dort bis an die Wasserfront reichen, & die Aussicht ist – wenn man seine Augen halb verschließt – vielleicht so fröhlich & glücklich, wie es so ein Anblick nur sein kann. Aber insgesamt ist das Großartigste an Konstantinopel – das ist das Verdikt einer Drei-Tage-Touristin – die Aussicht über die Dächer der Stadt, von dem erhöhten Standpunkt von Pera aus. Denn am Morgen liegt Dunst wie ein Schleier, der Schätze einhüllt, über allen Häusern & allen Moscheen; dann, wenn die Sonne aufgeht, erhascht man Andeutungen der darunter aufgetürmten Masse; dann durchbricht eine goldene Turmspitze das weiche Geflecht, & man erblickt die Formen von übereinandergeworfenem, wertvollem Zeug. Und langsam verzieht sich der Dunstschleier, & der ganze Reichtum an glänzenden Häusern & gerundeten Moscheen liegt deutlich auf der festen Erde, & die breiten Wasserläufe fließen strahlend wie das Tageslicht mitten hindurch. Es ist ein Anblick, den man zu jeder Zeit betrachten kann, denn er ist so groß & einfach, daß dem Auge immer vieles bleibt, um darüber nachzudenken; & es ist nicht nötig, es mit sorgfältigem Zeigefinger zu ordnen.

Konstantinopel ist ein Ort von bloßliegenden Nerven & angespannten Muskeln; das konnten wir sofort ablesen, als wir die Stadt zu unseren Füßen liegen sahen; aber in Fortführung der Metapher sagten wir auch, daß die Augen dieser Riesin verschleiert waren.

Die Straßen & Brücken sind mit Männern & Frauen, Pferden & Wagen überfüllt; hier ist ein englischer Diplomat & hier ein magerer Einheimischer, der vorhat, in zwei Wochen zu einer Pilgerreise nach Mekka aufzubrechen. Ein eleganter Kaufmann rempelt ihn auf seinem Weg ins Kontor an; aber es ist ihm nichtsdestotrotz klar; die beiden könnten sich bei Sonnenuntergang auf demselben Gebetsteppich wiedertreffen.

Es gibt genug Glauben & genug Geschäfte; & genug Leben, um beide schnell im Strom entlangwirbeln zu lassen. Keiner, der die Moscheen & Basare gesehen hat, kann die Kraft der Strömung bezweifeln. Aber gleichzeitig weiß niemand genau, welche Richtung sie nimmt; ein Dutzend Geschichten der Gegend zeigen, daß sie einem unterirdischen Kanal folgen kann, & es ist keine zehn Jahre her, daß die Türken & Armenier sich gegenseitig auf den Straßen massakrierten. So könnte man vielleicht, wenn es einem das Schicksal beschieden hätte, sein Leben hier zu verbringen, seinen Standort für riskant halten – wie einen Rastplatz unter einem Vulkan. Glücklicherweise muß sich ein Reisender nicht von den verwickelten Wurzeln all der seltsamen separaten Blumen, die wir über der Erde sehen, beunruhigen lassen. Das Seltsame ist anziehend; & außerdem ist die Stadt, über der sich das Drama abspielt, für jede Tragödie schön genug.

Aber können wir das auf einem weißen Blatt Papier deutlich machen? Man muß nicht nur den morgendlichen Dunstschleier im Gedächtnis behalten & die prächtigen Kuppeln, die hindurchscheinen, & all das Gold & Weiß & Blau der mittäglichen Stadt, man muß auch an die kleinen Straßen denken, die mit lebendigen Menschen gefüllt sind, man muß sich an die Turbane erinnern & die verschleierten Frauen, die arabischen Pferde & die gelben Hunde . . .

Was die Betrachtungen über Sitten oder Politik betrifft, mit denen alle Reisenden ihre Eindrücke überladen sollten, so muß ich gestehen, daß ich mich heute etwas verausgabt fühle. In Wahrheit handeln Reisende viel zuviel mit solchen Gebrauchsartikeln, & meine Bemühungen, mich von bestimmten vorgefertigen Meinungen zu befreien, haben meine Aufmerksamkeit von den wirklichen Fakten abgelenkt. Wurde uns nicht beispielsweise gesagt, daß das weibliche Geschlecht in Konstantinopel so geringgeschätzt wird – oder eher so streng bewacht wird –, daß eine europäische Dame, die unverschleiert geht, für ihre Kühnheit rüde gemaßregelt werden könnte? Aber die Straßen sind voll von europäischen Damen ohne Begleitung, die unbeachtet vorübergehen; & der Schleier, von dem wir so viel gehört hatten – weil er für einen anderen zivilisatorischen Stand typisch wäre & so weiter – ist ein sehr hinfälliges Symbol. Viele einheimische Frauen gehen mit unverhülltem Gesicht, & der Schleier wird, wenn er getragen wird, nachlässig getragen & zur Seite geschoben, wenn die Trägerin gerade mal neugierig ist. Aber er hat so viel Tugendhaftigkeit an sich, daß er den Eindruck erweckt, er verberge etwas Seltenes & Unbeflecktes, so daß man ein verbotenes Gesicht um so mehr anstarrt. Und dann hebt das leidenschaftliche Geschöpf für einen Moment seinen Schutz – & man sieht – eine gutmütige alte Jungfer, mit Goldrandbrille, die hinaustrottet, um Geflügel für das Abendbrot zu kaufen. Vor welchen Gefahren muß sie sich verstekken? Wen würde ein Blick auf ihr Gesicht verführen?

Die Männer könnten, wenn man von ihren roten Mützen & gelegentlich einer Nase in der Form eines Krummdolches absieht, Londoner Bürger sein, nur daß die Brisen des Bosporus ihre Haut gebräunt & ihre Brust geweitet haben. Aber ihre Gesichter sind zurückhaltend; & das ist das wahre Zeichen eines zivilisierten Volkes. Sie haben etwas, was die Gedanken beschäftigt, & man kann die Zeit ohne den Beistand der Sprache verbringen. Und darüber hinaus sind sie höflich zu Fremden & bieten einem Bruchstücke aus vielen verschiedenen Sprachen an, so daß man seine eigene auswählen kann.

Aber wenn wir anfangen, der Frage nach dem Westen & dem Osten nachzugehen – dann, ja dann – legen wir die Feder aus der Hand & schreiben nicht weiter.

# Exotika

## *Kulturschocks*

Wir waren in Holland, Deutschland und Italien, und haben ach so viele verschiedene Zivilisationen gesehen; tatsächlich ist mein Hirn so vollgestopft, daß ich in ein Koma fallen möchte, wie eine sich drehende Spindel, und aufhören, mich zu drehen.

*Brief an Victoria Ocampo, 28. Mai 1935, aus Moulins, Frankreich*

Ich bin halb betäubt vom Reisen, so viele Städte habe ich gesehen, und gerochen: jetzt brechen die Wellen, und der Duft der Levkojen im Garten – und sehr wahrscheinlich gibt es eine Nachtigall, und Frösche ... Wir sind so braunwangig rotnasig und absolut staubig abgerissen schäbig ...

*Brief an Vita Sackville-West, 20. Mai 1933, aus Spotorno, Italien*

Wir haben Geier, Bussarde, Adler, Bienenfresser, Blaukehlchen, Tempel, Ruinen, Statuen, Athen, Sparta, Korinth gesehen – und brechen gerade zu einem Kloster auf. Also auf Wiedersehen.

*Brief an Julian Bell, 5. Mai 1932, aus Athen*

Dann ruft Roger, Oh, kommt und seht euch das an! Auf mein Wort, das ist pfundig – sehr pfundig – und wir alle heben den Kopf ... und blicken auf irgendeine Verkündigung oder Kreuzigung: und ich stehle mich zur marmornen Tür und sehe, wie die Oliven und Pinien ihre Köpfe entblößen und sich von der Sonne und den Schatten verdunkeln und erhellen lassen und denke, daß sie wie Wellen auf dem grünen Hügel sind.

*Brief an Ethel Smyth, 4. Mai 1932, aus Athen*

## *Religion*

Ich mag die römisch-katholische Religion. Ich behaupte, sie ist ein Versuch, Kunst zu schaffen; Leonard ist außer sich – wir platzten heute morgen in einen Gottesdienst kleiner Mädchen mit weißen Schleiern, der mich sehr rührte. Es scheint mir einfach der leicht fehlgeleitete Wunsch zu sein, etwas zu schaffen, und überhaupt kein Gott darin. Dann sind da die kleinen Jungen, die mit roten Bändern umwickelte Palmwedel schwingen, und Zuckerlämmer überall – gewiß sehr ansprechend.

*Brief an Vanessa Bell, 9. April 1927, aus Palermo*

Nachts, in der stillen Hitze, standen wir auf dem Balkon und sahen die Prozession vorbeiziehen und in einer Molltonart ein, für mich, eindrucksvolles und feierliches Klagelied um eine Bahre singen; und die Geistlichen mit Bärten und langen Haaren und stillen, katafalkgleichen Roben sangen, und ich kann Dir versichern, daß alles, was an verkümmerter und deformierter Religion in mir ist, unter dieser heißen Sinnlichkeit aufblühte, so dick, so gelb, so wächsern ... Nun, wir hätten fast geweint, wir Heiden.

*Brief an Ethel Smyth, 4. Mai 1932, aus Athen*

[...] ich sitze in einem Hof an einem Gasthaustisch, während das Fest des Heiligen Johannes abläuft – das heißt, Zigeunerinnen tanzen, alte Männer in schwarzen Samtanzügen mit silbernen Knöpfen, göttliche junge Männer in mittelalterlichen Wämsen, Mädchen mit Spitzenhäubchen wie der Eiffelturm tanzen ... Sie bestreuen die Straßen mit Zweigen und Blumen, und wir haben einen Erzbischof gesehen – einen Mann, ganz in schwere, weiße, golddurchwirkte Seide gekleidet, unter einem Baldachin aus Gold und Sternen – der ein Fischerboot segnete, das heute vor einer bleiblauen See mit Rosen bekränzt war. Es ist gewiß ein großer Vorteil, einen Grund zu haben, sich zu kostümieren.

*Brief an Vanessa Bell, 18. Juni 1939, aus Bayeux*

## *Hotels*

Dieses Hotel ... ist, hart & deutlich gesagt, nicht zu empfehlen, obwohl es auch nicht gerade fair wäre, es zu beleidigen.

Es ähnelt auf seltsame Weise einem schäbigen englischen Gasthof aus den frühen Tagen des neunzehnten Jahrhunderts. Prinz Albert & ein fetter Hirsch könnten über dem Büfett hängen, & es gibt einen Mahagonitisch für die Andenken & die Bibeln. Sanfte respektable Leute, die sich nach einem ruhigen Abendessen sehnen, kommen hierher & atmen in dem langen trostlosen Speisesaal die dazu passende Luft. Es gibt einen großen Tisch, der mit kalten silbernen Körben gedeckt ist, & mit ordentlichen Gedecken für Gäste, die niemals kommen. Wir essen in verstohlenen Ecken, als ob unsere Bedürfnisse zu bescheiden sind, als daß sie einen großen Eßtisch erforderten, & ganz sicher reicht unsere Fröhlichkeit, wie sie nun mal ist, nicht aus, den dumpfen Raum zu entzünden.

*Tagebuch, Konstantinopel 1906*

Miss Cotton ... stellt fest, daß sie für 8/- pro Tag in Diano Marina leben kann ... Hier war es Liberty Hall ... Inzwischen kamen die beiden Gäste [?] in Abendkleidung, die taube Dame & die redselige, außerdem die gepuderte weiße Dame mit dem roten Schultertuch: & nach dem Abendessen – wir bekommen hier oft Spargel, sagte sie – & sie hatten ihre eigenen Weinflaschen – ließen sich die beiden Gruppen an ihren eigenen Tischen nieder ... & spielten Bridge. Also diese alte Jungfer auf halber Rente wird weiter einschrumpfen, am Meer unter dem Berg, schwatzend bis zum Tode.

*Tagebuch, 11. Mai 1933, in Rapallo*

Ein zweitklassiger Gasthof in Draguignan – mit Platanen davor, dem üblichen ein-tönigen Vogel, dem üblichen Lautsprecher ... Die Hotelbesitzer sind überfressen & unterbrechen kaum einmal ihr Kartenspiel.

*Tagebuch, 21. Mai 1933*

Wir sind beide grellziegelrot verbrannt; wir sind beide leicht beschwipst ... Zum Glück haben wir ein rein italienisches Gasthaus gefunden – eher bescheiden; W. C. anständig; man spricht kein Englisch, und nach dem Abendessen sitzen wir und trinken Kaffee mit italienischen Seeleuten und Offizieren.

*Brief an Angus Davidson, 14. April 1927, aus Syrakus, Sizilien*

Es gibt eine seltsame Rasse, die in Hotels umgeht – gnomähnliche Frauen, die wie Wesen sind, die in der Dunkelheit zum Vorschein kommen. Ein Hotel ist eine Art schwarze Höhle. Dieses hier ist wirklich sehr gut für seine Art.

*Brief an Emma Vaughan, 25. April 1904, aus dem Palast Hotel, Florenz*

Hier sind wir, sicher, ach so kalt, zittern und beben vor Kälte ... Nachts werden die Hotels zu einer ziemlichen Prüfung. Keine Zentralheizung; oder die Maschine versagt. Wir sitzen unter der einen Lampe, in eine Decke gewickelt, so wie jetzt: versuchen zu lesen; gehen gegen 9 ins Bett; und dann gibt es nebenan einen Film – heute eine Hochzeit. Sie tanzen seit 5 ... Himmel – aber der Lärm, den sie machen!

*Brief an Vita Sackville-West, 28. April 1931, aus Dreux, Frankreich*

In jedem Hotel in Irland sitzt ein militärischer Mann mit Augen wie verlorene Eier & sandfarbenem Haar, einer lauten befehlenden Stimme & Waschbeutel-Mantel & roten Pantoffeln nach einem Tag Angeln. Dort sitzt er & trinkt & den ganzen Tag angelt er ... Und dafür wird an Irland festgehalten: überall, wo es einen Fluß gibt, steht ein großer Gasthof, mit einer Stadtküche & heißem Wasser & Damen- & Herren-Toilette, obwohl es meilenweit im Umkreis nichts als Moore & Hügel gibt, & dort in der Halle sitzen die Majors & zahlen fürs Angeln, während die Einheimischen reden & reden & reden – wahrscheinlich über die alten Könige von Irland.

*Tagebuch, 8. Mai 1934*

Das übliche kleine französische Gasthaus, mit Bauern, die zu Mittag essen ... Wir begannen mit einer Entenpaté, machten weiter mit Forelle, Gnocchi, gefülltem Huhn und Spinat mit Sahne und dann saurer Sahne und einem köstlichen Kuchen und dann Pfirsichen *ad lib* ... das gewaltigste und köstlichste Mahl, das ich je gegessen habe.

*Brief an Leonard Woolf, 27. September 1928, aus Avallon, Frankreich*

[... wo] das Feuer mitten im Zimmer brannte, und die Gesellschaft spanischer Bauern saß herum und trank und starrte uns an, und wir rechneten jeden Augenblick damit, ein Messer im Hals zu haben. Dann gab man uns ein Zimmer – das einzige Schlafzimmer – mit nur einem Bett – und einer Stofftür zwischen uns und der Familie, die sich draußen auszog, und wir versperrten unsere Tür, so gut es ging – und legten uns zartfühlend in unseren Kleidern Seite an Seite nieder, und hörten die alte Frau ihr Geld zählen, und fluchen und spucken, und ganz allmählich schliefen wir ein, und um 9 brachten sie uns Ziegenmilch und forderten uns auf, aufzustehen und zu verschwinden.

*Brief an Violet Dickinson, 24. April 1905, über ein Gasthaus in Andalusien*

## *Unterwegs*

Das ist die richtige Lebensart, kann ich Dir versichern. Den ganzen Tag fahren; eine Stunde oder zwei fürs Mittagessen: vielleicht ein paar Kirchen, die man sich ansehen kann; abends das Gasthaus: Wein, Essen; Bett; und wieder weiter – allmählich wird es südlich, und wir ziehen unsere Pullover aus, und ich mußte mir einen seidenen kaufen. Man trifft auf Leute, die in Cafés Domino spielen: oder man hält auf einem Berg an, und ich sitze auf einem Stein, und L. versucht herauszufinden, warum der Schirm an der Spitze leckt.

*Brief an Vita Sackville-West, 21. März 1928, aus Orange, Frankreich*

Ich bin vorher immer mit dem Zug hier gewesen – Du kannst Dir nicht vorstellen, was für ein Unterschied es ist, zu fahren, oder gefahren zu werden. Wir halten an oder fahren weiter; und essen unter Zypressen zu Mittag, während Nachtigallen singen und Frösche quarren, und klettern auf die Spitze von Hügeln, auf denen nie zuvor jemand gewesen ist. Es sind bezaubernde Menschen – die Bauern, meine ich: sehr melancholisch, sehnen sich nach Unterhaltung, bieten einem Wein an, oder 6 tote Fische – ich kenne nur 10 Worte Italienisch, aber ich schieße sie alle unaufhörlich ab; und so werden wir an alle möglichen merkwürdigen Orte geführt.

*Brief an Elizabeth Bowen, 16. Mai 1933, aus Siena, Italien*

## *Auf der Fähre*

Dann setzten wir nachts nach Palermo über, und ich teilte mir eine Kabine mit einer unbekannten, aber keinesfalls romantischen schwedischen Dame, die sich darüber beklagte, daß die Tür kein

Schloß hatte, woraufhin ich den Kopf durch meine Vorhänge steckte und in meinem besten Französisch sagte »Madame, keine von uns beiden hat Anlaß zu Befürchtungen«, was sie glücklicherweise mit Humor nahm.

*Brief an Vanessa Bell, 9. April 1927*

## *Vom Zugfenster aus*

Als wir in Civita Vecchia aus dem Abteilfenster sahen, was glaubst Du, wen wir da nebeneinander auf einer Bank sitzen sahen? D. H. Lawrence und Norman Douglas – unverkennbar: Lawrence aufgespießt und durchbohrt; Douglas schweineähnlich und gestreift – Sie wurden vom Zug in die eine Richtung davongefegt, und wir fuhren weiter nach Rom.

*Brief an Vanessa Bell, 9. April 1927*

## *Im Orient-Expreß*

Nur der gestählteste Schreiber könnte versuchen, im Orient-Expreß zu schreiben ... die letzte Nacht war schlimm. Sehr heiß. Dann Unterbrechungen. In Saloniki (1.30) kamen sie rein, um nach Geld zu fragen. Wir hatten den Rat bekommen, alles außer 600 Drachmen zu verstecken – wo? Im Schirm der elektrischen Lampe, sagte er. Eine unmögliche Idee – also verteilten wir sie überall – in dem Einband des Baedeker, in einem Umschlag.

*Tagebuch, 10. Mai 1932*

## *Der Preis des Reisens*

Und weiter nach Parma; heiß, steinig, laut; mit Geschäften, die keine Straßenkarten führen; & weiter auf einer Rennstrecke nach Piacenza, wo wir uns jetzt um 6 Minuten vor 9 am Abend befinden. Das ist natürlich der wunde Punkt am Reisen – das ist der Preis, den man fürs Dahinstürmen & die Freiheit bezahlt – den Staub auf unseren Schuhen & morgen weiterzujagen – & auf einem grünen Fleck neben einem tiefen kalten Fluß zu Mittag essen ... Bequemlichkeit & Unbequemlichkeit: & die Begeisterung & Hast, die einem Verabredungen, feste Zeiten, Gewohnheiten nicht geben.

*Tagebuch, 19. Mai 1933*

## *Ein Zwischenaufenthalt in Belgrad*

Wir stiegen im Regen aus & gingen die breiten Stuckstraßen hinauf ... wir sahen nichts als sehr große Männer in enganliegender Kleidung: zwei Frauen in Pumphosen & mit türkischen Tüchern; & damit wieder zurück zum Zug.

*Tagebuch, 11. Mai 1932*

## *Sturm und Drang in Griechenland*

Ein Sturm fegte von der Ägäis herbei, schwarz wie Pfeile, und das Blau war so blau wie hartes Porzellan, und der Sturm und das Blau fielen übereinander her, und 10 Millionen deutsche Touristen hasteten durch den Tempel, ganz genau wie Bittsteller in ihren grauen und violetten Regenmänteln.

*Brief an Vita Sackville-West, 24. April 1932*

## *Türkische Nacht*

In der Nacht aufgewacht – & die Hunde sind gute Wächter, man hört einen gedämpften trauernden Laut, wie der, der über den Gräbern von Soldaten klagt. Es ist der Schlag einer gedämpften Trommel, rhythmisch & regelmäßig, der weder absinkt noch ansteigt, noch auf seinem Weg vorüberzieht. Aber es ist drei Uhr morgens. Bald erhebt sich ein Gesang in den Pausen zwischen den Schlägen, ein Priester, stellt man sich vor, der ein Klagelied über dem Leichnam anstimmt, der so betrauert wird. Wieder erklingt ein metallisches Instrument vor dem gedämpften Schlag der Trommel.

*Tagebuch, Oktober 1906*

## *Italienische Berge*

Über den Apennin habe ich nichts zu sagen – außer daß er ganz hoch oben wie das Innere eines grünen Regenschirms ist: Grat folgt auf Grat, & Wolken sind auf der Spitze des Stockes gefangen.

*Tagebuch, 19. Mai 1933*

## *Das Mittelmeer*

Violett-braune See, nicht in Wellen rollend ... sondern hin und wieder ein kleines Beben von sich gebend, wie das, das durch ein Kornfeld läuft, oder über den Rücken eines Rennpferdes ... Hügel wie Lieder, wie Gedichte, alles in einem kurzen Augenblick bedacht, und für immer.

*Brief an Ethel Smyth, 18. Mai 1933, aus Lerici*

## *Fremde Lebensweise*

Wieviel erfreulicher auf irgendeine merkwürdige Weise Frankreich doch als England ist! Aber wie erlernt man die Sprache? Ich muß und will. Ich will wissen, wie die Franzosen denken. Nach den Engländern wirken sie so natürlich, so ähnlich allem, was man gern hat.

*Brief an Jacques Raverat, 30. März 1923*

& alle Männer gehen in die Bedürfnisanstalt, man sieht ihre Beine; & die Soldaten aus Marokko gehen in ihren langen Mänteln; & die Kinder spielen Ball, & Leute stehen untätig herum, & alles wirkt höchst malerisch, arrangiert, die Beine ganz speziell – die merkwürdigen Winkel, die sie bilden, & die Leute speisen im Hotel, & die merkwürdige Atmosphäre, die das Ganze hat ...

*Tagebuch, 23. Mai 1933, in Vienne, Frankreich*

## *Fremde Anblicke*

Ja, dachte ich: ich werde dieses Gesicht in einer Notiz festhalten – das Gesicht der Frau, die an einem Tisch in dem Restaurant, in dem wir in Vienne zu Mittag aßen, einen sehr dünnen glänzend grünen Seidenstoff bestickte. Sie war wie eine Parze – eine vollendete Meisterin in allen Künsten der Selbsterhaltung; die Haare eingerollt & glänzend; die Augen so nonchalant; nichts könnte sie aufschrecken; da saß sie, stickte ihre grüne Seide, während ständig Leute kamen & gingen; sie sah nicht hin, aber sie wußte Bescheid, fürchtete nichts, erwartete nichts – eine vollkommen ausgestattete mittelständische französische Frau.

*Tagebuch, 9. Mai 1933*

Ich habe noch keine einzige deutsche Frau gesehen, die ein Gesicht hat; sie sind Puddings aus rotem Teig, und sie kleiden sich in grelle Farben, mit symbolischen Stickereien, ähnlich alten irischen Juwelen, auf dem Rücken.

*Brief an Vanessa Bell, 12. August 1909*

## *Fremde Vorzüge*

Ich bin verwundert, daß wir in England leben und jeden Morgen das Abendessen bestellen ... und zu Zügen hasten, wo wir uns doch jeden Augenblick des Tages in Entzücken wälzen und Kaffee auf einem Balkon trinken könnten, der auf Zitronenbäume und Orangenbäume blickt, mit Bergen dahinter und jeder Art von

Farben und Schatten, die sich unablässig verändern ... dann ein köstliches Mittagessen aus Reis und Speck und Olivenöl und Zwiebeln und Feigen mit Zucker gemischt, dann weiter zu einem Ort, wo Zypressen und Palmen nebeneinander wachsen.

*Brief an Roger Fry, 16. April 1923, aus Murcia, Spanien*

# Schlußbemerkungen

Während ich dieses Buch zusammenstellte, folgte ich Virginia auf allen ihren Wegen und traf ihren Schatten in seltsam zwiespältiger Weise an. Manchmal erinnert man sich ganz lebhaft an sie, manchmal wurde sie vollkommen vergessen, und manchmal ist sie zu einem Mythos geworden.

In Cassis in Frankreich wußte die Empfangsdame in meinem Hotel genau, wo Virginia gewohnt hatte, und im New Forest wies mir ein vorübergehender Passant genau den Weg zu dem Meilen entfernten Haus in Lyndhurst, wo sie zwei ziemlich traurige Weihnachten verbrachte. Jedes Jahr besuchen Hunderte von Pilgern Talland House in St Ives, angelockt durch den Zauber von *To the Lighthouse*. Wissenschaftler, Studenten, Filmemacher und einfache Leser sind beständige Besucher in Fontecreuse, der Wiege von *The Waves*.

Andernorts stellte ich allerdings fest, daß die Menschen erstaunt waren, als sie erfuhren, daß Virginia jemals dort gewesen war – in Galway zum Beispiel, das doch eine sehr literaturbeflissene Stadt ist, und in Bayreuth. Hoteliers waren oft dankbar, wenn sie entdeckten, daß sie zu ihrer Klientel gezählt werden konnte; Hausbesitzer waren noch erfreuter, wenn sie hörten, daß sie einst in ihren Schlafzimmern genächtigt hatte.

Nur selten traf ich im Verlauf meiner Nachforschungen auf Leute, die noch nie von Virginia Woolf gehört hatten. Manchmal war ihr Bild jedoch etwas verschwommen oder legendär, irgendwo zwischen Tatsachen und Fiktion angesiedelt, und mehr als einmal antworteten meine Gesprächspartner, die sich nur an die Verfilmung von Edward Albees Theaterstück *Who's Afraid of Virginia Woolf* erinnerten, auf meine Fragen mit ›War das nicht der mit Elizabeth Taylor?‹

Ich kann nicht behaupten, daß ich, als ich mit dieser Arbeit begann, zu den größten Bewunderern von Virginia Woolf gehörte. Einigen ihrer Romane konnte ich nie etwas abgewinnen (besonders *The Waves*, ihrem größten, wie manche meinen). Genauer gesagt, ich hielt wenig von ihrem angeblichen Snobismus, ihrer herablassenden Art und ihrer Neigung zu gesellschaftlicher Überheblichkeit. Ich mochte den Tonfall des Bloomsbury-Kreises nicht, der sie umgab, und der feministische Überschwang sowie die akademische Pedanterie, die sich mit ihrem Gedächtnis verbinden, stießen mich ab.

Im Verlauf meiner Arbeit verkehrte sich meine Einstellung allerdings ins Gegenteil: Beim Lesen ihrer Tagebücher und Briefe entdeckte ich hinter dem offiziellen Bild eine Persönlichkeit, der ich echte Zuneigung entgegenbrachte. Als ich mit ihr in Europa herumreiste, brachte mich diese Virginia immer wieder zum Lachen, nahm mich mit ihren markanten Urteilen gefangen, entwaffnete mich mit ihrem Sinn fürs Vergnügen, bewegte mich durch ihre mitfühlende Art und ihren Umgang mit Kindern und Tieren. Eine bessere Reisebegleiterin hätte man sich kaum wünschen können. Es kommt mir so vor, als würde sie um so bezaubernder, je persönlicher – eigentlich weniger schüchtern – sie war: um so vertraulicher und natürlicher waren ihre persönlichen Beziehungen und um so weniger einschüchternd sie selbst.

Wenn sie auch an vielen Orten, die sie besuchte, vergessen ist, für mich war sie immer sehr lebendig. Sie war auf Reisen meist glücklich – ihre zeitweiligen Anfälle von Wahnsinn traten, während sie reiste, nicht auf.

Trotzdem schien mir Virginia Woolf dort am stärksten präsent, wo sie sich am 28. März 1941, von ihren Reisen heimgekehrt, in Rodmell in Sussex das Leben nahm.

Monk's House in Rodmell ist jetzt im Besitz des National Trust, und dort besucht die ganze Welt Virginia in ihrer Schreibklause am Ende des Gartens. Vom Haus führt ein holpriger Pfad durch Flußwiesen zur Ouse. Es ist ein merkwürdig ungepflegter Streifen Land, Zigeunerland, mit Ponies darauf und einem Stall mit Hühnern und vereinzelten Befestigungen zum Schutz vor Überflutungen. Es ist weiter als man denkt vom Haus bis zum Fluß.

Die Stelle, wo sie starb, ist kein schöner Ort, denn der Fluß wurde künstlich eingedämmt, und es befinden sich dort verschiedene Tafeln mit Warnungen und ein oder zwei Hütten. Ob sie dort für immer in die Welt von Licht, Fröhlichkeit und Mitgefühl entlassen worden war, die die halbverborgene Landschaft ihres Genies bildete?

## *Danksagungen*

Ich möchte hier den Herausgebern der folgenden Bücher, die eine unschätzbare Hilfe waren, meinen gebührenden Dank abstatten:

*A Passionate Apprentice: The Early Journals of Virginia Woolf*, Hrsg. Mitchell A. Leaska, The Hogarth Press, 1990.

*The Diary of Virginia Woolf*, 5 Bände, Hrsg. Anne Olivier Bell unter Mitarbeit von Andrew McNeillie, The Hogarth Press, 1977–84.

*A Moment's Liberty: The Shorter Diary of Virginia Woolf*, herausgegeben und gekürzt von Anne Olivier Bell, The Hogarth Press, 1990.

*The Letters of Virginia Woolf*, 6 Bände, Hrsg. Nigel Nicolson unter Mitarbeit von Joanne Trautmann Banks, The Hogarth Press, 1975–80.

*Congenial Spirits: The Selected Letters of Virginia Woolf*, Hrsg. Joanne Trautmann Banks, The Hogarth Press, 1989.

*The Essays of Virginia Woolf*, Band 1–3, Hrsg. Andrew McNeillie, The Hogarth Press, 1986–88.

*Virginia Woolf: A Biography*, Quentin Bell, The Hogarth Press, in 2 Bänden 1972, in einem Band 1982 und 1990.

# Namenregister

# Ortsregister

Virginia Woolf
## *Gesammelte Werke*
Herausgegeben von Klaus Reichert

*Umschlaggestaltung von Sarah Schumann*

*»Um eine neue Bahn einzuschlagen, muß ein Romanautor nicht nur große Gaben besitzen, sondern auch eine große Unabhängigkeit des Geistes. Virginia Woolfs Stil ist von erstaunlicher Schönheit. Ihre Art zu beobachten setzt eine unermeßliche und angespannte Arbeit voraus. Sie erleuchtet nicht nur durch plötzliche Blitze, sondern verbreitet ein ruhiges und sanftes Licht.«* *T. S. Eliot*

Zur Edition

Virginia Woolf ist vielleicht die bedeutendste, gewiß ist sie die fruchtbarste Schriftstellerin dieses Jahrhunderts gewesen. Sie hat die Form des Romans von Grund auf erneuert, und ohne sie und James Joyce hätte die Entwicklung des Romans einen anderen Verlauf genommen. Sie hat die in England hochentwickelte Form des Essays auf neue, ungeahnte Höhen geführt, und sie hat mit ihrem großen Tagebuch ein Dokument der *condition humaine* geschaffen, das nur mit den großen Beispielen der Gattung – Pepys, John Evelyn, Saint-Simon – zu vergleichen ist. Nicht zuletzt ist Virginia Woolf eine der ersten Autorinnen, die sich konsequent um Geschichte und Zukunft weiblichen Schreibens in unserer Gesellschaft gekümmert haben. Durch diesen Aspekt ihres Werkes wurde sie zur zentralen, nicht unumstrittenen Figur der internationalen Frauenbewegung. Anders als in Italien oder Frankreich ist Virginia Woolf in ihrer Vielfalt, ihrem Rang, in Deutschland erst noch zu entdecken.

fi 889 / 4 a

Editionsplan

Virginia Woolf
***Gesammelte Werke***

*bereits erschienen*

*Die Fahrt hinaus.* Roman
*Flush. Eine Biographie*
*Jacobs Zimmer.* Roman
*Das Mal an der Wand.* Gesammelte Kurzprosa
*Mrs Dalloway.* Roman
*Orlando. Eine Biographie*
*Die Wellen.* Roman
*Zum Leuchtturm.* Roman
*Zwischen den Akten.* Roman

*Tagebücher* 1 (1915-1919)
*Tagebücher* 2 (1920-1924)
*Tagebücher* 3 (1925-1930)

*Der Augenblick.* Essays
*Frauen und Literatur.* Essays
*Der gewöhnliche Leser. Band 1.* Essays
*Der gewöhnliche Leser. Band 2.* Essays
*Der Tod des Falters.* Essays

*in Vorbereitung*

*Night and Day.* Roman
*The Years.* Roman
*The Captain's Death Bed.* Essays
*Granite and Rainbow.* Essays

*Tagebücher* 4 – 5
*Ausgewählte Briefe.* 2 Bände

S. Fischer

fi 889 / 11 b

Vita Sackville-West

*Eine Frau unterwegs nach Teheran*
Reiseerzählungen
Aus dem Englischen von Irmela Erckenbrecht
Band 11295

*Die Herausforderung*
Roman
Aus dem Englischen von Irmela Erckenbrecht
Mit einem Vorwort von Nigel Nicolson
Band 10655

*Schloß Chevron*
Roman
Aus dem Englischen von
Käthe Rosenberg und Hans B. Wagenseil
Band 5880

*Weg ohne Weiser*
Roman
Aus dem Englischen von Ingeborg Stricker
Band 5048

*Zwölf Tage in den Bakhtiari-Bergen*
Eine Reiseerzählung
Aus dem Englischen von Irmela Erckenbrecht
Band 9141

Fischer Taschenbuch Verlag

fi 840 / 6